婚姻與家庭

Marry and Family

徐光國◎著

曾華源、郭靜晃◎主編

主編序

　　在台灣社會工作專業的存在已有三十多年歷史，然而，近幾年來台灣社會快速發展與社會問題不斷增多下，社會工作才受到重視與需要。目前可說是台灣社會工作專業發展真正的契機。

　　一個專業要能夠培養真正可以勝任工作的專業人才，專業的地位與權威，才會受社會所認可（sanction）。因此，學校的教育人才、教學方法與教材，對社會工作在專業的發展上都具有關鍵性影響。我們在學校任教，對教學教材與參考書不足深感困擾。環顧國內社會工作界，社會工作各專業科目的專業書籍實在不多。因此，在一個偶然相聚的機會中，揚智文化葉總經理願意出版社工叢書，以配合當前社會及專業的需要。

　　從去年開始，在出版社的協助下，我們選購了國外一系列評價較高的社會工作書籍，由社工領域中學有專長且具實務經驗的社工菁英來翻譯，另由我們邀請國內各大學中教授社會工作專業科目之教師撰寫書籍。湊巧的，今年正逢社會工作師法的通過，我們希望規劃出版之各專書，有助於實務工作者證照考試，以及學校課程的教授與學習。最重要的，也期望藉著這些書籍的撰寫與翻譯，使專業教育不再受限於教材之不足，並能強化社會工作專業人員的能力，使我國本土的社會工作與社會福利服務實務能有最佳的發展。

　　最後我們要感謝許多社會工作界的同道，願意花時間和我們一起進行此一繁重的工作，並提供意見給我們，希望此一社工叢書能讓大家滿意。

曾華源、郭靜晃　謹識

自序

●●●

　　人們爲什麼要結婚？或是爲什麼不結婚？是很值得細思的問題。所有人在戀愛的時候，都感覺滋味很甜美，不過，結婚以後其中有些人卻彼此感情不睦，甚至於結婚可能成爲他們人生中最大的災難！尤其，當離婚率日益升高的現今社會，究竟是要選擇自己心儀的對象來結婚和組織家庭，或是選擇終身不婚，以另類方式來過生活？其實是許多新人類或都曾思考與面對的抉擇和內心疑惑。筆者在2002年曾針對大一通識課程「婚姻與家庭」的班級所做調查，發現學生主觀上認爲其周遭所見婚姻的幸福與不幸福比率約各占二分之一，而自己將來不欲選擇婚姻這條道路的，在當天出席上課的37位學生中共有8位，約占二成；而他們仍然關心婚姻與家庭問題。

　　特別是，近年來西方「性開放」的風氣東漸，挑起人們對於人類本性的好奇與質疑，究竟人性在兩性關係上更傾向於始終如一，或是求新求變？也許是見仁見智，未可定論。像是近年來年輕世代同居比率的增加，與「一夜情」的開始萌生；以及一般已婚男女婚外情的氾濫，包括政壇名人和周遭市井人物情感出軌事件屢見不鮮等；這些事件的不斷發生，一方面推波助瀾地助長了性解放的風潮，另一方面也足以令世人重新審視婚姻制度的合理性究竟何在。但儘管如此，在同一時期，社會上卻仍有更多的人們，選擇婚姻與組成家庭這條道路，並且願意承諾爲所愛的對方以及家人們付出，來維持彼此親密的情感關係。

　　那麼，選擇不願結婚的人理由何在？事實上，晚婚與不婚，

已不再是新人類的特立獨行，而是許多一般男女都可能曾經認真思考過的問題。尤其是晚婚，受到教育年限拉長，整體社會結構變遷，以及性開放風氣的影響，平均結婚年齡的延後已蔚為趨勢。至於不婚，終身選擇單身生涯的人口比例，也逐次在增加當中。究竟什麼樣的因素讓他們選擇單身？保持單身又有何優缺點？主要的壓力困擾與考慮是什麼？還有，在單身與傳統制式婚姻之外，究竟有無其他選擇？各是什麼樣的內容？可行性與利弊得失如何？在在都值得吾人關心。

而選擇了婚姻，也許會幸福美滿，也許會變得悲慘不幸，究竟中間的道理何在？有無主要而關鍵的原則可以參考遵循？當然，無論是「美滿婚姻」或「不美滿婚姻」，皆是關於夫妻關係的調適和婚姻品質的部分，自然會牽涉到婚前和婚後種種的因素，諸如結婚的動機、人格特質、由認識到結婚的期間、兩人相互溝通的方式……等等，不勝枚舉；舉其中婚前的兩個例子而言，雙方認識不到六個月便閃電結婚者，或是「奉兒女之命」結婚者，通常不美滿婚姻的機率頗高。那麼，詳細的重要原因，到底有哪些？也值得邁入青春期後的男女們，對此抱持探究的精神。

此外，情愛本來具有情境之倚賴性，因此當然亦有變化及幻滅之可能性。「因為錯誤而結合，因為瞭解而分開。」、「多少男子漢一怒為紅顏，多少同林鳥已成分飛燕」等話語，都是形容熱戀中的情愛的褪色或婚後夫妻間情愛之幻滅。除了情境條件的倚賴性的原因之外，熱戀時的唯美浪漫主義和自我迷失，也使得情愛在面對真實生活時可能幻滅。故而，無論是戀愛時男女的情變分手，或是婚後夫妻情感經營不善導致兩人分居或離婚，有關分手的原因、警訊、提出時機與作法，以及分手後的傷害與因應對策，其中的究有哪些原則道理和技巧？也是所有男女在人生道路

上必修的學分。

提筆撰寫本書，一方面係基於上述婚姻與家庭知識對於人生的重要影響，冀望能提供些許淺見給社會一般男女參考；另一方面，則因個人這幾年教學時所蒐集累積之教材與粗略心得，以及相關事例之分析，擬作一番整理，以便授課時方便之佐參。爲配合大學院校一學期十八週之進度和份量，本書共編寫了十五章，包括：第一章緒論；第二章性別角色與互動；第三章親密關係與情愛；第四章性慾與愛情；第五章約會與擇偶；第六章情感挫折與分手；第七章結婚或單身；第八章婚姻與單身之外的選擇；第九章婚前準備；第十章夫妻權力與溝通；第十一章家庭類型系統與生命週期；第十二章外遇問題；第十三章父母難爲；第十四章家庭暴力；第十五章離婚與再婚。

本書之出版，要感謝揚智文化公司葉總經理忠賢及所有同仁，爲付梓所提供的協助，在此表達誠摯的謝意；內人及小女在打字及校稿方面的協助，也讓本書得以順利完成，在此一併感謝。還有，筆者所服務的花蓮師範學院所採行的特別休假制度，使筆者可以較專心地集中時間和精神來下筆，亦於此致謝。

由於與兩性相關的「婚姻與家庭」領域一向爲世人所關注，因而數十年來許多學者專家在此領域都花了許多功夫，有關論文與著作頗爲豐富已奠下十分紮實的根基與軌道，個人謹循此軌跡方向繼續努力，但由於筆者本身才疏學淺與文筆的粗漏，加以定稿時之匆促，本書掛一漏萬的情形必不可免，尚祈前輩先進與讀者們不吝予以指正。

徐光國　識

二〇〇三年二月

目錄

● ●

第一章　緒論

● ●

横看成嶺側成峰，遠近高低各不同，

不識廬山眞面目，只緣身在此山中。

～蘇軾

大　綱

婚姻的意義與目的

*婚姻的意義

*婚姻的目的

家庭的意義及功能

*家庭的意義

*家庭的功能

家庭與家族制度

*家庭與家族

*家族主義

家庭研究的理論

*結構功能論

*衝突論

*符號互動論

*社會交換論

*家庭系統論

婚姻的意義與目的

婚姻的意義

　　婚姻的意義何在？人們何以要結婚？又何以不結婚？這對每個人而言，都是相當切身重要而需費心思考的議題。過去傳統所謂「男大當婚，女大當嫁」的說法，似乎已不太能適用於現代社會人們，而早期加諸於不婚男女的「羅漢腳」、「老處女」等負面評價性描述，如今也轉變為「最有身價男人」、「單身貴族」等較正面性用語，時代社會與價值觀皆在變遷當中。不過，儘管如此，是否選擇婚姻，以及婚姻究竟有何意義目的等，仍是幾乎所有的人都不斷會去關注，和終究必須面對的一項重大抉擇，應是無可否認的事實。

　　那麼，婚姻是什麼？依《雲五社會科學大辭典》（1971）之定義，婚姻（Marriage）係指社會認可之配偶安排，特別是關於夫與妻的關係。依通常用法，婚姻含有兩個明顯的觀念：（1）一男一女同居，共圖創立家庭；（2）婚姻有別於其他方式的結合，如婚前、婚外、通姦等。此一區別常被引為婚姻定義之要素：「無同居及養育子女之意圖，僅係臨時性之交媾，是不能視之為婚姻。」（"Marriage", in R.Burross（ed.）, Words and Phrases Judicially Defined, London: 1944, vol., p. 331.）現代文明社會的婚姻，通常與上述定義相符合，但依照文化人類學所指陳之差異，光怪陸離，是不可能有一個包羅無遺的婚姻定義。

　　在某些社會，婚姻有其非常特殊的功能。例如，非洲的達荷美（Dahomey）有女人與女人的結婚制度。一個富翁亦可「娶」若干年輕女子為「妻」，然後此合法之「夫」，把她們配給男人生

育子女，以增加「家庭」人口（朱岑樓，王雲五主編，1971）。此外；人口學上對於婚姻之研究是牽涉到男女兩性間根據法律及風俗而生相對立之權利義務，通稱為婚姻（Nuptiality）。

不過，婚姻不限於法律上的意義。高淑貴（1996）便指出，婚姻使男女得以依照社會風俗或法律的規定而建立夫妻關係。法學家認為婚姻是男女為營共同生活，彼此互助，所締結之民事契約。社會學家認為婚姻是社會認可的配偶安排；這個配偶安排乃男女間相當穩定的結合，一般是經過公開宣布和合法登記的。若單從法律觀點看，結婚只是男女依照法定要件產生夫婦關係的一種契約行為，此行為延續的時間可長可短，並無一定的期限，隨時可因某種理由解除之。但若從心理層面觀察，則結婚不僅是契約行為而已，它是男女相互之間的一種承諾，表示願意此生此世同甘共苦，彼此相互扶持，一起為共同建立家庭攜手奮鬥。可以想見的是，結為夫妻的男女個性、生活習慣等方面都得面臨相互的考驗和磨練，除了要時時自我檢討，做必要的修正外，更要學習接納對方，而做適當的調適。因此，婚姻的心理意義實大於法律意義；婚姻雖然是民事契約，但其內容遠超乎契約之外，實不容易鉅細靡遺的一項條列出雙方的權利義務。

而國外學者對婚姻之定義，Stephen（1963）指出婚姻是一種社會對性關係的合法化，由一個公開化活動開始，而且準備長時間生活在一起，雙方也對彼此的權利義務及他們共同子女的義務有所瞭解。Macionis（1993）指出婚姻是一種社會認可的關係，關係中包含了經濟合作、性活動和子女的照顧。婚姻被期望要持續很長一段時間。Donald Light，Jr. & Suzanne Keller指出（引自林義男，1995）婚姻是兩個或兩個以上的人之結合，他們具有性與經濟的權利和義務，並獲得社會認可。結婚可以是核心

家庭的開始，也可以是擴展家庭的擴大與延續。

上述的定義，皆包含有社會規範的意義在裡面。而一直到最近這一、二年之前，多數社會對於婚姻對象甚至都還限定在兩個異性之間；不過，目前在世界許多國家同性戀團體每年奔走疾呼、示威遊行，以爭取同性戀者婚姻爲社會認可之際，荷蘭已首開創例，打破傳統異性戀婚姻之規定。而我國法務部也於2001年提出同性戀者雖尚不得結婚，但可組成家庭之法律草案。至於其他有關婚姻之規範及權利義務等，亦隨時代之變遷而遞嬗，惟進展尚不多。

婚姻的目的

那麼婚姻的目的何在？對於婚姻和家庭的較早期研究，偏於社會達爾文論，蔡文輝（1994）指出，達爾文的進化論出版於1859年，在此後的30年間，不少的學者試圖引申達爾文的生物論描述人類歷史過程。這些學者包括莫根（Lewis Henry Morgan）、恩格斯（Friedrich Engels）以及威斯特馬克（Edward Westermarck）等人。他們的著作裡主要探討的問題包括：家庭是否起源於原始游牧民族？婚姻是否源自捕捉方式？一夫一妻制如何興起？這些問題的研究很顯然是受達爾文論的影響，因此，這些研究的對象總是超文化研究（cross-cultural studies），大規模與宏觀的研究觀點。

其中國外學者Charles Letourneau（衛惠林譯，1990）指出，生殖的慾望，即交尾的慾望，在很多動物中狂亂的暴發著。這些動物的精神的諸能力，不問其大小，總是愛激越，而出於平常的水準之上。而此諸精神力都是向著唯一的至上目的，即對生殖的渴望。當此時雖如何兇暴的非社會動物亦不能耐其孤獨，雄

與雌互相尋求。此外精神分析學派的老祖宗佛洛伊德（Sigmund Freud）則指出人格體系中本我（id）追求快樂的一種內趨力促使個人去追求性、食、刺激等快樂的滿足，其中最主要的動力是性的欲求（libido），他以性為基礎將人格發展分成五個時期：口腔期（oral stage）、肛門期（anal stage）、性蕾期（phallic stage）、潛伏期（latency stage）、兩性期（genital stage），12歲以後進入青春期對於異性的興趣再度增強，兩性間的追逐與結合的要求便日漸強烈。

　　不過，人類為萬物之靈，設立婚姻制度以及選擇婚姻的動機，當然不會只有一項，僅只是上述社會達爾文論或精神分析學派所言那麼單純唯一的理由。德國社會學家Muller Lyer（1965）將婚姻動機歸納為子女的生產、經濟的互助及愛情的需要三者，且依時代之不同，而有重要順序之不同，他以為上古時期係經濟第一、子女第二、愛情第三，中古時期則子女第一、經濟第二、愛情第三，現代則愛情第一、子女第二、經濟第三。另外，彭懷真（1996）則指出，在現代兩人結婚最常見的理由就是「我們深深相愛」，因此人們希望在社會所定的制度——家庭，以及社會所定的關係——婚姻之中持續愛與被愛。他引心理學家馬斯洛（Maslow）所稱人類的七個層級需求：生理需要、安全需要、愛與歸屬的需要、成就感的需要、認知的需要、美學的需要和自我實現的需要，認為在婚姻中的愛能實現人的七級需要。

　　正因為婚姻可以滿足人們多重的生、心理和社會需求，故無論婚姻的型態如何、方式為何、成立之要件及效力為何，古今中外絕大多數的社會都設有形形色色的婚姻制度規範；而在人們生活中最重要滿足來源，婚姻與家庭生活總居於首要地位；近年來美國和我國所做的許多調查亦均顯示，婚姻與家庭幸福為個人生

活追求的首要目標。此外，在許多社會裡，絕大多數的男女都會或都曾選擇婚姻：聯合國統計處（Statistical Office of the United Nations）根據九十七個工商及農業社會的婚姻檔案（蒐集自教會、法院、甚至火葬場），自四十年代以來開始對婚姻的統計調查，據其統計資料顯示，72年至81年間，全世界平均有93.1%的女性與91.8%的男性在49歲前結婚（刁筱華譯，1994）。當然，如果從個人微觀的角度而言，對於婚姻的選擇，也有可能僅是出於錯誤的認知、社會的壓力或是不健康的心理補償等。相關的內容和概念，茲將另列於其他章節中敘述。

家庭的意義及功能

家庭的意義

　　家庭的意義是什麼？俗話說，家庭的英文字：Family，就是Father and Mother I Love You。不過，在學術上的定義，家庭是指兩個或兩個以上的人，因為婚姻、血統、或收養的關係所構成的一個團體，亦即是居住在一起的親族團體（龍冠海，1967；詹火生等，1987）。國內外學者對於家庭的定義頗多，惟大抵不出上述見解；謝秀芬（1986）指出，家庭的成立乃是基於婚姻、血緣和收養三種關係所構成，在相同的屋簷下共同生活，彼此互動，是意識、情感交流與互動的整合體。黃迺毓（1988）指出，家庭是一些人經由血緣、婚姻或其它關係居住在一起，分享共同的利益和目標。Popenoe（劉雲德譯，1991）指出，家庭是一個生活在一起，並且為經濟和其它目的的連結而成的一個合作單位，是發揮職能的親屬團體。蔡文輝（1998）引用Lamama &

Riedmann（1985）的定義指出家庭是指一個父母子女的關係或情感表達的社會團體。在同住一處的家庭分子具有共同的承諾與親密的人際關係；家庭成員彼此重視此種關係，並確認其存在之團體性。Giddens（1993年）指出，家庭是一種人們基於血緣、婚姻或領養所形成的社會團體，並且因此形成經濟單位，以照顧或養育子女。Schaefer and Lamm（1998）說，家庭可界定為因血緣、婚姻（或某種其他承諾關係）或收養而有關聯的一群人，他們共同分擔生殖與照護社會成員的主要責任。Stark（1998）則以為，家庭是一種具有養育、社會化新生兒童重要功能的小型親屬關係結構的團體。

然而，由於各個社會文化本身即存在不少差異性，再加上社會變遷的速度頗為劇烈，各社會的家庭組成其實都不盡相同，也似乎很難有一個放諸四海皆準的定義。上述國內外學者的相關定義，葉肅科（2000）指出可能會受到很多的挑戰，像不婚的單身貴族越來越多時、異性夫妻受到質疑時、無子女家庭的產生等，都有必要重新省思與定義家庭這樣的社會組織。他引述部分學者的觀點強調：只要具有「歸屬、患難與共、相互許諾且分享親密、資源、決策與價值」特質的人生活在一起，即稱為家庭。至於這些組成家庭的人是否為不同性別，有沒有婚姻誓約似乎不重要。譬如說，家庭與諮商及研究專家Olson與DeFrain（1994）就將家庭定義為：「兩個或兩個以的個人相互許諾，並用分享親密、資源、決策與價值。」這是廣義的家庭，而且包含不同的家庭類型（結構、價值與族群）。依此定義，則多元文化下的單親家庭、平權婚姻 雙生涯家庭、無子女家庭、同性戀與同居型式等非傳統家庭等，都可稱為「家庭」（藍采風，1996；周麗瑞等，1999）。

而家庭與婚姻固然關係密切，但兩者並不等同，婚姻是組成家庭的方式之一，但沒有婚姻亦可組成家庭，在人數、儀式、持續性等等方面兩者均有所差異。蔡文輝（1998）曾作一比較指出，婚姻有公開儀式、人數通常是二人、配偶間性行為是允許的、有結婚證書等；家庭則無需公開儀式、人數可多可少、家庭會代代延續、除夫妻外家人彼此不可有性行為、無需證書便可為人父母等。

　　此外，目前年輕人當感情成熟但尚未有結婚準備之前，部分人會選擇同居，其關係組成與互動類屬家庭；而已離婚的異性伴侶也可能因為經濟理由或情感藕斷絲連緣故，而繼續維持同居家庭；還有日益增加的單親家庭以及意外疾病等形成的鰥寡者，也都是不存在婚姻關係的家庭；另因為社會法律的限制無法獲得婚姻的承認，但仍有可能居住在一起共同生活的同性戀家庭；又因為收養關係而組成的家庭等，亦無婚姻關係。

　　除了上述一般性的定義外，探討家庭的角度一向很多，這些角度包括婚姻的方式、權力的分配、居住的原則、繼承的原則、以及結構的大小等。以結構大小而言，可以分成核心或夫婦家庭（nuclear or conjugal family）、主幹或折衷家庭（Stem family）以及擴大家庭或大家庭（extended family）。以繼承的原則區分，可分為父系家庭（patrilineal family）、母系家庭（matrilineal family）、雙系家庭（bilateral family）等。以居住來區分，可分為父居家庭（patrilocal residence family）、母居家庭（matrilocal residence family）、雙居家庭（bilocal residence family）等。以權力來區分，可以分為父權制（patriarchal）、母權制（matriarchal）、平權制（democratic family 或 eqalitarian family）。相關詳細內容將於後面的章節中敘述。

家庭的功能

　　無論如何，家庭之所以成爲人類最基本和最早的社會制度，自然有其存在的必要理由及功能，個人的生存、種族的繁衍、國家的建立及社會的秩序莫不以家庭爲根據……，家庭的功能有：生物的功能、心理的功能、經濟的功能、政治的功能、教育的功能、娛樂的功能、宗教的功能等（龍冠海，1966）。在現代社會中，家庭的功能減少了，但家庭仍然是社會的一個重要部分，因爲它能實現三種重要功能：社會化、提供情感和友誼、與性規範（謝高橋，1982）。

　　國外學者Horton & Hunt（1976）則將家庭的功能分爲下述七種：

1. 性愛功能（the sexual regulation function）：男女兩性性慾的滿足，家庭是個合法的履行場所，各個社會皆要求性關係以制度化的規範加以約束，而社會的民德更禁止不軌的性行爲，不過有些社會也忍受某些超出社會規範的性行爲，即性行爲在眞實文化與理想文化間總有些差異，但這無損於家庭是表現性行爲合法場所的重要功能。

2. 生殖功能（the reproduction function）：每個社會皆以家庭爲生兒育女的地方，這種功能與前述功能應予分開的理由有三：（1）有些夫妻生殖功能失調仍可能有性行爲；（2）有些夫妻不願有兒女仍可能有性行爲；（3）有些女性在更年期後仍有性行爲。（Acuff，1973，p.272）在某些社會，家庭的生殖功能具有高度的社會價值，例如，中國社會就重視家庭生兒育女、傳宗接代的功能，所謂「不孝有三，無後爲大。」生殖乃爲了孝順，因此妻子不孕可以

休妻，妻子不生男孩可以再娶，可見家庭生殖功能之重要性。

3. 社會化功能（the socialization function）：家庭爲兒童社會化的第一個基本團體，兒童人格發展即開始於家庭，一旦兒童離開家庭進入其他基本團體時，其人格早已奠定穩固之基礎。許多社會思想家如柏拉圖等，都曾想以其它場所代表家庭，蘇俄的公社，以色列的集團農場等更以實際行動，想以其他機構代替家庭，亦都遭失敗，足見社會化功能是無法取代的。（Bronfenbrenner, 1970）

4. 感情功能（the affectional function）：人類需要親密的人性反應，許多研究指出情緒困難，行爲問題或心理疾病等常是缺乏愛情或缺乏溫暖的結果。（Fromn, 1956）大部分的社會都以家庭爲感情反應的場所，而且這種感情是自願的、互助的、協調的、與經常的，可見家庭是滿足感情需要、社會需要的重要場所。

5. 地位功能（the status function）：家庭賦予個人一連串的地位，個人的歸附地位如：年齡、性別、出生次序等由家庭賦予；個人的社會地位（social statuses）如種族、膚色、住區、社會階層、宗教信仰等亦受家庭影響，甚至個人的興趣、價值觀念、生活習慣以及社會成就等亦無不受家庭之影響。

6. 保護功能（the protective function）：家庭給予身體的、金錢的、和心理的保護，許多社會當家庭成員受到攻擊，即是其家庭之恥辱，所有家庭成員必群起而攻之，家庭給予個人食衣住行之撫育，家庭也使得個人有安全感。

7. 經濟功能（the economic function）：在許多原始社會，

家庭是基本的經濟單位，家庭成員工作在一起，享受在一起，家庭也生產一切必需的物品，供給一切人生的物質需要（引自白秀雄等，1990）。

當然，家庭的功能不純然是正面的，由衝突學派的觀點和基進女性主義的角度來看，家庭制度都是造成社會不平等的來源，並產生宰制支配與被剝削的現象。如恩格斯便以為家庭制度的繼承將既得利益者的權力（power）、財富（property）、及特權（privilege）三者，由父親傳給兒子，確保了原有社會階級的維持不墜。而基進的女性主義則認為家庭制度內的女性受制於生育及母親的角色，造成對女性的壓抑，如Catharine MacKinnon（1983）便特別強調性是父權的關鍵，性別是男性支配及女性從屬之異性戀社會建構的產物，形成兩性在公領域不平等文化及意識型態（引自劉梅君，1999）。

彭懷真（1996）亦以為，站在社會學和社會工作的角度和家庭，固然應說明家庭的功能，但也不能忽略家庭的反功能，否則就不免淪為「一面之詞」，他指出家庭的反功能包括：（1）家庭固然對成員照顧保護，卻也同時可能約束了成員的發展，許多子女受制於父母管教，無法有更大的進步；（2）家庭對成員的感情支持可視為「甜蜜的負荷」，甜是甜，卻也包含著負擔；（3）家庭的社會地位安排往往造成社會的不公平，有權有勢者，把財富權力傳給兒孫，其他人再奮鬥、再辛苦，也不易出人頭地，這在愈傳統的社會愈明顯；（4）家庭的存在使女性的發展受到較多阻礙，家庭制度間接促成和維持了兩性的不平等；（5）許多經濟事務原本應公開和透過法律來規範的，都被家庭的隱密性所破壞了；（6）家庭制度基本上是保守的、維持現狀的、單一的，對社

會的進步、創新和多元，可能有阻礙。

　　除了上述家庭的正、反功能之外，由於時代與社會的變遷，分工愈爲細密，社會組織分化的結果，家庭不再是唯一滿足個人日常生活所需的場所，家庭原有的許多正功能爲各種不同類型的社會組織所取代。例如，學校教育與大眾傳播部分取代了家庭的社會化功能，一些社會和個人服務機構的興起，提供了個人食、衣、住、行、育樂、醫療保健等各方面的服務，相對也減低了家庭對個人的重要性；而家庭由於隱密性及父母缺乏親職知識所造成的子女管教不當、情感壓抑或受虐等負面功能，也有政府及民間社會機構的逐漸介入，而減輕了家庭的不當束縛與子女乏人照顧的情事。

家庭與家族制度

家庭與家族

　　常言道：「戀愛是兩個人的事，結婚則是兩個家族的事」；傳統中國人對於婚姻和家庭關係的看法，更是著重在家族的繁衍和興盛；許烺光（1988）指出中國人的家庭體系和美國人是不同的，他認爲當美國人談到他的家庭，通常是指他的父母和未婚子女，而中國人則可能包括祖父母及叔嫂們在內，家人的關係較多也較複雜。固然，近年來西風東漸的結果，重視「夫妻關係」的核心家庭不斷增加，而「兒孫滿堂」也似乎是現代人結婚時已經不再嚮往的過時之語；但是傳統文化中的重視家族觀念，仍然在兩岸社會的這一代人們日常生活行爲與習俗中處處可見。舉最明顯的例子，直到今日，年輕男女即將結婚組成家庭前，所印製的

結婚喜帖上署名的都是雙方的父母；而家族企業在兩岸三地社會所占的比率以及所扮演的角色，都是相當舉足輕重的；此外習俗中的清明掃墓、慎終追遠以及農曆春節的團圓祭祖等，也都驗證了人們對家族制度的重視。

高淑貴（1996）指出男女一旦結爲夫妻，絕對不僅僅是兩人相屬而已，必然與對方的親屬發生親屬關係。若以自我爲中心看，自我一出生便與父母親和來自父方及母方的血親和姻親成了親屬；生兒育女之後，和兒女及兒女的配偶及後代也有了親屬關係。而中國舊制爲父系、父權、父治社會，所謂九族系統乃以男性爲中心，如林美容（1984）所言：「中國人對父系親屬有一種文化上的偏好（cultural preference），因此中國人有非常清楚的父系親屬與非父系親屬的劃分。」在父系社會中，父系嗣系權的形成，實則根據以下的三個原則：

1. 子女與父親同屬於一個父系嗣系群。
2. 同胞同屬於一個父系嗣系群。
3. 妻屬於夫所屬的父系嗣系群。

晚近由於家族沒落，大家庭制度逐漸瓦解，另組新居的夫妻得以享有較多自由，而有「一家人一家事」的說法。但是這句話並不意味核心家庭中的夫妻兩人可以完全不受他人干預，得以自行其是。事實上那些親等近的家屬，例如，雙方的一親等直系尊親屬，如父母、公婆、岳父母等，及二親等旁系平輩親屬，如兄弟姐妹、姑嫂等，仍對這個核心家庭有著相當大的影響力，更何況親屬關係一旦存在，其相互間即有著權利義務關係（高淑貴，1996）。只不過，傳統父系色彩如今已然淡化，過去所謂「夫爲妻綱」、「父命不可違」的觀念，已逐漸轉爲彼此平權、相互尊重

的精神；而家庭組成亦趨於核心化。

　　陳其南曾將「家」、「房」、與「家戶」等用語加以釐清，「家庭」可指稱以某特定範圍的親屬關係為核心所構成的家務生活團體（domestic group），而這個團體若是一個家計經濟單位則稱為「家戶」，「房」則是中國人熟悉的觀念，也是概念上純粹系譜關係的用語，無需涉及任何經濟或其它功能的因素，是依「父子關係」而來，中國人比較強調家庭成員系譜關係的延續性，而家戶經濟單位只不過是用來達成延續系譜關係的工具（陳其南，1986）。

家族主義

　　家族主義或稱家庭主義（familism）在工業化和都市化後的今天，雖然受到極大的衝擊與挑戰，已不像傳統時期那麼受到講究和看重；但無論如何，文化的改變和形成卻不是一朝一夕的；家族主義可能略為淡化，但不會消失，可能轉型，但不會絕跡。宋鎮照（1997）曾指出家庭主義有五個特徵：（1）所有家庭成員都有一種強烈的一家人感覺；（2）努力追求家庭的永續發展；（3）重視家庭倫理、價值與榮譽；（4）土地與財物均為家庭公產；（5）全家同心協力，實現家庭目標，共同抵禦外侮。在許多前工業社會裡，家族主義頗為強烈，且其情緒與經濟支持擴展到人數頗多的親屬團體（kinship group）間；工業化之後，則重心逐漸縮減至核心家庭成員間。

　　不過，即使到了後工業（Post-industrial）社會，家族主義或家庭主義仍然具相當的影響力，此由兩岸華人的家族企業運作，即可窺知一、二。原本家庭係婚姻與血緣結合以感情為主的初級團體，與企業基本上是以利益相結合的次級團體，兩者的本

質並不相同；但在老中社會由於家族主義的盛行，無論是大陸、香港或在台灣，家族企業都非常普遍，中小企業裡甚至高達八成以上，兩者結合爲一。企業主會盡可能把自己家人納入所創企業之中，如父親是董事長，兒女們便是總經理、經理或大股東，因爲「自己人」較爲可靠。許多國內著名大企業亦然，例如：臺塑集團、國泰集團、中信集團……等，不勝枚舉。

臺灣如此，香港情況亦然，家族企業在香港戰後經濟的蓬勃發展過程中，占有舉足輕重的重要地位。1978年黃紹倫及薛鳳旋博士曾以問卷方式抽樣調查了四百多間香港小型工廠，發現其中約六成爲私人家族企業，更有約半數有雇用親戚在廠內工作。到1987年，以相同方法調查了二百多間中小型企業，發現十多年來家族企業在香港的比重並沒有重大改變，由個人跟家庭控制的企業仍占半數，著名的英資洋行如太古‧怡和，便是由施懷雅（Swire）和祈士域（Keswick）家族控制。但兩種企業之間，有一種顯著不同。英資洋行大都有悠久歷史，現任的領導人已經是第三代或第四代的傳人；而華資企業中則仍由第一代的創業者掌管，第二代企業家乃是新興的現象（黃紹倫，1991）。

至於家人與親屬間在經濟外的關係，如與政治領域或社會團體之關聯，以及彼此間之角色地位、權利義務和瑣細互動等，即使在今日後工業社會裡，也仍有許多值得探討之處，囿於篇幅之故，茲不於此處敘述。

家庭研究的理論

解釋社會現象的時候，通常會因爲不同解釋角度而產生不同答案的結果，例如，同樣面對裝滿一半杯子的水，從悲觀的角度

出發會認為杯中僅有一半，從樂觀的角度則認為杯中水半滿。不同理論的解釋社會現象角度，自然也產生不同的觀點，對於婚姻和家庭的研究，可以有幾種不同的理論導向，包括結構功能論、衝突論、符號互動論、社會交換論、 及家庭系統論等。

結構功能論

結構功能論（Structural Functionism）強調社會各個部門彼此相關聯，並且每一個體系的組成單位通常具有功能及貢獻，有助於該體系的操作運行，並且整個體系趨於穩定和諧；這項理論的中心概念是功能（function）、次體系（sub-system）、整合（intergration）及平衡（equilibrium）。

蔡文輝（1998）引述指出功能體系的概念包括下面四個基本命題：

1. 每一個體系內的各部門在功能上是相互關聯的。某一部門的操作需要其它部門的合作相配。因此，如果某一部門發生不正常運作時，其它部門必須加以修正以配合彼此間的關聯運作。
2. 每一體系內的組成單位通常是有助於該體系的持續操作運行。如果組成單位不再有功能的話，該單位必然會消失。換句話說，如果一個社會制度仍然存在，則該制度必然有利於社會體系的運作。
3. 既然大多數的體系對其它的體系皆有影響和關聯，則他們應可被視為整個社會體系的附屬體系（sub-systems）。功能理論認為社會體系內包括無數的附屬體系，而這些附屬體系又各有其本身之附屬體系。
4. 體系是傾向於穩定與和諧的，不易有激烈的變遷和破壞。

帕森思（T. Parsons）是結構功能學派的開山祖師，他對社會的解釋理論盛行於二次大戰結束到1960年代中期，在帕森思的理論中，體系觀念有一個極爲重要的比喻，即比喻作生物學上的有機體或有生體系（living system）。事實上，他所做的比單純的比喻還要更進一步：他不只是說社會生活好像有機生體系，他還說它是一種特殊類型的有機生體系。這種作法……我們可以公允的說，過度訴諸比喻總是危險的：「吾愛好像一朵紅紅的玫瑰」和「吾愛是一朵紅紅的玫瑰」之間，有極大的差異。結構功能論的名稱和帕森思的學說是難以分割的；把社會生活視爲一個體系——由各不同部分所組成的網路的看法，說明它「結構」的一面，生物體系的比喻則說明了它「功能」的一面。如果我們把人體視爲一個體系，我們可以看到，它有若干需要（譬如說，它需要食物）和一些必須予以滿足的需要；當然，它也具備了一些用以滿足這些需要的部位。在他看來，一切有生體系都在朝均衡狀態——各不同部位之間穩定而平衡的關係——發展，並傾向於與其它體系保持隔離「即傾向於與『界限維持』（boundary maintenance）」。帕森思所強調的，總是穩定與秩序。事實上，他認爲，社會理論就是要試著答覆這個疑問：「社會秩序如何可能？」（Craib，廖立文譯，1991）。

若以結構功能分析的眼光來看家庭制度，吾人可以提出如下問題：家庭制度對整個社會的功能是什麼？家庭的秩序如何可能？家庭成員如何扮演角色以利家庭的穩定和諧？性別分工的來源和意義爲何？等等；當然，由於結構功能學派重視穩定與和諧，對於家庭的看法和解釋不免偏於單一、安定和保守，致遭到衝突論學者截然不同觀點的挑戰。

衝突論

衝突學派的理論（Conflict Theory）重點是社會變遷的解釋，他們認定社會變遷不僅是必然的，而且也是急劇的；衝突理論的淵源可追溯到早期的馬克斯（Karl Marx）的階級鬥爭論和齊穆爾（Georg Simmel）的形式社會學理論。馬克斯的基本理論源自於當時歐洲資本主義的病態，他認為物質因素也就是經濟是社會變遷的主要動力，而在資本主義社會裡，資本家剝削無產階級以獲取利潤，於是形成階級間的衝突導致革命。

簡單地來說：馬克斯的理論包括三個基本的假設。第一，他認定經濟組織決定社會裡的所有其它的組織；第二，他相信每一個經濟組織裡都含有階級衝突的成分；第三，無產階級會逐漸因受壓迫而產生共同階級意識用以抵抗資產階級的剝削。藤尼（Jonathan H.Turner）在他的社會學理論書中將馬克斯上述的三個基本理論假設歸納成下列六個與功能理論相對的觀點：

1. 社會關係間涉及利益的衝突。
2. 社會體系內亦因此含有衝突成分。
3. 衝突是無法避免的。
4. 衝突常常顯現在針鋒相對的利益上。
5. 衝突常常產生於稀少資源的分配問題上，尤其是對權力的分配。
6. 社會體系內變遷的最主要因素就是衝突（引自蔡文輝，1981）。

不同於功能學派的「保守的偏誤」，衝突論者關心的問題是在某種社會模式中，有哪些人受益，哪些人則是受到系統性的剝

削，例如，既有婚姻制度，又何以娼妓與外遇普遍存在？誰在婚姻制度中獲利？社會對於男性和女性在家庭制度中何以有不同的對待態度？何以在一夫一妻制度下卻又對男人納妾予以容忍？等等。

此外，家庭成員所擁有的權力和資源各有不同。權力的來源通常有四方面：（1）合法；（2）錢；（3）體力；（4）愛。家庭有爭議時，父母會說：「我是一家之主。」、「因為我是你母親」，這是基於合法的權力來源，父母親有權這麼說。「錢」在家庭是一個很有力量的另一個資源。「你吃誰的飯長大……」，這就是錢的權力意味表達。通常男性較女性賺更多的錢，於是他們會有較大的經濟權力，這個經濟權力很容易轉換為婚姻中的權力。「體力」也是權力的另一來源，「你不照我的話做，就揍你！」（吳就君，1999）。如上述，家庭成員各有不同的資源和權力，則家庭成員衝突時，難免產生所謂「宰制」與「被宰制」的想法。

符號互動論

符號互動論（Symbolic Interactionism）不同於前面兩種理論的鉅視觀點，它著重個人與小團體中人與人之間的互動性質與過程，強調日常生活裡面對面的情境下的溝通互動。這個學派主要代表人物出自美國芝加哥大學，包括湯姆斯（Thomas）、米德（Mead）、派克（Park）、布魯默（Blumer）等人皆是，故又稱為芝加哥學派。

湯姆斯提出「情境定義」的論點，他說：「人視情境為真，其結果亦真。」，例如，人們若相信巫術真的存在，則他們可能會除掉一個被認為具有巫術的人，無論巫術是否真的存在，被殺者是否真具有巫術能力，皆已無關緊要。在人與人的互動過程中，

藉著語言文字和非語言符號的訊息溝通，人們不僅注意自己的觀點，同時也不斷注意和解讀對方的觀點，對當時的情境下一個定義，並且不斷地詮釋、補充修正自己觀點以符應當時情境。

米德認為自我與社會是不能分開的，個人的行為只是整個團體行為和活動的一部分，所以個人的經驗必須由社會的觀點來瞭解，而自我的形成也須透過學習他人角色，以及想像別人對自己的評價而逐漸發展出來；他人可包括「重要他人」（significant others）、和「一般他人」（general others）。兒童在嬉戲階段時常藉著扮演社會的角色，特別是周遭影響自己較深的重要他人角色，來發展自我的意識心靈，而在團體遊戲階段則學習認清整體的遊戲對象，體會他是團體中的一部分，形成整體的印象，瞭解他人的態度後作反應（Mead，1934）。

布魯默（Blumer，1966）則是對於符號互動論加以綜合和解釋，他認為人們在互動過程中，依賴對彼此間的行動所下的定義的瞭解而反應，且將個人融入社會團體內，但個人並非毫無自主性的，在解釋和定義過程中，個人作什麼樣的瞭解和判定才是決定個人行為的主要影響因素。

以符號互動論的微視觀點來看家庭制度，不似結構功能學派和衝突學派強調制度的何以存在，而把重點放在家庭內成員如何溝通互動上，他們可能提出如下問題：家庭成員間有什麼樣的互動？這些互動的規則為何？每個互動的意義是什麼？彼此間是否瞭解？是否形成基本的互動模式？……等等。

社會交換論

社會交換論（Social Exchange Theory）是從經濟學和心理學的角度來解釋個人與個人間的互動，此一學派的中心論點在

於：「他們在交換什麼？」，也就是強調社會互動基本上就是一種交換行為，此種交換行為建立了社會秩序並發展人們最牢固的感情連帶。此一學派的創始者是哈佛大學的何門史教授（G.C.Homans），其它成員則包括不同大學的布勞（P.Blau）、艾默森（R.Emerson）等人。

所謂交換不僅只是物質方面，精神和感情方面的行為，像表示感謝、贊同或好感等也都可以作為人們彼此交換的對象，像主婦互相交換烹調的技巧、同事間彼此稱讚、家人相互照顧幫忙及給予回饋等，都是常見的交換行為也發展人們最牢固的感情連帶。這些酬賞是交換理論的基石，而其種類和方式也非常多，且由於個人在交換行為中，基本上是出於利己主義的，因此難免在交換過程中會對付出的成本以及獲得的酬賞利潤，會作一番計算和比較。

將社會交換論運用在婚姻和家庭上，也可以解釋部分的現象，例如俗話常說的：「門當戶對」、「郎才女貌」、「討一個有錢老婆少奮鬥二十年」等；不過，純然理性的計算和交換行為，似乎無法完全解釋情感領域中為對方不計一切心血付出，和某些像「飛蛾撲火」式的投入與犧牲？

吳就君對於家庭內的交換行為提出頗為值得思考的觀點。他以為兩人之間相互交換的是什麼資源和代價，往往不是第三者所能瞭解，連帶當事人之間也未必察覺到。例如有人說：「她比他唸的學校好，看起來也比他好看百倍又有才氣，為什麼會跟他在一起？」，交換理論很重要的觀念之一是平衡，所謂人際交換的結果令雙方感到公平，才有平衡的關係發生。日常生活中，人與人都不斷的交換資源，今天你洗碗，我來帶小孩，平時我們並不計較是否公平，只要日常感覺彼此有相互性，就可以維持相當的平

衡關係，社會規範會把婚姻當作永久一生的投入，因此婚姻中的人，會說服自己忍受一時的不平衡，對於交換的評估不放在每日之間或短期內，而是較長時間的評估（吳就君，1999）。

家庭系統論

《社會學辭典》對系統的解釋是：「形成一整體之各個部分相關且依賴的組織，系統絕非是穩定、全然均衡或能預測的。」（彭懷眞等譯，1991）。Goldenberg（1991）也指明家庭系統的特性：組織（organization）與整體（wholeness）的概念是瞭解系統如何運作之鑰。組織是指有系統的組成分子以一種可預測的、有組織的（organized）方式彼此互動。整體的意思是：若一個系統被打破成爲部分時，則無法被完全的解釋與瞭解；即沒有一個因素可以孤立於系統之外而獨立的產生功能.（彭懷眞，1996）。

家庭系統理論（Family System Theory）其實源自結構功能論，把家庭看成許多個次系統（subsystems）相互關聯的結構體，各有其職司功能，並有其清楚的界限（boundary），這些次系統包括父母系統、夫妻系統、親子系統、手足系統、及個人系統等，各有其適度的區隔，不相混淆，才能發揮良好的家庭功能；此外，家庭系統論也強調家庭的互動研究與溝通模式，家庭任一事件、任何人的感受和行爲、習慣性的互動方式等都會影響全家人的感覺和行爲，也會形成家庭特有的氣氛，例如，酗酒嗑藥長期失業的兒女，可能除了個人因素所致外，也可能會是整個家庭系統的替罪羔羊，背負了全家的病症。

家庭系統論是社會學的家庭研究和臨床的家族治療之間，搭上橋樑的學說。這個理論最大的貢獻是在分析和治療失功能的家庭，無論如何臨床的研究仍然令人懷疑是否可普遍應用到健康家

庭？（吳就君，1999）。但家庭系統論強調次系統的界限和互動模式，探討不良功能家庭如何恢復平衡狀態的觀點，在面對家庭問題、給予家庭協助時，可以協助提供整體思考的另一個途徑。

問題和討論

●●●●●●●●●●●●●●●●●●●●●●●●●●●●●●●●●●●

1.婚姻的意義和目的爲何？

2.家庭的意義爲何？又家庭與婚姻的差異何在？

3.家庭有哪些功能？又有何反功能？

4.什麼是家族主義？對於經濟又有何種影響？

5.結構功能論和衝突論對於家庭制度的分析，看法有何不
　同？

6.符號互動論的主要論點爲何？

7.社會交換論對於家庭的觀點爲何？

8.何謂家庭系統論？這個理論有何貢獻？

第二章　性別角色與互動

●●●●●●●●●●●●●●●●●●●●●●●●●●●●●●●●●●●●

傷人的並非事件本身，而是我們對事件的看法。

～蒙田

大　綱

性、性徵與性別認同

*性、性別與性徵
*性別認同

社會化與性別角色

*社會化歷程與性別角色之發展
*男性化和女性化

兩性差異與相同之處

*男女生理上的差異
*男女認知上的差異
*男女在人際與溝通上的差異
*兩性相同之處

兩性角色的轉變

*性別角色對女性的影響
*改變中的兩性角色

性、性徵與性別認同

性、性別與性徵

　　談婚姻與家庭不可避免的必須觸及「性」（sex）與「性別」（gender）的問題。性是生物學上的語彙，一個人是男性或者是女性，是因為他們的性器官與基因而定。相對來看，性別則是心理學上與文化上的語彙，是每個人對於自己或他人所具有的、顯露的男性化與女性化特質的一種主觀感受（可視為一種性別認同）。性別，同時也可以說明社會對男性行為及女性行為的一種評價（可視為性別角色）。個體的行為表現與社會上對男性化與女性化定義的相關程度，則稱為性別角色認同（gender role identity）或是性別類型（sex typing）（劉秀娟，1997）。

　　生物學上，一個人在未出生之前，究係男性或女性就已確定，打從精子與卵子結合成受精卵開始，將來嬰兒是男是女，在受精卵二十三對染色體中最後一對性染色體，便已決定了其性屬特徵。若是具有XX染色體便是女嬰，具有XY染色體便是男嬰，並且隨著時間成長，到了青春期之後，性徵會愈來愈明顯。

　　醫學上證實，在受精卵發育成胚胎的第五星期左右，XY染色體會分泌出一種男性荷爾蒙睪丸素（testosterone）以形成男性生殖器官，缺乏這種男性荷爾蒙的胚胎則發育成女性生殖器官，這種形成男性睪丸與女性卵巢的生殖器官現象稱為「第一性徵」（primary sex characteristics）。男女的性別不僅可從第一性徵分辨，也可從「第二性徵」（secondary sex characteristics）看出。譬如說，女性的乳房與臀部較大，而男性的胸部與肩膀較寬、體毛較多，聲音也較低沉（陽琪、陽琬譯，1995）。而劉仲

多（1999）指出，男性擁有的內外生殖器包括：陰囊、睪丸、前列腺、輸精管、陰莖等；女性包括：子宮、卵巢、輸卵管、陰道、陰蒂、大小陰唇等。第二性徵是青春期／發育時期所產生的身體變化及其結果，包括女性的乳房發育、月經來潮；男性的喉結出現、聲音改變、精子產生，以及兩性共有但不同形式的陰毛出現、身體皮膚毛髮的改變、腺體分泌、產生可以受孕的成熟生殖細胞（精子及卵子）以及體型改變。第二性徵的出現主要由於青春期的性腺荷爾蒙分泌，隨著分泌的多寡，個人表現出強度不等的性別特徵。

性別認同

一般而言，個體在發展過程中對於自己的性屬的體認過程，究竟屬於男性或女性，以及體認後是否願意接受這樣的性屬，皆是性別認同（gender identity）的歷程，假使個體能接受自己性徵相同的性別（男或女），且表現出來的行為像個男性或女性，就稱為性別一致性（gender consistency）。性別認同基本上是隨著個體成長與認知發展階段而漸漸達成，Newman和Newman（1986）、Shaffer（1996）指出個體性別概念的理解與發展可分為四個階段：第一個階段是正確地使用性別標誌（sex label）；第二個階段是理解性別是具有穩定性（gender stability）；第三個階段是理解性別是具有恆定性（gender constancy）；第四個階段是指對生殖器（生物學上的性）有基礎的理解（引自劉秀娟，1997）。

依照精神分析學派宗師佛洛依德（Freud）的理論，每個人自出生後，都經歷口欲期、肛門期、性蕾期、潛伏期與性器（兩性）期五個階段。當成長至青春時期由於性荷爾蒙分泌，及男女第二

性徵的出現，一般人對異性產生了好奇與渴求，遂進入佛洛依德所說的性器期。而同性戀者不論其成因屬於先天或後天，到了青春期以後，雖然其第二性徵的出現與異性戀者似無太大軒輊，不過後來發展的愛戀偏好對象則為同性（通常對同性戀的定義為滿十八歲後以同性為愛戀及性幻想對象）。

社會化與性別角色

社會化歷程與性別角色的發展

人類為萬物之靈，人類的行為不能僅由生物學的觀點來看待，社會和文化因素對於個人的期待、影響和規範，重要性也是不言可喻的。個人自出生至於老，均不斷學習社會的價值、期待與規範，以求能適應於該社會，此一歷程即為社會化過程（socialization process）。

在社會結構中除了規範和價值是其基本要素外，地位（status）和角色（role）也是不可或缺的，前者是個人在社會結構中的一種位置，這種位置並影響個人的社會適應和人際關係，這包括歸附地位（ascribed status）和成就地位（achieved status）兩者。歸附地位是與生俱來的，例如，種族、性別、某國國民等，成就地位是個人後天努力所獲致的，例如，職業是醫生或老師，政黨屬於某一黨黨員等，這些地位會影響個人的認同、行為和關係。而角色是伴隨地位而來的社會期待和權利義務，每一種地位附屬有一些社會指定的角色，這種角色即是預期的行為模式、責任和權利。一個七歲兒童開始扮演其學生角色行為，例如，準時上下課、做家庭作業、參加考試等，都是學生可預期的

角色行為（白秀雄等，1986）。在社會化歷程中，我們每個人都在學習如何適當扮演伴隨地位而來的各種角色，若是無法適當的扮演其角色責任，無法符合社會的期待或是無法協調個人的人格特質來適應角色，便可能形成角色緊張或角色衝突（role conflict）。例如，一個男生平日穿著裙子，在我們社會中便可能遭受他人異樣眼光，而造成此人的角色緊張。

　　性別角色係伴隨性別而來的行為期待，包括性別角色期待和性別角色表現。一般而言，角色表現是以角色期待為根本，因此，男性表現出來的行為，大多與社會對男性的社會期待一致，而女性的角色表現也大致符合女性角色期待（宋鎮照，1997）。這種性別角色對男女的不同期待與表現，基本上是來自於社會文化形塑結果，也就是出自於社會化過程中的差異，例如，從小男孩子便被父母親和周遭的人們期待表現堅強勇敢，當跌倒時所接受到的告誡都是：「不要哭」、「好勇敢」，長大後社會給予的文化標準是：「男兒有淚不輕彈」；而女孩子則自小被期待要「溫柔乖巧」、「善體人意」等。

　　對於性別角色的發展過程，在心理學上的解釋，包括精神分析論、社會學習論和認知論三者。精神分析論在Freud的理論中，性為一種生存及延續生命的本能，即指生命的原力（Libido 或 Libidinal Energy），而性力在個體的發展過程中是時時存在的，並會促使個體尋求發洩的方式來因應性力匯集所形成的緊張，並獲得滿足……Freud認為這階段的幼兒對母親有強大的占有欲，並且視父親為競爭對手……而產生的閹割焦慮，形成了所謂的「認同強者」，是男孩認同性別角色的歷程；對女孩來說，認同的歷程因為沒有閹割焦慮存在，所以較為緩和，但是認同母親的基礎點則是為了取悅父親（劉秀娟，1997）。社會學習論則與行為學派

的觀察、模仿與增強有關，Bandura認為個體的行為係透過觀察而進入模仿的具體行為，這種模仿成人的行為表現與是否受到增強有關，經常獲得酬賞的行為會使人們重複的再做，在兩性角色的學習過程中，小女孩穿著漂亮的衣服和玩洋娃娃會得到他人的稱許，但是如果一個小男孩也玩洋娃娃就會讓人笑話。女孩得到酬賞（讚許），因此就會喜歡再做，男孩的話懲罰（讓人笑話），就不會再這樣做（蔡文輝，1998）。認知發展理論則相信人們會隨著年齡成長和認知發展，而有不同的社會角色學習經驗，包括性別角色的學習亦然，如不同年齡的男女孩對於洋娃娃和槍砲玩具的看法與喜好等。

不論是何種解釋，其實都不能免於父母和周遭重要他人的影響。父母在為嬰兒取名字時就已把兩性不同的角色期望放進去了，在我國，男嬰名字常常是用「雄」、「武」、「博」、「軍」、「國」等男性氣概的名詞；女嬰名字則總是如「美」、「麗」、「雲」、「珠」、「瑛」等代表柔順的名字。不僅如此，父母親也常是小孩的角色模型。男孩的模仿對象比較偏向父親，女孩則比較偏向模仿母親，如果一個女孩常常看到母親整天忙著家務，挑選衣服，緊急情況時顯得手足無措，她就可能受到這些影響，也有同樣的趨向（蔡文輝，1998）。除了父母以外，幼年與青少年時期的同儕夥伴對於性別角色的態度，學校教師對男女生不同的態度和期望，正式與潛在課程裡的內容，大眾媒體裡的兩性角色處理等等，其實也都在在形塑著性別角色與刻板印象。

人類學家瑪格麗特‧米德（Margaret Mead）在考查新幾內亞島上的三個部落——阿拉比西、曼都古默斯、特仙布利之後，發現居民有不同的性別安排，有溫和而合作的阿拉西比人，該族不論男女都敏感而富同情心，很愛笑，在人格上較被動而依賴。這

種人格特質若依西方文化的標準是相當「女性化」。曼都古默斯族與阿拉西比族相距不到一百六十公里，則是相當「男性化」，人們獵人頭，家族間強調競爭，婚姻是最大的敵意和衝突源，男女都須兇殘地護衛自己的權益。另一族特仙布利人則是男女的工作涇渭分明，而且女性較具支配性、較冷靜而果斷，男性則較依賴，較沒責任感。得出結論是：「人類本質具有難以置信的可塑性，兩性性格的差異乃是來自文化的創造，生活於其中的世世代代都被訓練去符合那個規範。」（宋南辛，1986；彭懷眞，1996）。對於兩性角色的特質，後天文化學習的因素與先天生理的因素當然都有影響，不過多數的學者均認爲社會文化的因素較爲重要。

男性化和女性化

　　極端典型的男女性別角色特質，就是男性化（masculine）和女性化（feminine）：像男性化特質包括：獨立、競爭、具冒險性、不富感情、直爽、擅於分析……等，女性化特質包括：富同情心、具感情、靈巧、善體人意、服從……等。這些對男性或女性的特質描述，顯得過度簡化，但又非常固定的觀念，其實就是性別刻板印象（Calhoun，Light and Keller,1994），而性別刻板印象則很容易產生性別歧視（sexism），形成兩性的不平等關係。前面所提簡化的男性化特質，就是認爲男性係以事業成就爲中心的角色，亦稱爲「工具性角色」（instrumental roles）；簡化的女性化特質，就是以爲女性係以溫柔與情感付出爲中心的角色，亦稱爲「表達性角色」，或稱「情感性角色」（expressive roles）。

　　李美枝（1994）調查台灣地區大學生對於適合男性和女性性格特質的看法，所獲得的結果顯示相當符合傳統典型男性化與女

性化特質，茲將其列表2-1。

表 2-1　臺灣大學生的男女性格特質看法

男性項目	女性項目
粗獷的	溫暖的
剛強的	整潔的
個人主義的	敏感的
偏激的	順從的
靠自己的	純潔的
隨便的	心細的
冒險的	伶俐的
冒失的	動人的
獨立的	富同情心的
武斷的	保守的
浮躁的	膽小的
有主見的	討人喜歡的
深沉的	文靜的
自誇的	親切的
競爭的	愛美的
膽大的	慈善的
好鬥的	甜蜜的
豪放的	溫柔的
穩健的	被動的
自立更生的	端莊的
善謀的	文雅的
有雄心的	依賴的
幹練的	純情的
頑固的	輕聲細語的
嚴肅的	拘謹的
主動的	天真的
行動像領袖的	矜持的
粗魯的	愛小孩的
有領導才能的	害羞的
好支配的	善感的

資料來源：李美枝（1994），頁275。

上述的兩性角色看法，顯得極為典型傳統，由此行為期待而可能產生的簡化、僵化性別刻板印象，更是影響鉅大。例如，男女從小即被要求與安排不同的行為態度和活動，並因此發展出彼此可能迥異的信念、關注、性格、技巧與表現。典型的男性工具性角色，乃強調個體的果斷、獨立、進取、能力及目標導向；而典型的女性表達性角色，乃認為個體應協調合作高的、仁慈的、養育性的、且對他人需求敏感的（Shaffer，1996）。這種性別刻板印象的影響，可分為兩個面向，即人們在評價他人和自我表現時，皆會受到它的影響。就評價他人而言，性別刻板印象會限制與窄化人們對於事實真相的瞭解。舉例說，當我們看到一位女性搬不動一張桌子而表現出很無助的樣子，我們很快會認同她這種行為，並加深我們對女人的嬌弱刻板印象。相反的，如果我們觀察到的表現並不符合女性刻板印象，例如，她肩打桌子，手拿椅子爬上五樓，我們經常會視此行為為異例，認為眼前這個女人不是「另類」，就是「女超人」，但並不會改變我們對女人的嬌弱刻板印象（葉肅科，2000）。

　　舉另一個例子，是2001年8月時中華開發銀行明文規定，女性行員不得穿褲裝，違者罰款一千元。而勞委會、北市勞工局在媒體的追詢下，也都紛指中華開發銀行明文規定女性不得穿褲裝，有明顯就業歧視之嫌（江斐琪，2001）。這不但是僵化刻板印象的不當評價而已，甚且已形成了性別歧視。至於在自我表現方面的影響，則易因「印象整飾」（表現合宜的自我形象給他人看），與「自我實現的預言」（成為自己所裝扮模樣的情況），而造成自我約束與自我設限。譬如說，一位女孩可能因為自己欣賞的男孩的看法或私下猜測的看法，而刻意表現出嬌羞溫柔的模樣，並且不敢苟同「女強人」的企圖心與作為，以致局限了自我的未來發展可能性。

兩性差異與相同之處

　　那麼，究竟兩性間的差異是否存在？是否僅係社會文化期待偏差下的結果或是性別刻板印象下的產物？甚或只是父權社會裡藉以箝制壓抑女性的「社會論述」（social formation）工具？答案似乎不易明顯。吾人在談論兩性是否存在差異時，當然必須注意避免落入上述的可能陷阱；然而，在強調兩性平權以及兩性間「先做人，再做男人與女人」的同時，若是一味地排斥兩性間存有某些差異，冀能因此達到兩性無處不是平等，卻忽略了「平等並不一定相同」，其實也只是不符現實的辯解罷了。

男女生理上的差異

　　男女的差異除了前節所述第一性徵和第二性徵彼此顯著不同外，在其他方面的生理現象，男女也有不同。醫學報導指出，同時飲用等量酒精飲料，對於男女生理的影響和傷害，也因性別而有異，女性較男性在肝臟的反應與負荷上更為不利。而科學家發現，剛出生男嬰的腦部平均要比女嬰的大，不過這並不表示男人能占到多少便宜，因為一旦長大成人，男人失去腦神經細胞的速率為女人的三倍，特別是掌管衝動控制、心理適應及抽象推理方面的神經，換句話說，男人失去腦力的速度比女人快得多（楊明暐，1996）。

　　當然，許多生理現象也會和個人後來的社會行為以及和不同社會文化背景牽扯一起，而形成不易區分先天、後天的情形。劉仲冬（2000）曾引述指出，女性平均壽命雖然比較長，但是罹患疾病的機會比男性大。依據美國的統計資料顯示顯示，女性生病而無法外出活動的機率比男人多25%。臥病在床的日子平均一年

比男性多40％。17～44歲之間看醫生及住院的次數是男性的兩倍，19～39歲之間用藥比男性高50％（Turner，1987）。我國的情形是：25～54歲間患病率比男性高1/4～1/3。就醫女性爲56.19％，男性爲61.46％，男性較高（胡幼慧，1991）。女性患病狀況比男性重，住院率除生產年齡外，比男性低。顯示我國女性罹病率雖然高於男性，但醫療服務的使用卻比男性低。通常兩性罹患的病並不一樣：男性容易生致死性的病，（如心臟病、高血壓），而女性易生慢性病。兩性疾病及平均壽命的不同，雖然部分因爲生育年齡的荷爾蒙保護作用，一般認爲影響更大的是：兩性生活方式不同。生活習慣如：吸煙、工作環境、競爭、緊張、冒險及暴力行爲使男性容易發生意外、受傷、車禍、肺癌、心臟病、高血壓。長期的壓抑使女性容易得精神疾病如：憂鬱症。我國的女性在焦慮、恐懼、強迫行爲、憂鬱、失眠、心身症、記憶力減退、記憶力不集中上均高於男性。憂鬱症及自殺的研究顯示婚姻對男性有保護作用，而對女性卻相反的有不良影響（胡幼慧，1991）。

　　而在不同年齡階段，男女運動能力是存在著差異的，尤其青春期以後，男性肌肉發展結實，心臟、肺的發展較快，收縮血壓較高，心跳速率較低，因此男性氣力與運動表現（像跑、跳、投擲、握力等）優於女性 （黃德祥，1995）。此外，男女在性興趣和性經驗方面也有不同，在交往過程中，男性由視覺（看到漂亮性感的女性）而有性興奮的衝動是常有的現象。女性當然也可以得到性興奮的衝動，不過由語言的挑逗也常引起女性性的衝動。擁抱、愛撫、親吻等動作都可引起性興奮，尤其是在性器官或性敏感區身體部位上，男性性興奮起得比較快，也較容易達到高潮，女性的性興奮比較遲緩，而且也需要較長的時間才能達到高

潮（蔡文輝，1998）。

　　以上所述男女生理方面的差異固然不容否認，惟若是過於強調此種先天差異，容易落入性別刻板印象，成爲「性別文化建構」的手段，亦不可不愼。Basow（1992）曾指出當人們在考慮生物學因素時，容易接受三個性別迷思，並爲其所說服，這三個迷思以及眞正事實是：

　　迷思一：生物學因素是最根本的，也就是說，假使它們與行爲共同發生時，它們一定是行爲發生的「原因」。

　　事實：行爲也可以改變生物學因素。例如，不同類型的經驗能影響神經的聯結，所以，生物學與行爲之間的關係是雙向的交互作用。像不同飲食行爲對勃起的情況可能有影響。

　　迷思二：生物學是「固定不變」的，因此，假如某件事情具有生物學的基礎，則將不能改變。

　　事實：人類行爲是相當有彈性的，具有優勢影響力的是文化因素而非生物學因素。例如，性別標籤將有可能使人選擇男性的行爲。

　　迷思三：生物學因素是一種天性，猶如上天指定的，所以，它意味著「應該」是什麼。

　　事實：「應該如何」是人類製造出來的，而不是生物學因素使然。在性別研究方面的趨向顯然是支持這個觀點的，例如，性別角色及角色期許（引自劉秀娟，1997）。

　　又如同女性主義先驅西蒙波娃早在1949年在《第二性》一書中所揭櫫的：「人不是生爲男人或女人，而是變成男人或女人」。不同於國際女性主義教育學處理比較多女性不同於男性特有的認知方式、學習風格、道德發展、語言習慣等。國內許多兩性平等推動的論述都認爲現存的性別差異都是人們性別刻板的印象的結

果，我們應花時間去瞭解與分析後天文化如何強化了兩性的差異，框限了兩性的發展（薛曉華，2001）。

男女認知上的差異

在認知發展方面男女是否也存在差異？爭議性可能比生理方面的差異更大。一般刻板印象中的兩性認知能力，多集中在男性數學理解能力較強、視覺空間能力較佳、場地獨立能力較明顯，女性語文能力較強、創造力較佳等；不過，這些印象在許多學者的研究結果中卻不一致。例如，彭懷真（1996）引Renzetti and Curran（1992）的看法，認為上述的兩性認知能力，結論是「幾無差異」。劉秀娟（1997）引Basow（1992）的看法指出，早期發表的研究中多認為兩性在語文能力上存在著些微的差異，但是1973年之後發表的研究報告中，這些微小的差異結果已經幾乎不存在了。

此外，Maccoby and Jacklin（1974）的資料裡，顯示在「成就動機」方面女性較佳。這樣的看法，與Savage, Stearns' & Friedman（1979）的研究，認為一般女性逃避成就、害怕成功，並且喜好選擇碰運氣的情況，也是紛歧不一致的。大抵而言，愈是自信、競爭心愈強、愈能將成功作內在歸因者，其成就企圖心與日後成就便愈大；而此與女性在社會文化薰陶下重視關係特質和外在歸因，基本上是較不符合的。

在數的能力上，Benbow和Stanley（1980，1983）對數學資優青年的研究中發現，兩性在數的能力方面的差異是存在的。Benbow和Stanley發現在SAT的數學成績超過五百分（最高分為八百分）的男孩大約是女孩的兩倍，而且愈高分的男女兩性差異也愈大。事實上我們應該從兩方面來思考並且解釋這些差異：一

方面是強調生物學因素，而另一方面則強調社會因素兩者是同等重要的（引自劉秀娟，1997）。此外，近年來，許多女性在數學和科技領域有不少傑出表現，也可說明社會風潮演進對於兩性能力表現的影響。

　　另外，男女在認知的型態上也可能存有差異。Gray以為男女兩性像是戴著不同色彩的眼鏡，對人對事的觀念截然不同。一般說來，男人傾向以凝聚式觀點看待世事，而女人則用開放式的角度應對周遭一切。男人的認知常由片面連接片面而來，他們習慣以一事累積一事的方法，逐漸建立整體觀念。女人的認知則是放射性的；往往先直覺性地一覽全貌，才逐漸發現其中的片段，以及片段與片段之間的關係，這種觀點多半著重事件的脈絡與關係，而非事件的具體內容。若以螺旋形狀作比喻，凝聚式認知向內盤旋，直指中心點；一如射手持弓瞄準標靶中心點；而開放式（或所謂擴散式）認知則由中心向外旋轉，就像碟形天線般自由接收並反射各方訊息（Gray，蕭德蘭譯，1995）。

男女在人際與溝通上的差異

　　John Gray葛瑞博士曾把男人和女人比喻為在火星和金星上的人，他說：「要把兩性視為來自不同星球的人，才能真正體認兩性的不同。」（Gray，蕭德蘭譯，1995）。男女在整體人際行為和溝通方面的不同，看似不大其實卻無法忽略其中奧妙，惟有將之視為來自兩個不同星球的人，才能如兩性學者磊士比（Nesbit）所說：「我期待一個兩性可以認知彼此差異的世界，這些不同的觀點是助力，而非牽制」（引自馮滬祥，2001）。男女在人際和溝通方面的差異，可能是最值得我們去注意的部分。

　　劉秀娟指出男女在社會發展方面是存有差異差異，這包括溝

通模式、利社會行為、及權力相關的行為三項，茲分別摘述於下
（劉秀娟，1997）：

溝通模式

　　口語：男性支配著對話的歷程；女性則比較會去傾聽、支
持，以及自我揭露。情境、性別特質都是相當重要的因素。

　　非口語：男性在兒童期之後即處於支配的地位；女性比較擅
長於表達，而且對非口語訊息比較敏銳。情境、文化以及性別形
成都是相當重要的因素。

利社會行為

　　合作行為：青春期的女性會表現出較高的興趣。

　　同理心：尚不清楚。女性對他人的感受會表現出較高的興
趣，情境與性別形成都是重要的因素。

　　養育行為：尚不清楚。女性比較常扮演養育角色。

　　利他主義：尚不清楚。女性表達出較多的關懷，但是男性較
常協助陌生人。情境因素是相當重要的。

　　道德感：尚不清楚。女性可能比較會考慮到別人的感受。

權力相關的行為

　　攻擊性：男性較常有身體上的攻擊行為。

　　競爭性：男性比較會競爭。情境與性別特質都是很重要的因
素。

　　成就：在動機方面沒有差異。對成就的定義、性別形成以及
情境的因素都必須加以釐清。

　　另外，葛瑞J.Gray在《親愛的，為什麼我不懂你》及《男人
女人大不同》的書裡，探討男女在人際和溝通方面的差異甚多，

馮滬祥（2001）加以歸納整理成三十要點，茲將其中與人際溝通較相關部分的十四點，擇要列述於下：

1. 兩性最大的差異：女性傾向專注於最大注意的人、事、物，男性則傾向於自我為中心。葛瑞博士在《親愛的，為什麼我不懂你》書中也提到：女性最大的挑戰，「在滿足別人的需求後，同時仍然能保有自我」。換句話說，女性經常是為別人而付出的，無論傳統或現代女性，通通是為別人付出，很多終生在為先生、為家庭、為小孩、為公婆，或為兄弟姐妹付出；總之，都是在關心別人。因而，如何仍能保存自我，便成最大挑戰。男性則不同，男性最大的困難，則在於克服自我中心導向。

   上述差異的意義，也代表女性很注重人際關係，很注重人與人相處的氣氛和藝術；但在男性則缺乏。所以，今天所講的男女差異，並非代表誰對誰錯，而是代表事實上客觀的陳述。

2. 女性需要親密感，男性需要空間感：這就是很多專家所提，為什麼女性需要經常跟他講你愛她，也要經常送些小禮物，表達愛意與心意；男性則是需要空間感，需要喘口氣。若是不瞭解此中差異，女性一直盯住男性、時刻注意，女性會覺得這是關心、是親密，但男性卻會覺得是束縛、被困住了。所以，本質上，男人需要空間感，女人需要親密感，兩性對此要相互瞭解、相互尊重。換言之，如果女性能給男性多一些自由空間，不要讓他覺得太拘束；而男性則能給女性一些安全感，不要讓她覺得被疏離，才能真正更增甜蜜。

3. 女性傾向於尋求他人的認同，男性常做自己喜歡的事：美國著名女星瓊‧考琳絲「我的一生都很在意別人的批評，一生都在取悅別人」，這很有代表性。因為一般而言，女性很在乎別人的批評，男性多半則不管人家的批評，「雖千萬人吾往矣」，只管往前去衝。因此，男性經常會勸女性，不要在意別人的批評，但通常沒有用，因為這就是女性的心理狀態。如前所述，女性因為更在乎安全感，對孤獨很敏感，所以通常不太願意特立獨行。

4. 女性比男性更容易坦然表達自己的情緒：因為男性從小就被教導，不能隨便表達自己的情緒，所以戈柏（Goldberg）在所作名著《新兩性關係》（*The Male and Female Relationship*）中提到：剛開始男性深受女性豐沛的情感吸引，但在兩人關係穩定後，同樣的特質卻會被認為是不可理喻。兩性學者傅瑞（Frey）在《哭泣》（*Crying*）中也說：「女性的荷爾蒙激素比男性分泌的多，淚腺也比男性發達。」所以，同一件事情，女性流淚的機率，通常是男性的五倍。

因此，男性須知，當女性在訴說她的感情時，應該用心聽，只要表現出善意的傾聽，即是很大的慰藉，而不必急於為她們解決。同時女性須知，即使有再多的淚要流的話，也應該在十分鐘內說完，因為男性沒有耐性，大部分無法超過十分鐘。

5. 女人比男人更容易操心、憂心忡忡：專門研究人類憂慮的學者包可維（Borkvec）發表在《女性與治療》（*Women and Therapy*）雜誌上的研究顯示：女性憂慮的比率約為男性的二至三倍，女性比男性更容易事事操心，大至怕打

仗、怕環境污染，小至操心有白頭髮、有皺紋，另外又還為自己的朋友操心，並為長大的子女操心，可說天天操心，天下無不可操之心。

6. 男女的話題也有差異：一般而言，男女在一起聊天，男性喜歡談論事件，女性喜歡談論人；男性多半討論爭議點，女性則專注於人。……很多男性對女性聊的話題不耐煩，因為女性話題經常環繞人的細節；可是女性也對男性講的事情不耐煩，因為男性談的太重論辯性，女性談的則比較偏重人性化、生活化。

7. 女性比男性更擅長於傾聽：客觀的研究顯示，男性比女性更容易打斷談話；男性常常會對不耐煩的內容會中途打斷，女性通常不會，女性對他人的談話，比較回應熱烈、表情專注，男性則比較缺乏表情。

8. 碰到別人有問題時，男性傾向提供建議，女性則表示無限同情：碰到他人有問題時，女性不一定會提供具體建議，但會表現出關心，男性則是在心情上不一定會表示關心，但會具體提出解決方法。若是女性提出問題，女性並不是一定要尋求解答，而是希望對方能有共鳴、能心有戚戚焉。

9. 男性更容易跟別人針鋒相對：因為男性容易跟人對立（因為競爭心和支配之故），所以避免無謂樹敵的方法，首先，不要用人身攻擊的方法；跟人討論事情時，不應該用侮辱性的字眼。其次要避免極端性的字眼，不要說別人總是怎麼樣；因為任何人畢竟有他的長處。

10. 女性在情感上善於嫉妒，男性在肉體上善於嫉妒：對女性來講，自認不夠被愛，才會產生嫉妒；但對男性來講，卻

是有了嫉妒的充分理由之後，才覺得對方不愛自己。換言之，女性很在乎安全感，在覺得有某種威脅時，才覺得自己被愛得不夠，才會嫉妒；但男性並不在乎「安全感」，男性在乎要有「空間感」，所以男性要有足以嫉妒的充分理由後，才會感覺自己被愛的不夠。最重要的是，男性的嫉妒多半是從肉體上的聯想；而女性則是在情感上或心理上的聯想，都足以讓其嫉妒，這主要是因為心中需要安全感之故。

11.女性比男性更希望改變對方：有位心理學家提到：「也許女性和男性真正的差別，用一句話來說，就是男性明瞭兩性有差異，而且接受這種差異，但女性卻不明白這一點」。女性經常認為「你若愛我，你就為我改變……」，如果妳實在很希望對方改變，也只能要求改變妳最受不了的習慣，要改一件、兩件或有可能，但若要對方全為妳改變，成為妳心目中的理想情人，則是不可能的。

12.男性傾向於追求性，女性則需要更多的愛：兩性學者柯拉馬（Kramer）有句名言：「女性要先有靈之後，才會有肉；男性則是先有了性之後，才會有愛。」因為，女性先要有愛，才會有性；但男性的性，可以不論對象、時間、地點。男性本身就有一個本能的生理衝動，如果他能慢慢欣賞性的對象時，他慢慢的也會有愛滋生；但女性多半要先有靈的溝通，才會有性的享受。

13.女性比男性擁有更多親密的朋友：一般來講，若問女性是不是有要好的閨中密友時，大部分的回答是「有」；但若問到男性時，很多時候是沉默的。因為男性在一起時，接觸的多半是表面，所以有友誼較為膚淺。

14. 逛街，女性遠比男性喜歡購物：女性在購物中心閒逛，只是為了消遣，男性則是完成購物後就離開。大部分女性把逛街購物當成「發現之旅」，男性則只當作一項「任務」。

此外，葛瑞（1995）在《親愛的，為何我不懂你》一書中，尚針對男女面對壓力時的不同反應作一番解析，他指出，男性面對壓力的第一項反應是退縮，他會否定個人內心感受及情緒痛苦，繼而停止溝通；第二項反應是易怒，他會勞騷滿腹，凡事抱怨不停；第三項反應是封閉，整個人變得冷漠無情。而女性面對壓力的第一項反應是心煩意亂，為了應付壓力，女人往往變得特別情緒化，不但在乎個人感受，更介意伴侶及他人的情緒及需要；她的第二項反應是過度反應，對周遭環境反應過度；第三項反應是筋疲力竭，感到無望，亟欲放棄一切。

以上這些男女在人際關係與溝通行為上的差異，常是造成交往中的兩性，彼此誤解解對方的來源，許多不必要的兩性衝突，就是來自這些先後天因素造成的兩性溝通型態差異。丹佛大學婚姻與家庭研究中心主任馬克曼（Markman）曾說：「對於兩性差異的誤解，乃是導致離婚的禍首」（引自馮滬祥，2001），此言實不宜輕忽。

兩性相同之處

然而，兩性除了有所不同外，也有其相同之處，而相同之處的重要性，絕不遜於彼此間的差異；甚且，兩性間的差異，亦不應被視為大過個人之間的個別差異。那麼，兩性間究竟有哪些共同的特質呢？蔡文輝（1998）曾比較男女兩性特質之異同，其中科學上已證明兩性相同之共有特質，包括：學習能力、記憶、分

析能力、概念之構成、情感性智能、智能、活動層次、依賴性、結合性、同情心、撫養力、利他性、服從性、性反應、性趣反應。他認為到目前為止，科學上所能找到真正男女有所不同的特質並不多，兩性差別主要是文化因素大於生理因素，且是兩者互動的結果。

　　此外，隨著時代和社會結構變遷，兩性性別角色已有所改變，這樣的改變使人們不再局限於傳統典型性別角色，在現實生活裡雖尚不能看到兩性同大於異的情況，但在彼此理想中的期待，卻已逐漸朝向平等和共通的特質。蔡文輝（1998）引述Tavirs & Wade（1978）的研究，發現男女兩性對所謂理想男女性所具有的特質相差並不大，表2-2是其調查的結果：

表 2-2　理想男女特質

特質	理想女性特質		理想男性特質	
	A	B	C	D
能夠去愛	1	1	1	1
堅持信念	2	3	2	2
溫暖	3	2	3	-
自信	4	5	-	3
斯文親切	5	4	5	-
保護家人	-	-	4	4
聰明	-	-	-	5

*A是女性描述理想女性的等級
*B是男性描述理想女性的特質
*C是女性描述理想男性的特質
*D是男性描述理想男性的特質

資料來源：Tavirs & Wade，1978；引自蔡文輝，1998。

兩性角色的轉變

性別角色對女性的影響

　　不可諱言的,男女傳統以來被誇大和塑造的先後天差異與性別角色刻板印象,確實造成了兩性間的不平等關係,把婦女局限在家務和養育子女等「表達性角色」的「私領域」範疇,無法完全施展其長才,致使女性在勞動市場、政治經濟體系、及家庭地位中都居於次等位置,這種「性別階層化」(gender stratification)現象,在全球許多國家社會中十分普遍。雖然,近幾十年來,在婦女運動大為倡導、風起雲湧之後,「兩性平等」觀念抬頭,性別角色期待正逐漸轉變,女性地位也在提高。

　　然而,性別刻板印象和傳統性別角色由來已久,「冰凍三尺,非一日之寒」,改變自然不會是一朝一夕。這也使得女性在受教育機會、就業、家務分工操持和生涯規劃等方面,實際現況裡仍受到或多或少不利的影響。

　　以受教育機會而言,謝小芬(1992)針對兩所台北市國民中學學生為對象,探討兩性教育機會分配的情形,結果發現,女生在就學機會、受教過程中的參與和學業成就三方面,均處於不利的地位。而女生在大學聯考中的錄取率比男生來得低,其中應屆生男女錄取率為55%比49.02%,非應屆生男女錄取率為40.99%比26.34%;而且,高等教育的機械科大多是男性,家政、服裝、語文科則大多是女性,女性就讀於大學的人數也比男性少(教育部,1993)至於研究所以上的男女就讀率,則女生遠不如男生,博士班班男女生人數分別為五千五百一十五人與一千零四十五人,碩士班男女生人數則分別為一萬七千九百五十六人與六千七

百五十五人（教育部，1993）；在自然科學類和數學類的研究所中男女生人數的比率就更懸殊了。

　　男女在職業的選擇上，無論是就業總類、方式、收入、待遇、升遷地位，也都有顯著的差異，即使在工作價值和態度上，男女也不相同；雖然傳統性別角色中；「男主外，女主內」的觀念已被沖淡，然而女性在就業方面，依然處於不利地位。許多社會評價較高的職業類別，如醫師、工程師、法官、教授、簡任以上公務員等，都是男性人數多於女性。以大學教授而言，八十一學年度大專院校的專任教授，男性有三千六百九十五人，女性有四百零九人；而相對地，較為低層次的職位，則以女性人數居多，例如，小學女老師則占60.48%，而幼稚園女老師則占97.73%（教育部，1993），此種職業區隔（occupational segregation）現象仍未消除；Barron & Norris（1976）便認為在雙重的勞動力市場中，女性居於次要性的地位，從事次要性工作的勞工，很容易在景氣蕭條時遭到開除，酬勞較低，工作環境也較差。而在升遷方面，性別刻板印象普遍存在於各階層，一個掌握升遷大權主管人員若懷有一般的性別角色刻板印象，會認為男的性格（工作成就取向）較適合發展事業，女的性格（社會情感取向）不宜負責重大工作（李美枝，1988）；升遷時優先考慮男性，是常有的現象。

　　在家務分工方面，鄭忍嬌和陳皎眉（1994）指出，根據行政院主計處（1992）的「台灣地區勞動參與率調查報告」顯示：我國約有三百二十五萬五千的女性工作人口，占女性可工作人口的43.7%，其中又有60.7%為已婚者，亦即每年女性平均就業率仍不斷地增加，婦女地位也因而提高，但是社會規範對婦女在家庭中的角色要求與期望並為減少；繁重的家務及子女教養工作，大

部分仍由婦女承擔,造成角色衝突、角色負擔過重與角色干擾的情形。因此,在雙工作(Dual-worker)和雙事業(Dual-career)家庭,婦女所面臨的壓力是十分巨大的,這包括角色負荷過重、規範及心理適應的爲難、多重角色的衝突及社會網路的縮減等問題,這些壓力都涉及時間、精力、資源的分配困難上。

而在生涯發展與成就欲上,已婚的職業婦女對於其工作(Job)或事業(Career)的發展,益受到其性別角色態度的影響。通常在小孩出生後,許多婦女會拘於傳統性別角色,以照料小孩爲最主要的生活重心,甚至辭去工作,專心照顧子女,形成中斷的生涯模式,第二生涯或修正的第二涯模式;無論是上述三種生涯模式的任何一種,對於婦女一生的事業發展和規劃都會有負面的影響,由於就業持續性的不足,中斷後重新起步必須一切重新開始,事業發展比起男性來的不利,而這種現象在目前而言仍然存在。例如,婦女勞動參與率的兩個高峰分別是20~24歲組及35~44歲組,呈現雙高峰的M型分配;如再配合婦女的結婚年齡來看,婦女在結婚前參與就業市場活動的比例甚大,有些婦女在結婚或生育兒女之後便退出就業市場(詹火生,1987)。在成就欲方面,史坦與貝利(Stein & Bailey,1987)曾指出,女性較男性害怕失敗,一些挑戰性較高但報酬和評價也較高的職位,如廠長、總經理、校長、醫師等,女性較不敢輕易嘗試。而荷諾(Horner,1972)則指出,女性有逃避成功的的動機。「女強人」的稱號,似乎對某些女性而言,會有女性魅力的喪失並形成對男性的壓力威脅的恐懼感。

改變中的兩性角色

隨著經濟結構、教育以及民主政治的開展,自由平等風氣的

盛行，民智大開，兩性角色期待逐漸在改變中，兩性平等的觀念和要求也漸漸抬頭。

　　以美國而言，女權運動係一九七〇年代幾個最重要的社會運動之一，各種有關女權的理論，如自由派的（Liberal）、激進派的（Radical）以及社會主義的（Socialist Feminist）女權運動，皆有不少人投入闡揚，以及參與相關的運動，除了爭取女性地位的平等外，也重新界定兩性的角色，許多傳統的兩性看法，都不再被視為理所當然。

　　在我國，最早在台灣地區倡導女權運動的領導人是呂秀蓮女士，經過她及許許多多後繼者的努力和整體社會結構的變遷，有關兩性的平等，在財產、子女監護、職場及生涯規劃等各方面均有所改變（徐光國，1996）。女性由經濟上依賴的地位轉為經濟獨立，職場上曾有的「單身條款」已被廢除，女性所從事的行業呈現多元化趨勢，不再局限於「粉領工作」，職場性騷擾被定位為性別就業岐視的一種；在家務分工方面，年輕一代漸能接受兩性一起參與觀念，財產與子女監護權不再歸於男方單獨所有；在生涯規劃上女性轉變過去以家庭為重心的觀念，改成以自我充實與自我實現作為生涯規劃的藍圖。

　　當然，仍有不少值得努力去改善的空間，像大眾傳播媒體、公共空間安排、學校教育、婦女人身安全以及兩性平等工作法的再修訂等等，都須以前瞻性的眼光和做法，來更落實兩性之間的平等。至於如何加以落實？葉肅科（2000）指出包括三點：（1）生理差異不是藉口；（2）養成多元性別角色；（3）實施兩性平等教育。此外，楊士毅（1996）以為，在男女平權運動中應該積極爭取的某些權利，包括：

1. 語言的改造——消除性別歧視的語言：在傳統以男性爲中心的父系社會中，經常出現重男輕女、性別歧視的語言。如將負面價值的行爲冠上女字旁：作「奸」犯科、「奸」人、「姦」淫等；有關結婚生育的語言：「嫁出去的女兒」、「潑出去的水」等重男輕女的習慣用語；及涉及兩性關係一般的成語：種種罵人的髒話、「女人是禍水」、「雞婆」、「婆婆媽媽」（爲什麼不說「公公爸爸」）、「不守婦道」（但無「不守夫道」）、「好男不與女鬥」等。

2. 教育權與文化權——改進教育內容、提升女性受教育機會：現代社會的教育必須做如下的改革：一般課程均應消除性別歧視、重男輕女、及兩性在社會上所扮演的不一定正確角色；以男性爲中心的歷史教育必須全面改寫；男女性在高中及大學時代都必須學習家政等課程。

3. 保障人身權、人格權及對未成年女子的特殊保護：法律及社會風俗必須保障婦女的人格權、人身安全及人身自由權，此方面包括了避免婚姻暴力、強暴、性騷擾、販賣婦女、強迫婦女賣淫以及色情海報的語言暴力；以及對未成年女子的特殊保護。

4. 保障婦女工作權及參政權：包括保護婦女的一般性工作權的平等；保障婦女安全工作權；以及保障婦女參政權，在公職候選人的黨內提名，任一性別不得低於40％或25％的比例。

5. 改進婦女婚姻與財產權：婚姻建立在兩性之同等權利上；夫妻財產權及財產繼承權的平等。

6. 增強母性受益權：若母親未上班或只從事副業，而在家負起養育子女及家務管理的絕大部分責任，則國家及父親就

必須酌量發給該母親「家庭工資」，至於日常生活家務所需的費用必須另給。

7. 政府大量設立托兒所、幼稚園及培育師資：當今職業婦女的比例相當高，因此為了避免子女身心發育及教育的不健全，導致社會問題，政府必須大量設置托兒所、幼稚園。

8. 子女姓氏指定權：從父姓的習俗是重男輕女的重要原因，如何改進它，是非常重要的事（楊士毅，1996）。

有關上述多元性別角色的概念，吾人尚可考慮雙性化（Androgyny）的特質。即不論男女，均可對自己本身的性別抱持強烈認同，但同時也能夠表現出另一方性別的特質的彈性，並且持平等對待兩性的態度；這種多元向度的性別概念，對個人的家庭、事業、人際，以及對整體社會的平等和諧，均會有所助益。

此外，當兩性在爭取平等權益的同時，宜避免製造兩性間彼此的仇恨和敵對，否則若淪為所謂「男人與女人的戰爭」，反倒是扭曲兩性平等和諧的初衷。而女權運動者為女性爭取權益，固然理所當然、天經地義，且令人佩服稱羨；不過，若有僅藉此運動為手段，冀圖個人名利徒添兩性間之紛擾，則非兩性之福。

問題與討論

●●●●●●●●●●●●●●●●●●●●●●●●●●●●●●●●●●●●

1. 性、性別與性徵三者所指涉的內容為何？

2. 性別認同的發展有哪四個階段？

3. 社會化歷程對於性別角色的形塑與影響如何？

4. 何謂性別刻板印象？你覺得目前一般人仍存有性別刻板印象嗎？

5. 性別刻板印象對於女性有何不利的影響？

6. 性別平等是否代表兩性無差異或不應有差異？你的看法如何？

7. 葛瑞博士以為男女性在人際溝通上主要的差異如何？你同意嗎？

8. 如何才能落實兩性平等？

第三章　親密關係與情愛

花開堪折直須折，莫待無花空折枝。

〜杜秋娘

大　綱

親和需求與親密關係

* 親和需求
* 人際的親密性

人際吸引

* 人際吸引相關理論原則
* 肢體語言與吸引力

喜歡與愛情

* 愛情是什麼？
* 愛情的類型
* 喜歡與愛的區別
* 愛情相關理論
* 愛與嫉妒
* 情愛的追求與滋長

親和需求與親密關係

親和需求

　　人類是群居的動物，日常生活中各種需求的滿足，往往無法靠自己單獨的力量以達成，因此親和需求（Affiliation Need）不但是合群營生的人類，維持其物理性生存之所必須，且係其心理上相當強烈之渴求。人類不習慣於孤立隔絕之生活，是許多實驗和日常生活的例子都曾證明的事實。沙克特（Schachter，1959）曾實驗證明，人被隔離社會之外，將發生焦慮失眠、情緒不穩定之症狀，受試者單獨在一無窗戶之房間內獨居，三餐由他人遞送，結果停留最短者僅二十餘分鐘便要求離去，最長者也不過停留了八天。這個實驗說明了人們懼怕孤立，喜歡與人為伍。這種「親和需求」，在日常生活中也俯拾可見。例如，在軍隊或監獄中，對於惡形不悛的成員，均有一單獨隔離之「禁閉室」，以進一步處罰之。曾有一部叫「逃離惡魔島」的電影，描寫遭受單獨禁閉的犯人，身心極端痛苦，面目槁木死灰的情形；其中有些完全喪失求生意志，因而死亡、發瘋或選擇自殺，男主角則憑其堅強意志力存活，最後逃離了惡魔島（徐光國，1996）。

　　心理學家馬斯洛（Maslow）曾將人類的需求主要分成五個層次，包括生理需求、安全需求、社會需求、自尊需求、和自我實現需求，這些需求的滿足都與群體生活息息相關，尤其第三個層次的社會需求更是直接仰賴人際關係。社會需求包括愛、被愛及歸屬感的社會需求，是人類在生理及安全需求已確定獲得滿足後產生的：天生具有社會性的人類，會有強烈的情感，不但要有愛人與被愛的感覺，還會希望能夠被某個團體接納，成為一群人中

的一分子，以滿足被社會認同的需要。這種被接納和歸屬感的獲得，係來自於人際關係，人際關係也有人稱之為人我關係，是指一個人在和他人相處甚至共事時建立的相互情感與互動模式。所謂人際關係好，大致是指能夠使人瞭解自己的善意，容易獲得別人的信任與接納，而得到友善的回應，友誼的溫暖，甚或欣賞的幫助（周陽山等，1996）。

　　人們喜歡和人為伍，獲得別人的接納，這種親和需求究竟會受到哪些因素的影響呢？下列的一些因素對於人際間的親和需求具有顯著影響力（徐光國，1996）：

1.接觸（Contact）原則：所謂「見面三分情」或「近水樓台先得月」，接觸會強化彼此間親和的需求。

2.自我開示（Self Disclosure）：與接觸原則有關，但更進一層的，即是接觸時的「自我開示（Self Disclosure）」，或稱「自我表露」，包括口語與行為語言的開示坦誠，會增加彼此間關係的親密度，而產生較強烈的親和需求；這或許緣自「社會交換論」的觀點，即一個人的自我開示能獲得對方大約等質和等量的坦誠信任（Altman and Jaylor, 1973）。

3.恐懼：一般而言，當個人愈覺恐懼時愈會企求伴侶，沙克特（Schachter）所做的實驗便是例子。李美枝（1988）曾區辨恐懼（對於有實際威脅對象的憂慮反應）和焦慮（不知其所以然的憂慮反應），並引Sarnoff H. Zimbarbo（1961）的實驗，同時研究恐懼、焦慮二變項與親和傾向的關係，發現高恐懼組的受試者親和需求較強，而高焦慮組的受試者則反而傾向於單獨自處。

4.出生序:「出生序」與親和需求的關係也是沙克特的實驗
　所提出的。通常長子或獨生子的親和需求較強烈,會較怕
　和別人分離,或希望別人維持或恢復友善關係。

5.情緒:親和與當時的「情緒」有關,愈興奮或愈失意時,
　人們的親和需求會轉而強烈。像遭受壓力或挫折,如考試
　落第,或者戀愛失敗時,許多人容易打電話找親友訴苦,
　以排遣壓力,並非因為這些親戚朋友能夠解決他實際上的
　困難,而是有伴侶可以分享心事、不會孤單的「親和需求」
　所致。

前述「自我表露」(自我開示)與人際間親密程度的關聯,尤
其密切。時蓉華曾引國外學者Altman & Taylor 的看法,指出自
我表露是人與人之間情感、發展友誼的關鍵途徑,自我表露的深
度與廣度隨溝通對象而異,顯然,與好朋友溝通的深度與廣度,
都大於一般熟人或陌生人(Altman & Taylor,1973;時蓉華,
1996)。

人際的親密性

而人際關係的層面包括「初級關係」(primary relationships)
與「次級關係」(secondary relationships)兩者。前者具有長期
面對面的頻繁互動特質,且係具有情感投入與全人(whole
person)溝通的特性,親密與互賴程度因此較高較廣泛,例如家
人或好友死黨。後者則具有較正式的,短暫與片面性關係的特
質,且較為工作與工具取向,故親密程度通常也遜於初級關係,
例如黨員同志或大機構內的同事。 形象互動學派的米德
(Mead,1936)曾提出「重要他人」(Significant Others)與

「一般他人」（General Others）在個人社會化歷程中的角色，初級團體的成員即為「重要他人」，而「重要他人」對於個人的人際情感需求滿足，毋寧是更為迫切的。

初級團體成員間的親密性具有對個人強烈支持和溫暖的功能，也給予個人一種安全感和信任。對於許多人而言，親密是日常生活的重心，也代表成熟與強烈的情感束縛。兩人間的親密程度有三個判準：寬度（breadth）、開放度（openness）與深度（depth）。寬度是指男女共同活動的範圍，寬度越廣表示兩人花越多的時間參與共同活動，親密程度也越高。譬如說，大學校園中的班對經常出雙入對，一起參加社團，一起上圖書館，也一起逛街。開放度是指兩人願意敞開心門，讓對方走進自己的內心深處，相互宣洩情感與交換想法的程度。譬如說，自己願意向男／女友傾訴心事的可能性越高，開放度就越大，關係也就越親密。共同敞開心門是持續進行而非偶發現象，兩人間也常會增加牽絆。然而，持續的開放也會帶來負面效應，它使個人有害怕被拒絕或被背叛的脆弱感。因此，只有對等的開放才是最適當的防護。深度則指雙方願意融入對方世界與之結合的程度，例如彼此互許諾言；深度越大表示兩人的親密程度越深，彼此關係的結合程度也越大。要言之，親密關係不只是一連串的互享活動與試圖打開另一人的心門，也是彼此識別的主要部分（陽琪、陽琬譯，1995）。

雖然對於親密關係的渴求乃眾人皆然，不過，由於社會化的歷程影響，性別角色的塑造和性別刻板印象的緣故，男女在親密關係的期望和表現上，也有不一致之處。葉肅科（2000）引述指出，親密關係牽涉到情緒表達、情感交流與相互許諾。無論男性或女性，都會期望親密關係中的那種相互「交心」，進而彼此互賴

的感覺。然而，由於社會化過程的差異，男女雙方接受不同的性別角色，對於異性戀的親密關係也有不同的期望與表現。從角色分工的觀點而言，性別社會化的結果使女性可以駕輕就熟的適應親密關係中的喜怒哀樂，但卻使多數男性無法妥善處理親密關係發展中的許多問題。在親密關係中，男女雙方的表現也有不同（葉肅科，2000；周麗瑞等，1999；陽琪、陽琬譯，1995；Hochschild，1983）。

　　此外，不同社會文化對於親密關係表達的相關規範和作為，差異也頗大。歐美西方人士對一般熟悉朋友做擁抱動作以表示親切，是被視為理所當然、再自然不過的事情；而在本地社會，若非戀愛中男女朋友做此動作，則可能引起旁人側目，當事人也會有不適應的尷尬，甚而誤以為是騷擾！而對於男女間的親密關係和愛戀的表示，傳統中國人有相當嚴格的禁忌：男女嚴防；即使到了現代社會，一般人對於男女情愛與性淫之間的界定仍不甚清楚；一般人看不出男女情愛「正大光明」的一面。因此，內心對情愛的禁制逐演變為層層焦慮，對於情愛表達的勇氣及方式也不具備。當然這並不意味著我們的愛意很少，而是愛意一直保留在心理；我們的愛意從心理到做之間並沒有直接的行動，且有落差存在，愛的感覺到了嘴邊，四肢就嘎然停住了，因為再往前一步，焦慮的感覺就更強烈，而阻擋我們更進一步的舉止（張老師月刊編輯部，1991）。父母子女間親密關係的表達亦然，常常關切之情因為表達不當，而造成兩代間隔閡與誤解的情形，屢見不鮮，值得探討。

　　此外，初級團體內對親密關係的渴求，無論是友情、親情、或愛情，皆屬人之常情，人們也從其中獲得喜悅溫馨以及歸屬感和安全感。不過，值得注意的是，所有渴望愛的人都希望兩人的

關係親密、鞏固，但一方面也希望個人理想能實現；自由與親密之於人，就如同陽光及水之於植物，但這兩者，卻存在著衝突的本質。我們要「做自己」，也需要被愛。小時候依自己意思行事時會害怕失寵於父母，長大又希望在不失去自我的狀況下維繫相愛的關係，不論是否曾自覺，我們總希望能在不被所愛的人反對的情形下，自由去思考、去感覺、去做事（陳芳智譯，1998）。

人際吸引

人際吸引相關理論原則

　　欲與他人建立親密關係，獲得他人喜好與與悅納，則首須瞭解人際間相互吸引的一些理論。為何人際間會有彼此好惡的現象，為何會為某些人所吸引、而為某些人所排斥？解釋其中緣故的理論不少，較具代表性的，有三項理論：增強論、社會交換論、和公平原理。增強理論是：我們喜歡帶給我們酬賞的人，討厭處罰我們的人。在人際互動中所有的刺激可以大抵分成酬賞性和處罰性兩種，對於提供酬賞性刺激的人，我們產生好感，而對提供處罰性刺激的人我們則易生厭惡感，喜惡感且可以形成一連續的尺度（Scale），這個理論背後的哲學與人類「趨樂避苦」的天性相關。

　　而社會交換論，在人際互動中，強調付出代價的多寡所得的利益和回饋，以及相較於其他的「比較水準」（alternative comparison level）的收穫三者，在人際交易中是否收穫高於所付出的代價，是否收穫高於一般付出代價V.S利益的水準，是人們產生好感的由來。這與經濟學上的「邊際替換效果」，有異曲同工

之妙；只不過「社會交換論」所強調的利益，包含有形的物質回饋外，也同時包含無形的心理回饋感。又公平原理，實際上也是在往來交換過程中，衡量付出與收穫，彼此是否平衡、公平，而決定對其喜惡程度與是否繼續來往。

根據上述的三項理論，若進一步細究人際吸引的具體原則，則令我們喜歡的人通常有下列酬賞他人的特質或條件：（1）吸引人的外表；（2）受歡迎的人格特質；（3）相似的價值觀、興趣與態度；（4）能滿足個人需要；（5）有能力；（6）接近及接觸；（7）能互補；（8）對自己有好感者（徐光國，1996）。茲分述如下：

吸引人的外表

討人喜歡的外貌，永遠是人際關係中吸引力的主要來源之一。人類天性中具有審美觀，雖說外貌的美醜標準，在不同的時代和社會背景下，難免有所差異變化，欣賞「環肥」或者喜歡「燕瘦」；但在同一時代和社會背景內，對於外表的美麗，一般人的判斷則約略相似。

達伊歐（Dion, 1992）曾將美女、美男、平庸男女及不漂亮的男女之照片給受測者看，並就「性格、職業地位、結婚可能性」項目進行評定，結果受試者認為：擁有美麗外表、身體魅力的美男、美女，他們的性格感受性高，也具有溫柔、強壯、謙虛、社交等令人羨慕的性格，結婚的機率也較大；反之，容貌平庸之人，性格感受度低，各種評價也低。這是人們世俗眼光「以貌取人」的緣故（將門文物，1991）。

對於吸引人的外表條件，無論男女在交往戀愛時，都十分重視。尤其是男士，一開始願不願意與某位女士約會，並非主要考

慮女方的人格特質與智慧，而係將外表作為第一決定因素，此種情形國內外皆然（Coombs & Kenbel, 1966; Walster, 1966；張老師月刊，1986）。故而，雖說「人不可貌相，海水不可斗量。」是一般人盡知之常識，但世間能看破者不多。

受歡迎的人格特質

人際來往時，對方的主要人格特質，亦是受歡迎與否的抉擇要件，一般人大抵喜歡和正直、開朗、幽默及快樂的人來往，而不喜歡奸險、傲慢、卑微及愁眉苦臉的人。通常外表是較短暫期間的吸引因素，而好的個性則具較長期的吸引力。

將門文物（1991）曾將美國學者安得遜（Anderson, 1965）和日本學者齊藤（1985）所作對美國大學生及日本大學生性格好感度的調查拿來作比較，發現美國人以誠實、正直為土，而日本人則以溫柔，體貼的個性最受歡迎。

相似的價值觀、興趣與態度

此即所謂「物以類聚」及「志同道合」。紐康（1961）曾以田野實驗，提供願意參與研究的大學新生免費住宿舍四個月，並定期接受晤談及測驗調查，結果發現興趣相似而居住在一起的，在一段時間過後，彼此容易吸引成為朋友，當興趣與價值觀念愈相似，吸引力便愈大。

滿足個人需要

人類有許多的基本需要，和獨特的需求，對於能提供滿足的對象，容易產生「制約效果」，而覺得喜歡。例如，嬰兒在哭泣啼哭時，若有人持奶瓶予以懷中餵食，則止饑和懷抱溫暖的效果，會使得嬰兒對其產生好感。像這樣「有奶便是娘」，在成年人的世

界裡，也是可以多少驗證的；能提供豐富資源、滿足別人需求者，通常是較受歡迎或贏得尊敬的。

　　每個人由於不同的生活背景或經驗，產生許多獨特需求或偏好，在直接或間接、有意識或下意識的考量下，與人交往時，會偏向能滿足自己獨特需求的對象，是十分自然的。例如，有些人成長於溫暖幸福的家庭，由於對父母親的喜愛和依賴，在尋找結婚對象時，便有所謂的「父母形象說」傾向，以滿足這項獨特需求。

有能力

　　在人際交往中，聰敏有能力的人，如果不過份自傲的話，比起庸庸碌碌一無長處的人，容易受歡迎，是一定的現象。因為在事情的處理和問題的解決上，目睹能幹的人近乎完美的演出，可以協助自己目標的達成，且可成為自己模仿認同的對象，故而容易對其有好感。連孔子也曾說：「毋友不如己者。」

　　不過，若是鋒芒過露，能力太傑出，在很多方面將所有人比了下去，則難免引來別人因自尊產生的嫉妒與排擠；因此，處事時的謙虛就是能幹者欲維持受歡迎需有的修養。此外，對於德高望眾的人、偶而出現的小錯，或偶而的挫折，對於能幹的人的形象，非但無損反而有正面的助益，因為如此產生了「他也是人」的親切感，對於中度自尊的一般人而言，反而更喜歡這個人（李美枝，1988）。

接近及接觸

　　如前所述「見面三分情」，人際情感友好的基礎，可都建立在接觸上，接觸越多則感情越好；反之，「離久情疏」，缺乏接觸則隔閡既深，無從瞭解，何至於喜歡呢。又如夫妻結婚後，若因工

作的緣故而分隔兩地，數月僅一見，則兩地相思日久，情海生變的例子，俯拾可見。

互補原則

　　互動中的兩個人，若是其中一方的態度與行爲表現，正好是另一方所欠缺不足的部分，而且可滿足心理需求，則彼此間易產生強烈之吸引力。例如，一位家中的長女，習慣於照顧幫助弟妹，具「母姐型」性格，正好適合於一位家中么男或獨子，且有強烈戀母情結之男子，彼此可以滿足心理需求。同樣的，極端男性化的男人，會喜歡極端女性化的女人；而喜歡講話與喜歡傾聽者，也是「廟裡的鼓搥」一對。

　　其實，在長期的伴侶關係中，相似原則與互補原則的重要性，有時是難分軒輊的，須視事件對象與情境而定。例如，「小丈夫」的外在物質和地位之需求雖藉配偶之助獲得滿足，但卻會斷傷其「傳統」的男性自尊；故有些成功的女性，在和先生一起出現社交場合時，仍「以夫爲貴」，特意把光采不著痕跡的讓給先生，藉以維持彼此價值觀表面上的「相似處」。故知相似與互補兩者都是頗重要的。

對自己有好感者

　　由增強理論及社會交換論的觀點來看，喜歡對自己有好感的人，討厭拒絕或忽視自己的人毋寧是最自然不過的事。他人對自己的讚美和接納，形成對自己的酬賞和增強，爲了表示感謝和回饋也易對他人示好。

　　卡內基提出六種使別人喜歡你的方法：（1）眞誠的關心他人；（2）經常微笑；（3）姓名對任何人而言，都是最悅耳的語言；（4）聆聽，鼓勵別人多談他自己的事；（5）談論他人感興

趣的話題；（6）衷心讓他人覺得他很重要（黑幼龍編，1991）。以上這六項，都和「對自己有好感者」項目相關聯。

肢體語言與吸引力

除了上述的原則外，兩性間相處在獲取注意力和吸引力的具體技巧方面，則肢體語言的運用效果扮演一定角色。行爲（肢體）語言是傳達情意和人際溝通時，更重要的方式，肢體語言包括：臉部表情、身體姿勢動作、彼此的距離和身體接觸等（張華葆，1987）。人類學家柏德斯泰（Ray L. Birdshistell）對這類研究貢獻極大，他的著作《身體語言學與系統：論人體動作溝通》，總合了許多有關人們如何用眼神，面部表情，手腳和頭部的姿勢，表達他們未明示的願望，隱藏的敵意，以及未說出口的對於愛和關懷需求的研究成果（早川，1982）。像中國人所說的「眉目傳情」，戀人們相互凝視就可以估計出對方心裡想些什麼；我們會懷疑那些不敢正視我們的人；我們也可以從別人眼神中，看出他是否快樂或心不在焉。

Murstein（張惠芬譯，1998）引述指出，像「我有，我有空，我要你」這類的訊息可以肢體語言傳達：對於男人，他的肢體語言可能是……傲慢的態度、臀部翹起、撫摸、手勢、特別長時間的注視、仔細觀看女人的體態、開放的姿態及動向……或是在臉上表現出興奮及渴望的表情。對於女人，她的身體語言可能是……坐著但是雙腿象徵性的張開、交叉雙腿以露出她的大腿、挑逗的眼神、撫摸大腿、挺起的胸部、使用撩人的香水、臉上做出「噘嘴」的表情、將手掌心伸向男人、使用「隱含的意味」的語調（Knapp, 1972）。

眼神在約會時代表重要的意義，我們專注地注視吸引我們的

人。男人的瞳孔在看到美女照片時會放大，看到男人或嬰兒的照片則不會。女人的瞳孔則是在看到男人和嬰兒時會放大，看到其他女人時則不會（Hess, 1965）。中古時期的女人認為眼睛的瞳孔放大比較有吸引力，因此使用藥物顛茄（義大利文為「美麗的女人」），使瞳孔放大（Cook & McHenry, 1978）。

眼神的接觸，在男女關係的早期，也代表一種興趣（Brust, 1975）。兩人的關係愈深，彼此注視的時間就愈長（Rubin, 1970；Walsh, Meister, & Kleinke, 1977）。但是，害羞及焦慮的人可能不會和別人有眼神的接觸，因為吸引力和焦慮混淆不清了。

身體的距離方面，1844年加頓爵士（Sir Francis Galton）在一次晚宴上觀察，發現一個人越喜歡另外一個人，他就會越朝這個人前進（Wilson & Nias, 1976；引自張惠芬譯，1998）。又一般兩位對談者間的距離，無論是站者或坐者，通常距離在1.5至4尺間，當兩人距離越近，也表是關係越親近；至於身體上之接觸以及接觸之部位，也代表一定的某種程度的溝通訊息。

喜歡與愛情

愛情是什麼？

那麼，什麼是愛情？俗話說：「問世間情為何物？直教人生死相許。」也有人說：「愛情會上癮，如同酒癮、藥癮，不可自拔。」以上這些話都是描寫沉醉在熾烈情愛中男女心情的寫照；那種魂牽夢縈、難分難捨、須臾不離的思念，是墜入情網初期時都曾有過的刻骨銘心共同感受。然而，這樣就是愛情嗎？答案顯

然不僅於此,除了浪漫和甜蜜,戀愛中的男女為愛所苦的情事,亦比比皆是。蔡文輝(1998)亦指出,羅曼蒂克愛情是甜蜜的關懷,但是它也包含某種程度的痛苦,為愛所苦幾乎是戀愛過程中必須的經驗。如此,究竟愛情是什麼?

社會學家Goode(1959)將愛情界定為:「兩成年異性之間強烈的情感傾注,至少包括有性慾望與溫柔體貼的成分在內」;如今當然「兩成年異性」也可能得改為「兩成年異(同)性」。此外,愛是一種感觸與感覺(feeling),它由行為來表達。羅曼蒂克的愛情常由下列語言或行為來表達:

1. 以口語表達愛情。如「我愛你。」
2. 自我表露。如向對方透露自己隱私的事。
3. 以行動協助別人。當別人有需要時給予情緒上及精神上的支持,並尊重對方意見。
4. 表達非語言的感觸。當對方在時,感到更幸福、更快樂、更滿足,及更有安全感。
5. 以物質協助別人。如贈花、禮物,或施多於受。
6. 以肢體表達愛。如:擁抱、吻及做愛。
7. 容忍對方。如接受對方的獨特性或怪癖(藍采風,1996)。

又除了性慾望與溫柔體貼,「許諾」在愛情中所占的地位也是不可忽略的。Fehr(1988)的「愛與許諾模式」研究,由172位受調查者中發現下列(依重要程度順序)十二項愛的主要屬性:信任、關心、誠實、友誼、尊敬、關心別人的福祉、忠貞、許諾、接受別人的真我、支持、願與別人在一起、對別人有興趣。而十二項描述許諾的屬性依其重要性如下:忠實、負責任、遵守諾言、忠貞、信任、當別人有需要時隨時在側、熱誠、可

靠、鞠躬盡瘁、支持、毅力、關心別人的福祉（引自藍采風，1996）。

初沉醉於愛情之間的人們，常感覺快樂無比，對世界和自己的存在有了重新的認定，有了它，生活彷彿彩虹般燦爛，對於戀愛中的對象，思念與喜悅之情則無日或已。那麼，構成愛情的成分，究竟有那些？Sternberg的「愛情三角論」認為構成愛情有三個主要成分，即是：（1）親密（intimacy）：包括親近熱心與自我揭露等要素；（2）激情（passion）：包括強烈的正面與負面感情、性慾與各項社會需求；（3）承諾（committment）：包括短暫與長程之企圖維持親近關係的決心（張老師月刊，1987）。這三種主要成分的發展速度不一，愛情因此通常不太穩定的，它們之間，以passion爆發最快，可是也最容易消逝，而以comittment最慢發生。

陳皎眉（1996）則引述Rubin（1970）的論點指出愛情包括下列三種成分：（1）依附（attachment）：係指希望自己所愛的人能在身邊，並且與對方時時刻刻在一起的需求，「一日不見如隔三秋」或「一刻不見就心疼」的現象，即是這種依附的情感。（2）關懷（caring）：戀愛中的人往往會對他所愛的人有一種情感需求，要去關懷他，也需要他的關懷。譬如說，問暖噓寒，時時刻刻關心自己所愛的人，對方的一舉一動均是照顧關注的焦點。（3）親密（intimacy）：墜入情網的人總希望彼此間可以日益親密，在一起就是一種享受，分開則是一種痛苦。親密是一種瞭解與體諒的情意，也是兩情相悅、互通心聲的聯繫。

有關愛與依附之間的關聯，吳就君引述幾位國外學者的看法指出，依附（Attachment）理論認為一個人早期生活經驗裡依附重要他人（父或母）的程度和品質會繼續影響一生他和伴侶所建

立的親密關係。研究依附的學者愛絲華等人（Ainsworth et. al, 1978）提出嬰兒的依附行為可分為三大類：安心型、焦慮／矛盾型和逃避型。安心型的成人較能與別人接近，他們可以舒服的依賴別人，也可以讓別人依賴他，他較不擔心伴侶會離開他，或怕別人太靠近他，他比另外兩型的人較覺得一般人都會喜歡他，認為一般人的動機都是好的，不是壞心眼的，它容易相信浪漫的愛，愛的經驗傾向快樂的、友善的、信任的，較接受和支持對方，重視親密關係，他們經驗較多的相互與依賴、允諾、信任和滿足（Simpson，1990）。焦慮／矛盾型的成人，常覺得別人對他不夠親近，擔心對方不喜歡他，會離開他，焦慮／矛盾型的成人很容易墜入愛的經驗而想要和伴侶融合為一體，性的吸引和醋勁較強，情緒起伏大，這一型的成人容易把對方理想化，因此很難維持溫暖又安全的親密關係。逃避型的成人與他人親近時感受不舒服，他們會害怕依賴對方而且採取不信任，他們很少浪漫但是開端時也會有強烈的感受，他的伴侶常會期待他表現更多的親密（吳就君，1999）。

愛情的類型

　　簡春安引述國外學者Wheat的看法，指出大家口口聲聲所謂的愛，所指的並不一定是同樣的愛，因為從品質上來分析，它可以分成五個種類，境界間差別很大（引自簡春安，1996）：

1.性愛（Epithumia）：Epithumia乃希臘文字，在基督教新約聖經中並不譯作「愛」，但是在夫妻之間卻占有相當的地位。從字面上而言，其意指「專注、渴望某種合宜或不合宜之物，也可譯為貪戀」，在聖經中代表不好的涵意，大類

與英文中的Lust（情慾）、Desire（慾望）相近。性固然不是夫妻關係中最重要的一環，但是它卻可以顯示夫妻之間的婚姻是否健全。

2. 浪漫之愛（Eros）：Eros源自聖經舊約的希伯來字。此字具有浪漫的意味，與英文中的Erotic相近。Eros並不完全是感觀的情慾，也包括渴盼占有並與所愛的連合，有浪漫、熱烈多情的味道。Eros是婚姻的序曲，也是熱戀中男女所沉浸其中，並藉情歌、情詩所謳歌的那種愛情，強烈、甜蜜可怕，因為它能吸乾人所有的精力。Eros的最大缺點是它善變，無法靠自己持久。

3. 相依相屬之愛（Storge）：Storge亦為希臘字，代表人與人之間的相互關懷，多半是形容父母子女或兄弟姐妹之間的親情。Storge在婚姻裡能滿足當事者有所歸屬的那種需求，使夫妻之間有關係親密、互相關懷、彼此忠誠的那種穩定和快樂，它也讓家中的成員感受到家中的溫暖。

4. 友誼之愛（Phileo）：Phileo之愛使人能夠珍視、憐憫所愛的人，但也希望從對方獲得回報。這是一種人與人間的友誼，使人能夠同舟共濟、分享、溝通的友愛。 Eros使人成為戀人，但是 Phileo卻使人成為親近的密友，使人相愛相攜，一起分享個人的心思、意念、感受、態度計畫、和夢想。有了這種愛，能使男女分享彼此的光陰和興趣。

5. 至愛（Agape）：境界最高之愛是agape，它代表兩個人之間無私無我，一心付出且不斷付出，而不要求任何回報的愛。若婚姻中有了 agape之愛，它能使夫妻兩人體貼入微，又靈巧、又有智慧，時時關心所愛者的需要，樂意為他做任何美妙之事。仔細的分析，agape與感情無關，它是

一種意志的抉擇,它是行動,而非情慾,它的重點是在當事者所做和所說的,有時還可以克服施愛者的感受如何,不受暫時情緒所左右。

加拿大學者Lee則依據Sternberg的愛情要素,將愛情分成三種主要愛情和三種次要愛情。三種主要愛情是:

1. 熱戀:即是浪漫之愛,有較強烈的激情。
2. 遊戲愛:較缺乏親密與承諾,而只有一些激情。
3. 友愛:較多親密而少激情,沒有一見鍾情的震撼,也沒有激越的狂歡,一切都循序漸進,細水長流般的款款親密。

這三種尚可混合搭配而成三種次要愛情,即:(1)占有愛:為熱戀與遊戲所混合,具強烈占有欲,為愛而癡迷而失眠,思緒紊亂無法自拔。(2)實用愛:為友愛與遊戲愛相混而成,此型的人不會被愛沖昏頭,而會用理智分析後才作決定。(3)利他愛:為熱戀和友愛相混而成,此型的人一切出發點全是為了對方,是發自內心的大方與體貼,所作所為都想讓對方生活得更幸福、更美滿(張老師月刊,1987),如圖3-1。

喜歡與愛的區別

由上述愛情的成分與類別,可以得知有關愛情(Love)與喜歡或友情(Liking)兩者,其實不難分辨;不過,男女在交往的期間,由於溝通互動的符號語言運用及猜測解讀方向的紛歧,常常發生究竟屬於愛情或友情的疑問與困惑。從理論上看,情愛涉及激烈情緒,受對方吸引,希望會見、接觸對方,見不到對方時會產生悵然若失的感覺。情到深處更會引起精神及生理上之快感

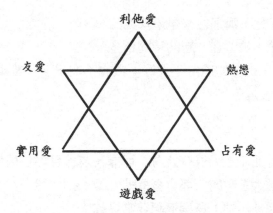

利他愛

友愛　　　　　　　　　　　熱戀

實用愛　　　　　　　　　　占有愛

遊戲愛

圖 3-1　Lee.J.A **的「愛情色輪調」**

資料來源：《張老師月刊》，1987；引自徐光國，1996，《社會心理學》。

迷失現象；友愛則不然，具較多的理性成分（張華葆，1987）。此外，除較少激情外，友愛雖也含有親密與承諾兩種成分，但其承諾度則不如愛情，故「山盟海誓」、「海枯石爛」之語，絕少用於僅彼此友愛的人身上。對於情愛與友愛的區辨，魯賓（Rubin，1970）曾作測量表以檢定，茲將其中的部分項目列述於下：

愛情部分

1.所有的事，我都能信任他（她），幾乎沒有秘密可言。

2.如果不和他（她）在一起，我會感到難過悲傷。

3.為了他（她），我應該作何打算。

4.寂寞的時候，我最先想到他（她）。

5.我最重要的人是他（她）。

6.我和他（她）一起就一定幸福。

7.我想獨占他（她）。

8.和他（她）溝通往來是最快樂的事。

9.我和他（她）在一起的時間稍多。

10.和他（她）的感情不太好，我也不在乎。（後兩個項目爲負向敘述）

友愛部分

1.我認爲他（她）很有能力、可靠、友善且可以信任。

2.我相信大多數的人都會喜歡他（她）。

3.我認爲他（她）是個適應非常好的人。

4.他（她）是我所期望成爲的人。

5.只要認識他（她）一段時間，我相信大多數的人都會對他（她）好。

魯賓且發現，男女在異性「情愛」的質與量上，分數相當，男女對於其同性朋友之「友愛」亦相當，然而女性對其男朋友的「友愛」程度，較乎男性對其女朋友的「友愛」程度深（引自徐光國，1996）。蔡文輝（1998）亦指出，一般人總是認爲女人比較多情，比較羅曼蒂克，男人像隻呆頭鵝，不解風情。可是科學的調查發現這種傳統式的想法不全對，研究資料上發現：

1.女人比男人較不羅曼蒂克。

2.女人比男人較小心墜入情網。

3.女人比男人較不相信羅曼蒂克愛情存在。

4.女人比男人在戀愛中較不快樂。

5.女人比男人較能斬斷情絲。

因此，研究者的結論是女人是（LIFO）型，亦即是「晚進早

出」（last in first out）：較晚進入情況，一見情況不妙能早撤出。男人則是（FILO）型，亦即「早進晚出」（first in last out）：容易墜入情網，卻又不容易撤出。

也許，上述結論應是在男女未婚之前的追逐期間的表現，由於女性的被動及實際考量，乃形成魯賓和蔡文輝所說的情況；若是在成婚之後，男女間究竟誰是（LIFO）誰是（FILO）？則尚有進一步探究的空間，可以說，目前尚無明確結論。

愛情相關理論

至於愛情相關的理論不少，常被提及的包括Freud的精神分析論、Goldstine的愛情三階段論、Reiss的愛之輪、Schachter & Singer的愛情雙因論等，茲分別敘述於下：

1 Freud的精神分析論：佛洛依德強調「性驅力」對個體的重要影響，有關孩童時期「戀父（母）情結」的產生及處理，與其性別認同和人格發展有相當程度的關聯。孩童在家中與父母親的關係會影響到成年後的伴侶選擇，而且所選擇的伴侶在外表及心理方面與父母有相似之處（林惠瑛，1995）；此外，人人皆有的性驅力，需要某種形式的滿足，這種性驅力集中在某些「愛情目標」上，若無法得到滿足或滿足不完全，即會造成圍繞此一目標的感情緊張升高，並且對盤據心頭的人更加渴望。此一理論強調：性驅力疏導不當的結果，經常被視為浪漫愛情式的感情（葉肅科，2000）。由「羅密歐與茱麗葉」的例子來看，越受外力阻擋的戀情，越產生激越的情感，甚至可以因而為之粉身碎骨、在所不惜。再者，男女交往初期，若是迅速進入

親密的身體接觸，性驅力太快獲得立即的滿足，則兩人的情感發展不易成熟，來不及產生承諾和深沉關懷下，愛情也會 "easy come, easy go"，很快走到盡頭。

2. Goldstine的愛情三階段論：按照心理學家郭斯汀（Daniel Goldstine）的看法，男女之間的親密關係通常會經歷三個主要的過程或階段。第一個階段是墜入情網（fall in love）：當一個人墜入情網時，他（她）會覺得很舒暢，喜歡自己本人，喜歡他（她）所愛的人，也珍惜這一段感情。他（她）會把這一段感情視為一生中最寶貴的最難忘的時刻，有夢想成真的愉快但是也正由於這種過份樂觀的正面經驗，相戀的人只看到對方美好的一面而忽略或甚至於無視於危險徵象的存在和對方的缺點。雙方盡其所能討好對方，爭取好感。不過時間久了以後，現實的壓力會沖淡這種幻想式的圓滿，原先被忽略的缺點開始受到注意，戀愛的滋味由甜而淡。因此，第一階段是最富羅曼蒂克的，但也最短暫。

郭斯汀的第二階段因此是失望（disappointment）：相戀的戀人開始有了意見和爭吵。對方的缺點愈來愈明顯，而且愈成為兩人之間的障礙。兩人開始發覺這段感情並非完美無缺陷，亦非如早先所想像的那麼甜蜜，第二階段包括雙方的失望，因此也就很痛苦。有時把對方看成一無是處，處處礙眼。尤其更糟糕的是把這段感情由美而轉苦的錯全歸罪在對方。例如：「我們今天會變成這樣，都是他（她）的錯！」

郭斯汀的第三階段是接納（acceptance）：把幻想與現實結合在一起達到某種程度的平衡。對方雖然不是夢中的白

馬王子，但是仍然有其長處，有其值得愛的地方。挫折和氣憤仍然會存在，但是這些已不至於嚴重損傷雙方感情；雙方的瞭解程度提高，將彼此看做未來的伴侶，尊重自己，也尊重對方。郭斯汀認為感情發展到這地步就會很穩定了，當雙方走向結婚之路時，結婚後的日子亦會較平穩（引自蔡文輝，1998）。

3. Reiss的「愛之輪」理論：社會學家Reiss（1960）指出：人們不只是墜入情網，也在情網中維持彼此關係；愛情過程就像轉動中的車輪一樣，大抵需要經過四個主要階段。這四個階段是：融洽關係（rapport）、自我揭露（self-revelation）、相互依賴（mutual dependency）與親密關係的滿足（fulfillment of the need for intimacy）（Reiss and Lee, 1988）。葉肅科（2000）以為，墜入情網的第一階段是使男女雙方心情放鬆、身心舒暢；社會背景、個人經驗與基本價值觀相近，對於建立融洽關係的機會增加，也可順利進入第二階段。在自我揭露階段，雙方多半會揭露自己平常不輕易示人的自我；它是彼此分享事物的開始，而且關係越親密越會與對方分享自己的私密。在相互依賴階段，雙方會發展相同習性與互相期望，有人笑說戀愛中的人「整天膩在一起」或「褲帶結相連」，就是這種情境。當戀愛中的人發展到第四個階段時，兩人都會感覺對方的情意充實了自己的生命，也使自己的生命變的有活力、有意義。而蔡文輝（1998）以為，此四階段不一定要完全依順序而來。

4. Schachter & Singer 的愛情雙因論：為何單戀者愈受對方排斥，愈覺得眷戀不捨？除了精神分析論的解釋以外，

Schachter & Singer 的情緒兩因素論（two factor theory of emotion）或可解釋產生這種熱情的緣由。情緒雙因論認為特種情緒的感覺，是生理喚起（physiological arousal）與認知歷程兩因素交互作用的結果，各種情緒的生理反應大致相同——腎上腺素分泌較旺盛，交感神經作用較活躍，導致胃壁收縮減緩，更多的血液流向頭部與四肢，瞳孔放大，呼吸變深，脈搏跳動加快。那麼人如何知道他是處於哪一種情緒狀態？Schachter（1964）認為除了生理的喚起外，人還得依賴認知過程的歸因判斷，才能知悉自己的情緒狀態。依照情緒兩因素論，人的熱戀感覺可能基於同樣的道理：如果由於一些自身不明確的原因所引起的生理喚起，正發生於你與一個異性在一起的時候，你會將生理喚起的狀態歸因於對方所引起，而以為自己是在「熱戀」當中（李美枝，1981）。

Dutton 與 Aron（1974）將情緒兩因素論用於解釋熱愛的假設付諸實際的實驗研究，即有名的深谷吊橋實驗，結果發現走過危橋的受試者有1/2打電話約會女晤談員，而走過安全橋身的受試者只有1/8打電話約會（李美枝，1981）。易言之，情境的因素，加上解讀歸因作用，造成了情愫的產生，故而在爬山、打球、坐雲霄飛車……等場合，易刺激感覺彼此魅力，而發生熱戀的情況。

愛與嫉妒

由於愛情成分中的激情含有性的渴求、溫存體貼和獨占性，是短暫極度的情緒高張，因此，愛情與嫉妒心的關聯，值得細

究。嫉妒是愛嗎？常有人使用一些策略使對方吃醋來確定對方是否愛自己，有時候也有不錯的效果，有時則會弄巧成拙。究竟嫉妒與愛情的關聯如何？

　　吳就君（1999）指出，嫉妒是一種主張性質的行為，嫉妒的機制是劃定界限的作用，嫉妒會設定另一個人或團體與他／她是重要的關係，不准許外人侵入。嫉妒從心理面探究是一個痛苦的經驗，混雜著受傷、憤怒、沮喪、恐懼和懷疑等感受。在婚姻和愛侶之間常有吃醋的反應，因為彼此之間有無言的誓約，認為「你是特別的」，不同於別人的……我們是獨一無二的關係。如果對方發生另外的性關係，等於將這份獨一無二的關係破壞，因為性是「獨占的」，這時會有背叛、欺騙、不貞、背信等字眼來指出誓約的破壞。蔡文輝（1998）指出，嫉妒是向所愛的人表示抗議的表現；是一種本已擁有卻面臨丟失的感情的拯救手段。因此，嫉妒有時也可能有正面的效果，把將失去的感情挽回，或提升對方對自己的感情關懷。但是因為嫉妒的憤怒怨恨特質，嫉妒往往把事情弄得更糟，把原本就已開始顯現的裂痕擴大到不可收拾的地步，尤其當嫉妒是無中生有的猜忌而引起時，一個好好的關係可能就此發生裂痕而終至完全破裂的地步。

　　男性和女性都會嫉妒吃醋，目前所知道的是，女人比男人容易嫉妒，也容易表現嫉妒的心態，但是男人一旦有了嫉妒，則比女人容易表現粗暴行為，如果嫉妒的原因牽涉到第三者，則男人嫉妒的原因常跟性有關，女人則比較跟情感有關（蔡文輝，1998）。筆者曾在課堂上，詢問男女學生對於心中愛慕者與其他異性交往時的心裡感受，也支持了上述的發現。吳就君則探討女性比男性容易吃醋的原因，認為不是女性必然如此，而是男性被允許在性行為上比女性有更大的自由，即使在婚姻的關係中，男

性在外拈花惹草，社會對男性這類行為有相當的接受性，認為偶而出軌一下，是風流、浪漫或性感的表示，因此造成女性顯得容易吃醋（吳就君，1999）。無論如何，在愛情中常伴隨著嫉妒，且無分男女。

情愛的追求和滋長

如前所言，情愛的本質與人際關係的親和及依附需求相關，故熱戀中的情侶，強烈為對方著迷及要求廝守一起，並會因離開而感到強烈的痛苦的現象，就是一種依附性質的真實寫照。這種依附性造成愛情的追逐與表達，會因人、因時、因地、因事之不同而表現不同的方式；由此觀點，愛情的追求，與愛情之發展、挫折或幻滅，會隨情境而改變，乃是一種依情境而產生的「情緒反應」。故愛情可再依「情緒強度」的強弱來判定其形成，如「熱戀」與「占有愛」為強烈情緒。進一步言，擇偶時可能的考量因素眾多，包括時空的因素、雙方的外貌、教育、種族、職業，甚至家世等外在條件及心理價值觀、性格的相似或互補等「內在條件」，還有潛意識裡存在父母形象或其他個人特殊偏好等；影響的條件因素既是相當多，戀愛的情境乃變化不一，則所謂「真愛是永恆不變」的理念，其實是不宜完全加以探信的。

藍采風曾指出，究竟什麼是愛情？什麼樣的愛情才能有較大的潛力去維持一個永恆的婚姻關係？及如何分辨它和短暫迷惑、幼稚感情的不同？如何使戀愛滋長？這乃是當前研究愛情關係的學者們討論的重點。他引述研究者Sternberg（1988）的說法，指出愛情有十項品質，茲節略於下：

你對曖昧的容忍

親密關係本是曖昧（ambiguity）的，因為，大多的時候當事者分不清到底是怎麼一回事。有些人努力用溝通的方式來辯明曖昧的關係，來強化感情。但有些戀人則為曖昧的關係而挫折及煩惱。剛墜入情網之時，當事者山盟海誓，但往往許多情境使人變心，使人失去安全感。親密的情愛本是曖昧的。那些成功相愛的人，能夠接受曖昧，更能欣喜（rejoice）生命的神秘。

你視障礙為挑戰

每一個關係遲早都會面對障礙，包括：經濟、親職、有關生涯的、性及其他。那些在關係中滋長旺盛的人們，將勇於面對這些障礙並視它們為挑戰。

你擁抱未來

那些能夠成功建立關係的人願意去嘗試新的事情。他們不怕未來之門。那些只觀過去與現在的人，未能真正見到生命的真諦。能擁抱未來的人指他們能夠接受未知的將來並且面對任何挑戰。

你去追求成長

真正有創意的人是永遠在成長的人。他們瞭解生命是動態的過程。俗言「以後就一直過著快樂的生活」（happily ever after），乃否認成長與變遷的必要。關係與生命一樣，不是停止不變的，它不時的更新與滋長。成功的配偶不懼怕更新與滋長。

你相信自己

在關係滋長的旅程中，個人免不了會懷疑自己的判斷，甚至懷疑自己是否精神失常。有時會覺得自己做了錯誤的決定。其

實，當個人融入親密關時，很少不會判斷錯誤。所謂「關係的智慧」係指個人如何從錯誤中學習，無論成功或失敗，你必須相信自己。因為如果你不相信自己的話，怎能期待別人來相信你呢？

你願意原諒別人

雖說「君子報仇，三年不晚。」但是，若你要與別人建立關係，而腦內不能忘記仇恨，等於手中提著一個手榴彈，隨時即將爆炸。關係無法建立。

你能接受別人的真我

大部分的人至少都有點希望去控制別人。我們希望別人像我們心中所想像的。我們有意識或無意識的想去塑造對方成為我們心中的模式。有些改變是具有創意且有意義的。但是，大多的時候我們是刻意去改變他人。有些人在戀愛中有一種憧憬，希望對方像我們心目中白馬王子或白雪公主。找到你心目中完全的理想人物有如海裡撈針。每個人都有缺陷與瑕疵。所以，如你真愛此人，就愛他／她的「原裝」。

你是樂觀的

有些人等著幸福由天而降。他們不去由生命中尋找，也持「人在福中不知福」的態度。除非你有樂觀的態度，你很難建立一個成功的關係。關係往往是由我們的希望而非由恐懼建立。它向每一個可能挑戰。如果你一直去看陰暗的一面，即使關係中的每日需求也會讓你覺得負荷過重，勢不可擋。

你有耐心

當事情不如人意之時，我們必須靜心等待它的轉機。雖然這

是一個「今朝有酒今朝醉」的時代，但是如果我們有耐心將滿足、喜悅或獎賞移到稍後，也許我們會更快樂。

你的愛不是自私的

不自私並不意味放棄自己的需求。不自私係指有能力建立一個平衡的關係。即言，你尊重你的配偶，他／她的需求與你的需求同等的重要。但是，你有憐憫與同情（Compassion）之心，能夠感受到有些時候你的配偶需求也許比你自己的需求更迫切。不自私係指兩人能夠為對方著想，但仍不失去自我。兩人能夠一起成對的成長。這十項品質，構成愛的真諦（Sternberg，1988；引自藍采風，1996）。

上述這十項品質中，有許多其實都跟「愛自己」的能力有關，一個能真正愛自己的人，才懂得去愛別人。愛自己不等同於自私，能關懷珍愛自己，較能健康關懷周遭的人們與事物。簡春安（1996）也指出，一個會愛別人的人，應該知道尊重自我，瞭解自我，有保護自己的能力以後，才能談到如何的去愛別人。如果一個人連照顧自己的能力都沒有，當然沒有辦法去「愛」一個人；連自己都不尊重的人當然也很難去尊重別人；愛不只是一種心思或意念，愛卻是一種能力。愛不是一時的感情衝動，要愛能天長地久，或要兩個人長相廝守，彼此之間不僅要會愛護對方、保護對方、更願意為對方付出，更重要的是必須會照顧自己、照顧別人，否則愛情一定會很快消逝。他同時也列出一些項目測驗一個人是否具有自愛的能力，包括：

1.你是不是太過敏感？
2.常常覺得別人對你指指點點，好像是在講你的閒話嗎？
3.是不是常常喜歡與人辯論？而且萬一辯輸時，就覺得非常

沒面子？因此就非得想法子在下次的辯論中設法爭回面子不可？

4.是不是喜歡批評別人？彷彿別人有滔天大罪，你不嚴厲批評他時不能洩你心頭之恨？

5.是不是你不容納別人的意見？認為道不同不相為謀，那個意見與你不同的人，一定是有問題的人？

6.對於某個人與你有關係而有某些差錯的人，你會不會想說必須設法改變他、拯救他，要不然就置他於死地？

7.是否別人得罪你時，你就跟他沒完沒了，天長地久有時盡，此恨綿綿無絕期？

8.是不是容易嫉妒別人？覺得別人的成就都是僥倖？

9.與別人溝通時，你是不是常常急著說，沒有心情去聽別人的心聲？

10.你會不會非常重視物質上的成就，認為那是證明一個人是不是偉大最好的一個指標？

11.會不會很重視頭銜、名利？

12.能否接受自己是一個不完美的人，不小心也是會失敗？

13.別人恭維你時，你是不是會覺得馬上要否定自我一下，以便表達自我的謙虛（簡春安，1996）？如果有太多的肯定答案，便顯示自愛的能力欠缺，有待學習和加以改善。

　　尤其，每個人在情愛追求的過程中遇到挫折、打擊和痛苦，幾乎是或多或少都難免的經驗，因此，挫折容忍力的大小，自愛程度的深淺，便在在影響著情感的滋長和長期關係的維繫，甚至於關係到萬一將來情感破滅時，其理性分手和自我療傷的能力。故而自愛的重要性，當然不言可喻，可以說，「自愛」是所有男女在談戀愛之前的先備條件。

問題與討論

● ●

1. 何謂親和需求？有何重要性？

2. 有哪些因素會影響親和需求？

3. 何謂「初級關係」與「次級關係」？又人際間親密度的判斷是何？

4. 親密與自由兩者有衝突矛盾嗎？試抒己見。

5. 闡釋人際吸引原理的理論有哪些？

6. 人際吸引的具體原則有哪些？

7. 愛情的要素與類型是何？

8. 喜歡與愛如何區別？

9. 異性間有沒有純粹的友誼？試加以討論。

10. 愛人與愛自己的關聯性如何？怎樣才是愛自己？

第四章　性慾與愛情

何種遙遠深邃的海洋或天際，燃燒出你眼中的火燄？
何種雙翼使其膽敢渴望？勇於烈燄取火的是什麼樣的手？

～William Blake (1757～1828)

性的生理

　　性對於人的意義和重要性是什麼？究竟性與愛的關聯如何？此外，性與婚姻的關係又是如何？以上這些問題，是青春期以後的男女交往時，常常感到既好奇又困惑的事情。雖然，性是人類的本能，也是人最基本的慾望之一，但是，並不是每個人都瞭解它。尤其，在多數社會都以某些方式，包括習俗和法律等，來控制和性相關的議題與行爲，逐造成很多男女對於性的生理、觀念與行爲間，存有不小的誤解和落差。

男性的性生理

　　由生理結構來看，正常成年男性性器官包括外生殖器和內生殖器。外生殖器又可分爲兩大類，一爲陰囊和其內器官：陰囊（scrotum）、睪丸（testis）、副睪丸（epididymis）、輸精管（vas deferens）、精索等（江漢聲，1995）；二爲陰莖（penis），陰莖的構造分爲兩大部分，在背部有兩個海綿體，充血之後造成勃起，是男性性功能的主要反應；這種生理反應的歷程到近年來，醫學界才瞭解清楚，人類經由大腦或薦椎神經中樞傳達勃起的訊息，經由陰部神經、海綿體神經將「勃起傳導素」作用至陰莖海綿體，引起動脈擴張、血壓上升，將大量血灌入海綿體內，海綿體平滑肌放鬆，容積增大至可容納二百公撮左右的血液，進而壓迫到外圍的靜脈，使血液回流困難，停留在海綿體內造成持續的勃起現象。經由感覺刺激大腦可引發「情欲勃起」，而局部刺激也可經由薦神經中樞引起「反射勃起」，這樣的勃起歷程從嬰兒期就可以看到，到青少年時期則最爲強烈。此外，睡眠中也會自然勃起是男性特別的生理現象。腹面則是尿道，尿道是尿液和精液的

出口，陰莖的最前端爲龜頭，是性敏感區，覆在陰莖表面的皮膚稱爲包皮（江漢聲，1995）。孩童時期的包皮較長，開口也較小，但隨年齡增長後，包皮會退縮到陽具後部，暴露出龜頭，由於包皮容易藏污，所以現在有些醫生主張在嬰兒出生時就加以切除（蔡文輝，1998）。若干成年男性倘其包皮在勃起後仍未能退縮至龜頭後面，一般的建議也是至醫院尋求協助。內生殖器則包括輸精管繞至膀胱後面所形成的貯精囊，貯精囊是生殖道最大的腺體，分泌70％的精液，大部分的成分是果醣；接下去是攝護腺，分20％的精液，功能是調節精液的酸鹼度，射精管道開口在後尿道之處，精液中還混雜一些如考柏氏腺體分泌的少許潤滑液（江漢聲，1995）。至於造成男性性反應的整體器官系統，則尙包括人腦、血管、神經系統等，江漢聲（1995）曾以圖繪方式說明控制男性性反應的人體器官系統，指出大腦、血管、神經及荷爾蒙分泌對於男性陰莖勃起所具的功能。

陽具（陰莖）是男性的交配器官，兼有排尿與射精兩種功能，陽具在受到刺激時會勃起，陽具大小會因個人體型而異，勃起時陽具體積會增大。雖然民間有一種看法，相信陽具愈大者，愈有衝鋒陷陣的能力，性交時亦較持久，並能使女方臣服，但是這種說法並沒有科學的基礎，大部分研究性學者都同意性交時的滿意程度並不在於陽具的大小，而是在性交時雙方情緒的培養和雙方性交動作的配合，性交前的愛撫動作要比性交時男性陽具的大小更有助於性交時的滿足。男性在性交達到高潮時，輸精管收縮而將內藏的精子排出，俗稱射精，大約在三到五億的精蟲，男性射精後會感到疲倦，很多人都會有昏昏欲睡的感覺（蔡文輝，1998）。

女性的性生理

　　女性的性生殖器官包括外生殖器和內生殖器兩部分。外生殖器包括大陰唇（labia majora）、小陰唇（labia minora）、陰道前庭（vestibule）、陰蒂（clitoris）、陰道口（introitus）、陰道（vagina）、巴氏腺體（Bartholin）等（江漢聲，1996；黃德祥，1995）。內生殖器則包括了子宮頸（cervix）、子宮（uterus）、輸卵管（fallopian tubes）、卵巢（ovary）等（黃德祥，1995）。

　　一般女孩子到了青春期（約十二歲左右）就會有月經的來臨，月經的周期與卵子的成熟相關，大抵上，女性的卵巢大約每隔二十八天就有一個卵子在濾泡內成熟，當卵子在成熟的過程當中，濾泡便逐漸增大，同時分泌雌性激素，於是刺激子宮的內膜變厚，以預備可能的受孕；而當卵子排出而無受精時，子宮內膜就會因而脫落出血，並從陰道排泄出來，即是月經（家計中心，1987）。若是排出的卵子受精了，則受精卵會在子宮內膜著床發育成長，因此女性若是懷孕了，便不會有月經的來臨；當然，並不是每位女性的月經周期都是二十八天左右，由於荷爾蒙分泌的異常，有些女性甚至數個月方來一次月經；又婦女在更年期後，便不會有月經。

　　女性的外生殖器尚有處女膜，處女膜在一般人的想像中是婦女保持貞潔的指標，它位於陰道和陰道前庭的分界處，是一中間有孔的薄膜。在第一次由陽具插進時會破裂，也會出血。因此處女膜的完整與否就常被認為是女性有無性交經驗的徵象，然而，事實上處女膜可能在激烈的運動過程中破裂，所以處女膜是否破裂並不能完全代表女性是否已有性經驗。陰道是女性性交的直接器官，也是排出月經和分娩的通道。在性興奮時，陰道周圍的小血管管會分泌液體來潤滑幫助陽具的抽插動作。除了女性的陰

道、陰蒂等直接性器官部分以外，女性的乳房也是很重要的性活動部門。乳房和乳頭有豐富的神經末梢，在性興奮時，乳房會增大，乳頭會豎起，而更敏感，男性對女性乳房的吸引力會引起性興奮（蔡文輝，1998）。

愛情與性慾的關係

情愛發展與性衝動

愛情的要素包括親密、激情和承諾，其中激情部分，包含性的渴求和排他獨占性，因此，愛情與性欲有一定程度的關聯性。精神分析學派宗師佛洛依德（Freud）最強調人類潛意識性需求對行為的影響；不過究竟「性」與「愛」兩者孰先孰後，是否一定相伴隨發生，或可分別存在？則見仁見智，未有一致明確的定論。林燕卿、楊明磊（1998）指出，性是生理的欲望或性是愛的延伸？贊成前者的人認為，性是生理欲求與心理快感的結果，屬於個人自主的範圍，因此可以基於個人的自由意願、選擇願意發生性行為的對象，而兩人間不一定需要有愛情。贊成後者的人則認為，性是與所愛的人的最具體的愛情行為，故稱性行為為「做愛」，要求人不可為性而性，應該因愛而性，因而認為只能與所愛的人發生性行為。我國家計中心（1987）編著《青少年性教育》一書中，指出青少年必須明白愛不是短暫的歡愉，真正的愛情應該是永恆的，能為對方著想的，自然界的生物因繁殖後代而交配，所以可能一聚即合，一拍即散。但人類的性行為，除了肉慾的滿足及繁衍後代外，還有其他的意義，包括人性的尊嚴、責任感、愛與親情等。

關於男人和女人在愛情發展過程中所持對性的態度，在所有做過的調查，幾乎都可以發現一個相同的決議，那就是至少在開始時，男人比女人對性要有興趣的多，第一次約會，男女雙方都不會顯現出企盼發生性行為的樣子。之後，調查對象年齡在17～19歲的青少年當中，在經過幾次約會或是兩人感情漸趨穩定時，男生就會比女生表現出想要性行為。到了20～24歲的階層，女人就接受男人對性的態度（Murstein，張惠芬譯，1998）。

無論如何，一般成年男女都難免曾有過性幻想和性需求，在大學生調查研究中發現，有36％的男性陳述自己每天都有性幻想，而女性則有17％的人有這種現象（Sacks，1990；引自劉秀娟，1997）。 而正在談情說愛的人最容易有性方面的衝動與誘惑。簡春安認為其原因可歸納為下列幾點：

1. 生理的自然因素。相愛的青年男女想要有生理上的交合是人之常情，青年男女正在你儂我儂的階段，由於兩廂情願，心靈上已是合而為一，肉體上若能成為一體，想必也是非常自然的一件事。
2. 西洋文化的影響。絕大部分的西洋電影或是報章雜誌所傳遞的訊息，都是這種性解放的觀念。
3. 以為性是愛情的最大肯定。
4. 性是用來控制對方最簡單「工具」。一般男性不僅以為只要女方與他發生關係是表示女方已經完全屬於他，有的更加以為只要女方與他有性關係，那他就可以藉此來控制女方。
5. 性對於在談情說愛的青年朋友而言是難以抗拒的。現代社會中，一般人都是在年紀將近三十時才能結婚，連女性的

結婚年齡也不斷的延後，在這種狀況下，兩性交往時所受到的生理上的誘惑就不言可喻了（簡春安，1996）。

彭懷眞（1996）亦以為，男女隨著彼此交往的階段，性的分量逐漸增加，感情愈密切，彼此愈可能有身體上的親密關係。此時如何既顯示情愛又有效控制親密關係，就是一大難題。他並引英國學者莫理斯（Morris）的《親密行為》（*Intimacy Behavior*）一書，將男女交往依順序分為十二個步驟，分別是：（1）眼對體；（2）眼對眼；（3）話對話；（4）手對手；（5）手對肩；（6）手對腰；（7）嘴對嘴；（8）手對頭；（9）手對身；（10）嘴對乳；（11）手對生殖器；（12）陰對陽。另外，林燕卿、楊明磊（1998）亦指出，年輕男女常以棒球比賽比喻婚前性接觸的程度，一壘表示牽手，二壘表示接吻，三壘表示敏感地帶愛撫，全壘打表示已發生性交行為，此種比喻雖具諧趣，但也說明婚前的性接觸亦有其步驟。

性革命與婚前性行為

理想上，性與愛的合一較為圓滿；不過現實上，男女的性觀念和性行為受到社會文化、家庭結構氣氛、大眾傳播媒體、同儕、和自身成長經驗與人格特質等多種因素的影響，各人表現殊為不同，其中尤以社會風氣的影響特為顯著。早年我國社會對性的忌諱與壓抑是相當普遍的，但全省的色情行業卻依然盛行，顯然性忌諱、壓抑與色情行為有兩套運作系統（張老師月刊編輯部，1991）。而西風東漸後，有了所謂「性革命」。葉肅科（2000）以為，「性革命」（sexual revolution）是指人們否定傳統性行為規範而在性行為方面有明顯的改變，因此又稱「性解放」（sexual freedom）。二十世紀時，人類社會經歷了許多性規範與性行爲革命，也帶來了求愛、婚姻與家庭關係的戲劇性變遷。第一波的變遷發生在二十世紀初期，這個年代被稱爲「怒吼的二十世紀」（the roaring Twenties）。繼之，由於避孕藥的普遍使用、青年抗爭運動、女性主義再現，以及宣告「性歡愉」（joy of sex）的大眾媒體意象與訊息的豐富，1960年代也發生了更戲劇性的變遷。反應這些變遷的是：婚前性行爲與男女青少年提早偷嘗禁果的比率戲劇性的增加。這些變遷與社會轉變的情況有緊密的關聯性，而且開放觀念也持續地增加。張黎文（2001）指出，根據衛生署針對八千多名在學青少年所做的調查顯示，青少年的性態度和行爲日益開放，近四成男女都有和異性接吻的經驗，首次性行爲的平均年齡約十六歲，近14%的男生、超過10%的女生有過性經驗。

　　筆者曾在九十學年度所授「家庭社會學」的課程，近四十位同學的一個班上，所做的調查顯示，男生主觀上贊成只要兩人感情成熟即可有婚前性行爲的比例高達七成五，女生贊成的比例亦達六成。由於比例頗高，故爲使其瞭解此種選擇應具備的知識，和可能擔負風險的自我判斷，筆者尙曾因而進行有關婚前性行爲與同居利弊得失之主題討論座談。

　　當然，無論是兩人相戀而採取婚前性行爲，或是抱著性愛分離態度、爲性而性（如網路一夜情），其實都應思考行爲的可能後果。林燕卿、楊明磊（1998）以爲，從現實的角度（代價大小）考量是否發生性行爲，贊成的人容易忽視或低估，性行爲的代價，或採取應對措施以減少代價的方式處理問題，反對的人容易強調、誇大性行爲的代價，及聲稱應對措施不足以彌補問題。這所謂的代價包括：

1. 疾病的：包括各種性病的傳染與感染愛滋病的危險。
2. 生理的：主要指年輕女性過早發生性行為對生理的影響。
3. 懷孕的：指一旦懷孕所造成的各種後續處理的問題（墮胎與殺生的爭議，生育與養育的責任等等）。
4. 社會評價的：指發生性行為後如何面對社會正負面評價的心理自處。
5. 自我概念：指一旦發生性行為後，個人如何詮釋性行為與自我概念間的關係。
6. 心理健康：強調心理距離與生理距離的一致性對心理健康的影響（林燕卿、楊明磊，1998）。

其中婚前懷孕對當事人的衝擊頗大，為避免無法承受此種後果，有些人便選擇匆匆結婚，所謂「奉兒女之命結婚」即此之謂；然而匆促的結果，卻易造成婚姻不穩定而離婚，此為Knox所曾提出的負面結婚理由之一（Knox，1975）。況且，並非婚前懷孕者皆能選擇結婚之途，而需面對是否墮胎或產下私生子的課題。每年暑假過後的「九月墮胎潮」現象，便可相當程度地說明青少年在衝動的性行為之後所面對的課題。

婚前懷孕的後果很顯然地是負面多於正面。但是在目前避孕藥品並不難獲取情況下，為什麼仍會有那麼多婚前懷孕的個案呢？究其原因大致上可包括這幾種：（1）無知。不清楚避孕藥品用具的功或正確使用方法；（2）由於宗教或道德風俗上的原因反對使用避孕方式；（3）不相信避孕要藥品用具真可以避孕；（4）為證明性能力，能懷孕就代表能力強；（5）無責任感，只求一時快樂；（6）誤信，這種事不會發生在自己身上；（7）故意懷孕以纏住對方；（8）一時興起，毫無準備（蔡文輝，1998）。

婚姻裡的性

性、愛與婚姻

　　所謂食色性也，性生活是整個婚姻中不可或缺部分。夫妻間的性生活爲社會所正面肯定，稱爲行「房」、行「人道」，甚至是行「周公之禮」。高淑貴（1996）以爲，人們深切知道「食、色，性也」，也知道「男女媾精、萬物化生」，性是天經地義的自然之道。透過婚姻，使它得到一個圓滿的出路，也使它的「結晶」，兩個人共同創造的新生命有一個合適得生長環境，在父母的保護照顧下漸漸長大。不僅如此，在婚姻中，夫妻的性關係既受到保障也受到限制。社會規範只允許成爲夫妻的男女有性行爲；已婚男女不准與配偶以外的人有性行爲，若與他人通姦，則配偶得向法院請求離婚。男女一旦結婚，有了夫妻關係，在性生活方面就要絕對排外，不容許第三者介入；即既以爲人夫或人妻，其性自由乃受到嚴格限制。

　　又在實際生活中，性、愛與婚姻三者關係極其密切。性愛在婚姻中具有舉足輕重的地位，也是婚姻與其他親密關係的最大不同處。持久的激情與慾望源自夫妻間的親密關係，而非僅性慾的刺激與交歡。當兩人剛建立新關係時，感覺總是熱烈的，因爲他們坦誠，不斷想要發現一些未知的事。但是，當保護之心升起時，愛的感覺與熱情可能隨之減退，因此，無論性愛技術多好，伴侶多美麗，也無法維持刺激的性關係。情感上的不親密，性關係可能變得很無聊，性愛次數很少，甚至不存在。其實，親密性愛是一種樂趣，是性感的、浪漫的、令人鼓舞的。能否擁有這份親密的喜悅與相處時間無關，而是要看兩人間是否經常共享最深

摯的情感（陳芳智譯，1993）。高淑貴（1996）亦指出，若把性、愛、婚姻三者視爲是一個三角形的三個頂點，則其中任何一點均可以是起點，也可以是終點。傳統社會的人可能是由「婚姻」開始，接著是「性」，然後「愛」現代社會的人則較可能是從「愛」開始，接著「婚姻」，然後「性」。大抵而言，性的需求是生理的，愛的需求是心理的，婚姻制度則是社會的。愛與性一起得到滿足可說是靈肉合一的最高境界，婚姻使它們的結合更緊密，合法夫妻依循著禮與法享有其性生活並生育合法子女。對多數人而言，在婚姻生活中，性與愛不可或缺，如果缺其一，則是種遺憾；要是兩者均缺，恐怕此婚姻已是「名存實亡」了。性是夫妻間表達愛的方式之一，但是因爲愛的複雜度較之性高出甚多，若貿然以性衝動的滿足去替代愛的學習和追求，則往往得不到眞正的滿足與快樂，反而會產生幾許失落與空虛，甚至會互相失望和厭倦。比較而言，夫妻間的性與愛較之情侶者包含更多的照顧、關懷和責任，因爲它們是建立在永遠的承諾上。

不過，從倒過來的角度看，婚姻品質和婚姻滿意度，與性關係的滿足與否確實也有顯著的關聯。有關夫妻性關係的重要性，由坊間常常誇大其詞的性廣告、壯陽藥品的充斥，以及俗話說你（妳）「性」（幸）福嗎？的話語，即可窺知大半。而夫妻之間，性的滿足與婚姻關係是機動的，也隨著不同的婚姻時期而變化。在陽琪、陽琬所譯著作中指出，婚姻初期，當性愛依然是最重要因素時，性與愛兩者間的關係密切。隨著婚姻發展，除了性愛以外，其他事務也逐漸增加其重要性。建立家庭、教養子女、夫妻相伴，以及培養親密關係等，都是獲得良好婚姻關係的基礎。其實，任何一個因素都有助於婚姻滿足感，婚姻成功的關鍵不在於其中一、二個因素的成敗，這些因與婚姻成敗間的關係，是因不

同婚姻階段而有差異（Goodman，陽琪、陽琬譯，1995）。

夫妻性協調和性滿足

　　另外，有關夫妻之間性關係的協調，蔡文輝（1998）指出，「性革命對婚姻關係裡的性趣影響，遠較對婚前與婚外性行為的影響更為深遠。無論夫妻兩人的年齡層是年輕或年老，跟以往比較，他們做愛的次數皆比以往要多。另一個理由是夫妻之間的做愛方式花樣比以往要多，例如：口交（oral genital sex）已不再是不可想像的髒事。研究上發現夫妻間的性行為裡雙方達到性高潮經驗者多於婚外與婚前性行為者，夫妻間的性行為也不僅僅只是性交或做愛，現在他們都重視性交前的撫摸與體貼，培養雙方的性趣。夫妻間的性趣啟發者也不再是男方的主權。以往是丈夫提出做愛的要求，妻子是被動的。現在性交做愛不再是丈夫單方面的事，是丈夫妻子雙方的事，在這種情況之下，雙方的性趣滿足程度高，因為它包含有除了生理上性交做愛的滿足之外，還有雙方的心理與情緒上的快感。……現在則必須顧慮到雙方的滿足，就必須協調，尤其丈夫往往比較急，要得多，而且在很短時間內就可以達到性高潮；妻子的性趣則較需要時間培養，且性高潮也來得慢，這兩者如何協調就必須是夫妻面臨的課題。」

　　還有，婚姻中的性關係有其差異性，差異性包括：（1）性行為的頻率與方式隨著婚齡的長短與配偶的個性而不同；年輕夫妻的性愛頻率通常高於年長者；（2）雖然社會階級似乎與性愛頻率無關，但是，不同的社會階層確有不同的性行為方式；勞工階級的性愛較受限制，也較傳統；（3）性別確實是性行為發生頻率的影響因素，近年來，雖然差異性已日漸縮小，但是一般而言，丈夫的性需求均較妻子強烈；（4）男女兩性都有性幻想，但是，妻

子的性幻想顯然更具浪漫色彩（陽琪、陽琬譯，1995）。

　　夫妻到了中年以後，性的協調與青年時期不同。第一，在心理上，男女在性發育的頂點不同，男性大約在二十歲至三十歲期間性慾最強，而女性則在三十歲至四十幾歲達到高潮。依中國人老式的說法，中年女人在性方面是「虎狼之年」，即是指這種情形。因此，丈夫的要求次數少一些，而女性的要求則增加。第二，丈夫在這段期間，事業上是將近最高峰，因此也最忙，無暇也無心情常常應付妻子的要求，生理和心理上皆容易感到疲倦，而妻子卻是最性趣時期，兩者難以配合。第三，子女環繞左右，沒有隱私的安全感，怕被小孩撞見，因此會有草草了事的恐懼感，無法達到高潮。第四，雖然如此，夫妻在這時候也可能比較瞭解性趣的重要，也比較願意嘗試新方式來滿足自己和對方，因此只要協調的好，也有可能有更好的性趣。進入老年期後，夫妻雙方的性趣通常會有降低的趨向。不過這並不就是說老年夫妻無性生活。相反地，很多老年人都說他們仍有性趣和性生活。減低的一個主要原因是身體其他方面疾病所致，倒不一定是性機能的無能；有時丈夫的性無能、早洩、達不到性高潮的快感；妻子的性冷感，無性高潮，甚至於性交時所發生的痛楚等現象並不完全是生理的缺陷，往往卻是心理上的狀態所導致而造成。如果夫妻能彼此協調，放鬆心情，再加上專家的指導，大多數的問題都可能獲得改善（蔡文輝，1998）。心理因素影響亦頗大，鍾思嘉（1992）曾舉個案為例說明，曾有一位男士長久以來陰莖不能勃起或堅挺，後來發現他在心理上抗拒和逃避妻子，因為他的妻子是一個支配性很強的女性，他很難瞭解妻子內心的想法，而且妻子又常常毫無來由的生氣、發怒，使他不知該如何才能取悅妻子；又有一位女士抱怨自結婚後，沒有任何一次達到高潮，甚至

連原先的一點滿足也漸漸消失，原因是她非常不滿先生過份親近和照顧婆家，……於是在性生活上，漸漸失去了興趣。

此外，如果只把性生活當作一種鎮靜劑，用來舒緩夫妻關係中出現的某些緊張或僵持狀態，那麼反而會對彼此的情感交流產生破壞作用。但是假如將性生活當作一種習慣，一種夫妻之間的例行公事，那麼它已經極大的貶值了，雙方已不再是愛情的伴侶而只是用來滿足生理欲求的某種物體了。一旦事情發展到這一步，愛情將蕩然無存，夫妻關係也將形同虛設。倘若僅僅為了自娛而貪得無厭地沉溺在性生活中，那麼除非對方亦是如此，否則夫妻關係的破裂將是毫無疑問的。夫妻之間做愛的目的是為了雙方共同生活的更親密、更完美，也是為了雙方共同享受最高的幸福和歡樂，不要試圖通過做愛來彌補兩人之間的分歧。所謂「夫妻沒有隔夜仇」，假如夫妻雙方解決「隔夜仇」的辦法只有做愛一種，那他們的關係必定已經受到極大的損害了（方永德等譯，1992）。而夫妻間對於性愛的要求不一致，甚至於以性為要脅或作為控制對方的武器、手段，就更加傷害兩人的親密關係了。

安全的性

避孕

如前所言，愛情、婚姻與性慾間彼此相關聯，男女彼此交往談戀愛，乃至於論及婚嫁，須先具備的另一項相關知識，即是懷孕和避孕問題。根據2001年衛生署針對八千多名青少年所做的調查顯示，青少年的性態度和行為日趨開放，不論男女親密程度僅止於喜歡或是愛，青少年容許的親密行為愈來愈開放。僅管對對

方僅只於「喜歡」，但願意與對方發生性行為的比率男女分別是四分之一和十分之一，比五年前的18％和5％高許多。如果親密程度是「愛」，但未有正式婚約，願與對方發生性行為的比率分別有43％和25％，五年前則是34％和13％（中國時報，2001年11月27日）。

　　男女性行為可能導致懷孕，雖然目前有各種避孕方法可供選擇採用，效果也不錯，可是青少年卻往往不懂得或不願意去使用這些方法，以為可以碰碰運氣，即可以避免懷孕，卻常常因此帶來困擾。其中性知識不足夠是主因之一，林燕卿、楊明磊（1998）指出，有相當多的高職生不瞭解一些有效的避孕方法，而選擇使用低效能的避孕方法，如性交中斷法（40.15％）、安全期法（53.28％）、事後沖洗法（27.74％）。另外，像濫用藥物及飲酒，沒有使用保險套的習慣，怕減少性生活的樂趣等也都是造成懷孕的原因。

　　如果不欲懷孕，便須採取避孕的措施。劉秀娟（1997）以為，任何從事性交的人都必須考慮懷孕的可能性，忽略或不肯正視性行為與生殖之間的生物關係的人都非負責的人，她引羅惠筠等（1992）的著作指出各種避孕的方法及其優缺點，如表4-1。

　　若是在沒有準備下「隨性而為」，則事後的避孕措施，尚可使用高濃度的女性荷爾蒙及黃體荷爾蒙來處理（女性）。首家通過在臺灣臨床試驗的緊急避孕藥「后定諾」（Postronor）於2002年9月獲准上市，長庚醫院對六十九位懷孕危險期發生性行為者進行臨床試驗發現，性行為後七十二小時內使用，避孕效果可達99％。但醫師提醒，事後避孕是有備無患，絕對不能取代正規事前避孕（黃庭郁，2002）。至於若不避孕或在缺乏完全心理準備下仍然懷孕了，許多人便會選擇上表4-1其中的一項措施——墮胎。目前墮

表 4-1 各種避孕方法的比較

方法名稱	理論上的懷孕率（%）	實際上的懷孕率（%）	如何運作	優點	缺點
避孕丸	0.34	4.10	防止排卵	非常有效；性交時不須使用；減少經血及經痛	持續花費；每天使用；副作用
子宮內裝置（IUD）	1-3	5	防止受精卵植床	有效；性交時不須使用；減少經血及經痛	增加絞痛及流血；會排出
保險套	3	10	阻止精子	有效；可預防性病	性交時使用會降低感覺
避孕隔膜乳霜或膠質	3	17	阻止精子及破壞精子	有效；副作用少	性交時使用使用不雅觀
殺精劑	3	17-22	阻止精子流動及破壞精子	容易取得，不需醫生處方	使用不恰當時不可
週期（子宮頸黏液，基礎體溫，經期）	2-13	20-25	禁戒性交	花費低，天主教接受的方式	需要一段時間的禁絕性交，適合週期規則的婦女
抽出	9	20-25	體外受精	不用花費	性愉悅降低，造成母親的態度；不可靠
灌洗	?	40	機械式的移去精子	便宜	不可靠
授乳	15	40	阻止排卵	不用花費	不可靠
輸精管切除術	0.15	0.15+	機械式阻止阻止精子	永遠；非常可靠	一次花費較多，且不可能復原

(續) 表 4-1 各種避孕方法的比較

方法名稱	理論上的懷孕率(%)	實際上的懷孕率(%)	如何運作	優點	缺點
輸卵管結紮	0.04	0.04+	機械式阻止精子	永遠：非常可靠	一次花費較多，且不可能復原
墮胎	0	0+	將胚胎移去	非常有效	反覆墮胎後流產的可能會增高
禁慾	0	?	禁止性交	非常有效	禁止性交
未使用任何避孕法	90	90			

資料來源：羅惠筠等，1992。《現代心理學》；引自劉秀娟，1997，《兩性關係與教育》，頁248-249。

胎除了傳統的吸引刮除術（Suction Curettage）、擴張排除術（Dilation & Evacuation）、和前列腺素的使用外，最近常被提及的是RU486的服用。林燕傾、楊明磊（1998）指出，RU486主要的機轉是黃體素拮抗作用，在懷孕中使用RU486，將使子宮內膜缺乏黃體素，破壞胎盤功能而造成流產，但眞正引發流產的因素是增加了前列腺素的活性，前列腺素導致子宮強烈收縮而排出胎兒。其禁用對象爲：（1）年紀大於35歲的抽菸婦女；（2）患有心臟病的婦女；（3）子宮外孕的婦女。

性病

男女間交往尙須具備性病感染可能來源和如何預防的相關知識。性病的種類繁多，除了一般輸血性感染、注射毒品、和共用針頭等途徑可能感染外，性病主要傳染來源係透過男女間性行爲如口交、性交等，尤其當其中一方性伴侶衆多或濫交時，獲致性病的機率更高。

傳統臨床上最常見的性病，包括淋病、梅毒、皰疹等，而近十多年來，令人聞之色變的性病則是愛滋病（AIDS）。此處略述於下：

淋病

淋病──爲所有性病中最古老和常見的一種。俗名又稱作「白濁」。

- 傳染途徑：經常都是由於與淋病患者性交而來。
- 病原體：雙球菌。
- 病徵：（男性）在感染後的一週之內，80%受感染者陰莖排出白色膿狀分泌物，逐漸轉爲黃綠色的濃液，稍後有急

性尿道炎的現象發生，感到尿急而排尿次數增加，同時排尿時有種灼熱的感覺。此外有40％的感染者在腹股溝附近的淋巴腺會腫脹。

（女性）據統計平均有80％的女性淋病患者在初期是沒有明顯症狀的，另外有病徵的20％之女性，外陰處紅腫，排尿灼痛和次數增加。染上淋病的婦女主要先是子宮頸發炎，但分泌物常和陰道正常的分泌混合，而不易辨別。

併發症：（男性）如淋病患者不及早醫止治，各類的併發症會接踵而來。例如，副睪炎，睪丸變大而脹痛，皮膚發炎，慢性前列腺炎，尿道收窄排尿困難及由此而引起的，腎臟機能受損等。

（女性）一般來說，由於女性患者多未能及早發覺，故併發症比男性普遍和嚴重。主要的併發症有兩種，一為前庭大腺炎，另一為輸卵管發炎。而輸卵管發炎。而輸卵管發炎是造成女性不育的主要原因之一。

梅毒

梅毒—— 梅毒之禍害比淋病為大。如不醫治可嚴重損傷身體機能而造成死亡。

· 傳染途徑：最普遍是與染有此病的人性交而來。亦有從接吻而傳染。

· 病原體：螺旋體細菌。

· 病徵：（第一期）在感染後十天之內，細菌侵入與患者有過性接觸的部位而腐爛形成硬疳。這些可能發生在口腔裡或肛門。這個時期傳播力最強，而治癒的希望也最大。硬疳在五個星期內便會自動癒合。但如在這段時期不予醫

治，細菌便會進入循環系統，隨血液遍行全身。

（第二期），硬疳消失，但在半年之內身體出現各種症狀，例如，皮膚起疹、口腔糜爛、淋巴腺腫大、發燒、骨痛、頭髮脫落等等。

（第三期），第二期的症狀消失，病菌長期潛伏於體內，損害各種內部器官和腦部、眼睛等等。對身體所造成的損害是不可能再恢復的了。

（末期），嚴重侵襲中央神經系統和心臟。末期的病人很可能變成殘廢，或神經錯亂。

Q皰疹

Q皰疹——目前醫學界尚未有根治此病的藥物，故一經傳染便會終身受害。

- ·傳染途徑：Q疹第一型發生在腰部以上的位置，主要在嘴、舌或鼻子上。但不一定與性有關，只要帶菌的手指碰到傷口便可進入體內。Q疹第二型則是與患者性行為接觸而來。
- ·病原體：濾過性病毒。
- ·病徵：感染之後的三至七日內，患處出現細小而疼痛的水Q，一、二日內Q破出膿，形成小瘡，痛楚非凡。身體會發熱，小便時感到刺痛，雖然小瘡會逐漸痊癒而消失。但病毒卻會隱伏於患者之神經系統內，隨時可能復發（家計中心，1987）。

愛滋病

另外，近年來蔓延甚速的「愛滋病」（AIDS），則是屬於一種「後天免疫系統缺乏症候群」，在盛行濫交、共用針頭、輸血及同

性戀圈內都很有可能發生。依據聯合國愛滋病組織（UNAIDS）與世界衛生組織（WHO）發表的2002最新報告指出，全球愛滋病毒問世三十年來，感染人口已突破六千萬，其中二千多萬人死亡，愛滋病已成為世界第四大死因。而東亞及亞太地區2001年的感染人數較去年成長高達108%，儼然成為全球愛滋防治的新戰場。

　　而衛生署疾病管制局表示，台灣地區至11月底通報確認的愛滋感染者合計三千八百五十六人，其中本國籍三千五百三十八人，外國籍三百一十八人。其中累計共有十七位感染者從事醫事相關工作：八名醫師當中四人已經死亡；二名是護士，一人已病逝，其餘七人從事醫療行政、檢驗等非直接與病人接觸的醫事工作。此外，患有愛滋症的母親也可能在懷孕時，生孩子前後，甚至經由哺乳傳給嬰兒，成人間的傳染通常是由於不正常的性行為。預防的方法是不要和別人共用用具，例如牙刷、刮鬍刀、或任何刺穿皮膚的工具；至於與愛滋症患者一般性的日常活動，如談話、一起用餐、握手等，並不會傳染（中國時報，2001年12月8日）。

同性戀

同性戀的定義與成因

　　在一個多元化的社會，愛情和性的話題，似乎不再局限於異性男女之間，有關男同志和女同志的討論，也逐漸可以走出陰暗角落，和傳統異性戀一樣地在彼此各自的空間中揮灑。不過，無可否認的，一般社會大眾對於同性戀的接受度，並未和異性戀者

的對待相等同。Robb Dew曾指出，在我們這個社會裡，不但同性戀者不能大方地以自己的性取向為傲，其親人與朋友，如果知情的話，也要被迫一起生活在大家互相編織出來的謊言或默契中（引自黃麗莉，1999）。

　　有關同性戀的定義，顧名思義，同性戀就是迷戀同性，不論是實際上曾經和同性發生性行為，或是曾經對同性產生性幻想，都算是。簡單、明確而具體的檢驗方式是：同性的肉體是否會引起你的興奮和快感，並想要和他／她性交。性學大師金賽博士曾經提出一個量表，來描述一個人的同性戀成分的多寡，相當能夠反應絕大多數人的性慾傾向（黃麗莉，1999）：

- 量表0，代表絕對的異性戀者，不論是就實際性交的經驗，或是就性幻想而言，他／她們慾求的對象都是異性。
- 量表1，代表偶發，次數很少的同性戀經驗，而絕大多數的情況都是異性戀。
- 量表2，代表比偶發次數還多一些的同性戀經驗，但異性戀經驗仍占多數者。
- 量表3，代表的是典型的雙性戀者，他／她們對同性和異性的迷戀程度相當。
- 量表4，代表次數不少的異性戀經驗，但仍以同性戀經驗居多者。
- 量表5，代表偶發，次數很少的異性戀經驗，而絕大多數情況都是同性戀。
- 量表6，代表絕對的同性戀者，不論是就實際性交的經驗，或是就性幻想而言，他／她們慾求的對象都是同性。

　　至於形成同性戀的因素則是多元的，包括先天遺傳和後天環

境學習的因素都包括在內，沒有任何一項單一的理由可以來完全解釋同性戀的成因。同性戀的原因，共有六項，包括（林燕卿、楊明磊，1998）：

1. 遺傳：抱持此觀點的人認為同性戀可能來自於X染色體中基因的影響，但目前仍無法辨別是基因的哪一部分造成影響。

2. 生化因素：認為性賀爾蒙（睪丸酮或動情激素）是關鍵生化物質，它不只影響一個人生理上的性別，也影響了這個人性取向的對象。

3. 家庭經驗與童年經驗：古典精神分析理論認為一個懦弱、無能又不足以成為典範的父親，搭配一位強勢又過度保護的母親，將會塑造出　位同性戀的孩子（男同性戀）。但精神分析理論卻沒有說明同一對弱父強母所生的小孩，為何沒有全部成為同性戀？另外也有人認為若是童年時期遭遇到相當惡劣的異性相處經驗（如女童遭強姦亂倫，男童遭虐待），將使此人厭惡異性，而喜歡同性。

4. 生活經驗：持此觀點者認為人的行為受到其生活經驗的影響，同性戀是經驗的結果，一個人若有比異性經驗更良好的同性經驗則有可能成為同性戀者，當社會鼓勵異性戀時，選擇同性容易造成龐大的社會壓力，因而多數人成為異性戀者，但有的人雖然感受到壓力，卻仍然在與同性相處中感到愉快親近甚至性興奮的經驗，因而秘密選擇同性。

5. 短暫的時空環境因素：有一些人的同性戀行為只是在某一些特殊時空環境下所發生的，這些人一般不被稱為同性

戀，只說他們有同性戀行為，這些特殊的時空環境包括：
（1）只有單一性別的環境，因無接觸異性的機會，為滿足
性欲而與同性發生性行為。如：監獄、軍營、船艦、純男
校或純女校；（2）工具性：如為了金錢或其他政治、經
濟、個人利益而與同性發生性行為；（3）強迫性：如遭到
其他同性強迫而發生同性性行為；（4）好奇：基於對性與
同性性行為的好奇而嘗試與同性發生性行為。

6. 社會習俗：不同的社會對同性間的行為有不同的認定，美
國精神醫學界對同性戀的認定限於對同性的情愛與性欲念
取向，但也有些文化普遍將一些同性的友好行為（如牽
手、擁抱、勾肩、親吻）即解釋為同性戀。

同性戀的迷思與正思

由於在情愛世界中，同性戀者屬於社會中的少數族群，在不
一定見容於異性戀主流社會的壓力下，許多同性戀者或是隱藏自
己的同性戀傾向，或是偽裝對於異性戀的喜好，除了造成本身的
焦慮外，由於「秘而不宣」的結果，也不免造成社會對同性戀圈
子有不少的誤解和迷思。

最常見的迷思是：男同性戀者都是娘娘腔，女同性戀者都是
男人婆？許多人認為，男同性戀者想必多少有女性化的傾向，才
會迷戀（典型的，陽剛的）男性，女同性戀者則反之。因此，男
同性戀者必然都是，或大多是娘娘腔，而女同性戀者則是男人
婆，一副像男人的樣子（黃麗莉，1999）。實際的情況則是，雖
然有些男同性戀者外表顯得「女性化」，有些女同性戀者似乎看起
來較為「男性化」，但是絕大多數的男同性戀者和女同性戀者在外

表以及言行方面，與異性戀者相似。

　　其次的迷思是：同性戀者之間沒有真正的愛情，只有不斷更換的性伴侶？實際上如同異性戀者也有玩弄他人感情，始亂終棄之徒，但我們不會將這些愛情騙子的行為歸因於他是異性戀的關係，因此，即使同性戀者中有感情不專的人，也不是由於其同性戀傾向所造成。異性戀者中有真心相愛者，同性戀者中又何嘗沒有忠貞愛情？唯一的差別在於異性戀者的愛情到最後可以藉由社會體制（婚姻）作為道德與法律的保障，而同性戀者婚姻因仍未見容於我國法律，較缺乏保障（甚至缺乏祝福），因而需要面臨更大的決心與挑戰。　再者，同性戀者是一個相當同質的族群？實際上除了情愛對象為同性這一點相似外，同性戀者其實分布於各行各業與各種族群中，社會各階層、各種宗教信眾、各種族文化、與各階層教育社經背景中都有同性戀者，每個同性戀者也因其環境、教育、文化的差異而有不同的價值觀與生活型態（林燕卿、楊明磊，1998）。

　　還有，同性戀者與「愛滋病」等同？實際上，王雅各（2000）指出1981年所出現的第一名愛滋病患者只是一個不幸的巧合，因為異性戀人在罹患此一病症的人數早在一九八○年代中期就超過了同性戀，但Straight（意指異性戀人士）一直把同志看成是傳染愛滋病的族群。到目前為止，雖然有許多研究和探討的成果，但愛滋病成因和治療依舊是一個謎。

問題與討論

● ●

1. 男女內外生殖器官包括哪些？

2. 男女隨著交往的階段，身體的接觸程度如何？試加以討論。

3. 性與愛可能分離嗎？爲什麼？有哪些可能後果？

4. 性愛在婚姻中的重要性如何？試加以討論。

5. 婚姻中男女的性關係有何差異？又如何協調？

6. 避孕的方法有哪些？各有何優缺點？

7. 常見的性病有哪些？有何癥候？

8. 解釋同性戀成因的理論有哪些？

9. 關於同性戀的迷思，你有何看法？

第五章　約會與擇偶

約會

約會的功能

　　現代男女間談戀愛，主要係透過約會（dating）的方式來進行，約會提供男女交往的機會，藉此認識瞭解對方和彼此吸引，並使得個人產生喜歡和愛的具體感受。因此，約會形成現代人談戀愛必經的歷程，也是兩性婚前交往的主要途徑。

　　Garrett（1982）指出，約會是和婚姻關係、家庭制度、階級結構、文化規範和經濟水準直接相關的，具有無法替代的重要性（引自彭懷眞，1996）。蔡文輝（1998）以爲，年輕男女的約會習俗大約在十九世紀晚期開始出現，而一直到1920年代才成爲選擇配偶的主要制度和方式。在歐洲和美國早期社會，年輕子女的伴侶選擇是經由父母嚴格管束的，但是在十九世紀晚期，由於工業化逐漸興盛，女子開始走出家庭兼差，這種外出工作的新社會結構給年輕女子可以直接與異性交往的機會。新的約會方式和舊式男女來往有一些重要的不同點：（1）男孩無須再正式經由女方家長同意而約會女孩；（2）男女雙方的約會無需邁向婚姻的路程，沒有此項承諾的必要；（3）約會是男女雙方按自己意思安排，而非在父母授意下約會；（4）身體上的親密已不再是嚴禁的了；（5）男女在無父母的監視下，可自由自在的談心交往。

　　從社會學上來看，約會大抵具有下列一些功能（彭懷眞，1996；蔡文輝，1998；葉肅科，2000）：

1. 社會化功能：約會提供男女來往相處，以及進而瞭解異性的機會。對於兩性角色的學習，和跨越性別刻板印象，約會存有不可替代的功能。

2. 娛樂功能：男女在約會過程中產生對彼此的好奇、刺激和喜悅，可增添生活樂趣；進入青春期以後，一般人渴望和異性來往，生活重心固然不只一端，不過約會談戀愛卻是多數人既期待又怕受傷害的重要事情，也是娛樂價值頗高的活動。

3. 人格發展功能：個人在約會活動中發展與測驗自己的人格，也經由約會過程為自己做出正確的評價。約會使青年男女瞭解如何與異性互動，如何延緩自己的衝動。如何忍受挫折，以及如何瞭解異性與自己的不同。

4. 提昇自信功能：約會也可以提供相當程度的自我需要滿足。從與異性交往中得到：情緒的充實感、自我的信心、對自己性別角色的認同。

5. 地位功能：約會可能作為一個年輕人提高身價的策略。例如，男的以能追求到校花為傲，女的則以與校隊主將的約會炫耀同輩。

6. 擇偶功能：約會是戀愛系統中的一部分，此一機制使青年男女可以透過相處而選擇配偶。在約會當中，青年男女不僅可以選擇伴侶，也準備進入婚姻。

上述約會功能的滿足，視個人交往時的動機和心態而有不同。例如年齡越輕，約會的目的就非一開始便是為了擇偶，而是娛樂性質和提高自信的追尋。此外，早期約會階段功能為休閒娛樂，中期為擇偶，末期為日後生活的社會化作準備與規劃。年齡較高者，與異性交往的目的較傾向於找結婚伴侶（陳皎眉等，1996）。其實約會時間的初期是可以有很多「男（女）朋友」的。因為如果一開始就把對方看成唯一無二的，則走向婚姻的旅途就成為必然的結果，自然心理壓力增大，約會的真正意義也因此大為減少。然而，兩個男女在一起並不就是約會。約會應該是有特別的意義，男女兩人之間應有某種程度的親近感。當一個男性，

中午同一個女同事出去吃飯，這不一定就是約會，但是當他們兩人都覺得一起出去吃飯有特別意義時，這就成了約會。因為這已牽涉到兩個人之間某種感情和彼此間希冀相處的盼望，不是一般的一起吃頓飯可相比的（蔡文輝，1998）。

約會的方式

約會並不一定採取單獨的形式，有時亦可以是集體的活動。安排約會的內容，主要是視當事人的興趣和喜好而定，當然亦不脫離社會的潮流和家庭的影響。一次別出心裁的約會，能令雙方都留下美好的印象。現代青年人約會的形式多采多姿。諸如：旅行、游泳及各種運動等。這些活動均有益身心，一般父母亦不會反對。其他如看電影、聽演唱會等，家長也能夠接納。所令人擔心的，莫過於男女單獨相處時，雙方可能無法克制的性衝動。有些約會的準則是男女雙方都必須遵守的。例如，尊重對方的感受和道德標準，不做欺詐、哄騙或占人便宜的事。同時，男女亦需明白性衝動是一種自然的現象，關鍵在於如何能以負責任的態度處理自身的情慾（家計中心，1987）。

至於一般人究竟透過何種途徑認識約會對象呢？蔡文輝（1998）以為，約會對象的發展方式有很多種，通常包括：（1）朋友介紹：這是最普遍的方式；（2）自己找：例如，找機會跟對方聊天、借筆記等；（3）報章雜誌：利用徵友欄；（4）機構轉介：如社會服務機構或教會扮演中間人的角色；（5）電腦擇友：電腦網路上擇友；（6）其他方式：例如在路旁做廣告，或在報紙上找尋自己心目中的人等。

其中，透過電腦網路上的「聊天室」或BBS尋找聊天、約會甚至性對象的作法，近年來由於資訊網路無遠弗屆之故，在年輕人圈內大為流行。這種網路交友行為有其特殊的優缺點，國內學者林燕卿、楊明磊（1998）便曾指出網路交友的優缺點，優點包括：方便、隱密、安全、

高度控制、交往容易和容易交心；缺點包括：作假、訊息不足、危險和替代正常交往的機會等。

而資策會科技法律中心曾參酌國外的一些上網須知，提供有意在網路交友和約會的人們參考，其重點包括：（1）網路裡的資訊不一定是好的；（2）在網路上的人不一定都會說實話；（3）未經父母允許不要與網友見面；（4）未經父母允許不要在網路洩露你自己或家人的個人資料；（5）與網友聊天時，若出現奇怪或不舒服的對話，立刻停止交談，退出聊天室；（6）不要把密碼告訴別人，即使是最要好的朋友也一樣（蔡美智，1999）。

此外，葉蕭科（2000）亦指出，反對網路戀情的人認為「網路情人」或「網戀」潛藏著許多愛情浪漫的危險；真實生活需要用心的經營，透過網路虛擬情境所提供的意象或幻想，不應與現實生活混為一談。

約會的難題

一般年輕男女對於約會總是抱著期待的，和一位自己心儀（至少略具好感）的對象一塊兒喝杯咖啡、聊聊天、散散步、看場電影，一起共同度過悠閒美好的一段時光，似乎是多麼愜意的事情。其實，並不是整個約會過程都是美好無瑕、令人流連的，男女間約會仍有一些壓力和問題必須面對處理：

1. 如何約到對方的難題：對於自己「有感覺」的對象，一般人容易產生緊張不安的情緒，像俗話說的「心頭小鹿亂撞」，愈想開口邀約，舌頭愈不聽使喚，不知如何才能邀到對方，又擔心被對方拒絕，忐忑不安是常有的事。這也牽涉到暗示和表白的運用技巧。

2. 來自周遭的壓力難題：雖然約會不一定就能談戀愛，而談戀愛也

不等同於擇偶，但是男女在約會時仍會面對來自父母和周遭同學和朋友的關心好奇等壓力，且由於約會初期尚未將對方視為固定對象，便更擔心約會曝光，讓周遭相關人士「說長道短」，尤其是在一個較為封閉的環境，如校園同學甚或班對，就更是「小城故事多」了。旁人的好奇和關心常會造成約會對象心中的顧忌，也會阻礙其日後邀約他人的機會。

3. 身體碰觸的難題：兩人約會相聚時究竟該有什麼行動？蔡文輝（1998）指出，約會時只去看場電影、喝杯咖啡、聊聊天，還是有身體上的接觸、接吻、撫摸，甚至於性關係？到公共場所約會怕人看到，又沒情調，到隱密地點或男方家裡，卻又可能難以推拒男方進一步的要求。地點的決定，相聚時怎麼打發時間，雙方身體上的接觸應該可以到什麼程度，都不是容易決定的問題，尤其是男女的期望不同，協調也不易。

4. 拒絕的難題：原來可能相處不錯的一般朋友或工作夥伴，突然提出和你（妳）單獨約會的要求，也會面臨是否應加以拒絕的難題，因為如果不願答應則拒絕別人需要一點技巧和勇氣，如何避免拒絕時的尷尬和困窘，給彼此留一點台階和空間，以免破壞原有的交情，亦須考量。

5. 金錢的難題：早期社會約會期間的花費由男方付帳，似乎理所當然，甚至還可由男方在付帳時的表現，來判斷他的性格以及兩人的關係親密程度，例如，在餐廳結帳時若是仔細核對帳單數目，這就表示兩人感情早已穩固，由浪漫趨於實際。而如今提倡男女平權，約會時的花費究竟由誰負擔的問題，也變得沒有一定的模式，通常新新人類已能接受 "go dutch"，或是輪流付帳的方式，不過，仍有女方若要搶著付帳需否顧慮男方面子與自尊的難題。

6.決策和權力分配的難題：雖然約會不像感情成熟的情侶或已婚的配偶間一般，經常面對做決定的問題；約會的娛樂性較高，嚴肅性較少，但不代表兩人間不存在決策和權力分配的問題，像約會的地點和方式，究竟採取誰的意見，兩人妥協或堅持的情形如何，有時也會造成當事人的困擾，以及認為對方不夠尊重體貼自己的感覺。

7.安全顧慮的難題：約會的方式和地點是否安全，也是難題之一。多數男女約會都是先集體約會再單獨約會，先大眾場合約會再隱密性高場所約會，就是為了考量約會安全的問題。不過，仍有許多意想不到的情況，是在約會過程中必須留意的，如葉肅科指出（2000），「約會強暴」是浪漫愛情之外所潛藏的危險狀況，根據現代婦女基金會的個案資料統計：有60％至70％的強暴案件，是發生在認識的友人間，其中有許多是約會強暴案件，為提醒婦女重視自身安全該基金會特別印製約會強暴預防手冊。防範約會強暴有 "SAFE" 和 "STOP" 原則，"SAFE" 原則分別是S（Secure）：是指防暴必須考慮尋求安全為先，約會時將安全條件放在第一順位考量，如選擇在較明亮、公開的地點約會。A（Avoid）：代表躲避危險，如發現約會的對方有問題，約會的地點不恰當，當事人就要拒絕約會。F（Flee）即逃離災難，如在約會時發現對方有不良企圖，就要立即逃離危險地點。E（Engage）：就是緩兵欺敵，如果判斷對方有不良企圖而不能立即逃離時，便需以緩兵之計欺瞞對方。除了防暴安全原則外，約會防暴還有STOP口訣，也就是在赴約前不妨想想此次約會得人、事、時、地是否合乎安全原則。STOP口訣分別是S（Security）：約會雖然不宜過於敏感，但要有「防人之心不可無」的心態或準備，仔細想想這次約會是否安全。T（Time）指約會

時間要正常，如果對方提出的約會時間太晚的話，最好回絕或請其更改爲較爲正常的時間。O（Occasion）：指約會的地點要正當，場所必須符合明亮、公開、能見度高的安全原則，以保障自己的人身安全。P（Person）：指約會的對象要正派，正派與否並非從外觀與穿著判別，而是從他的行爲舉止與態度來觀察（現代婦女基金會，1995；葉肅科，2000）。

8. 分手的難題：如果在約會數次後，發現對方不適合自己，或者感情消逝已無感覺，如何婉轉告訴對方，既不勉強自己，也不會造成對方太大的怨恨和痛苦，也是一項難題。常言道「落花有意，流水無情」，情感冷卻的一方，如何處理依然懷抱高度約會期待的另一方，委實不易，處理不當的後果，有時還可能引起自戕或傷人，「玉石俱焚」的苦果，不可不愼。

約會的其他原則

除了前述約會相關的功能、方式和難題外，尚有一些約會前後可以注意的技巧原則，茲敘述於下：

1. 外在形象的合宜整飾：一個人在別人眼中的整體印象，是由許多特徵因素所總合而成。它包括了一個人的髮型、服務穿著、說話談吐、處事態度等。而這整體印象通常也反映出這個人的性格。有的人出門在外總是西裝筆挺，他們可能注重細節，做事嚴肅認眞；也有的人常年就那套T恤牛仔褲，那可能代表他們是個性豪爽，不拘小節的人。由於外在的整體形象通常反應出自己的性格，所以沒有理由大幅修改自己形象。不過細節的修飾倒是可以強化你的整體印象。且外在形象對男女初見面的交談影響頗大，

只是男人容易忽略了它的重要性。所以，要成功的打開話匣子之前，不妨先請友人幫你留意一下。先告訴你幾個最好即刻著手改進的毛病，因為這些外形缺點是很令人受不了的：惱人的狐臭、口臭或難聞的體味、塗滿髮油的頭髮、枯燥乏味的髮型、髒兮兮的衣著、土里土氣的穿著、挖鼻孔的習慣、摳腳抓癢的習慣（Mountebank，林宜宏譯，1998）。

2. 打開話匣子：約會和「談」戀愛自然是要彼此相互瞭解，「談」天說地，和「談」情說愛，所以聊天的重要性不言可喻。外形再如何清秀可人或瀟灑挺拔，若不具備打開話匣子的技巧，拙於言詞表達，如同呆頭鵝一般，則兩人見面時要產生感覺和浪漫是極其不易的。常有些處於失望期的戀人，最常掛在嘴邊的話就是：唉！當初被你甜言蜜語所騙，真是令人悔不當初。甜言蜜語和花言巧語其實都是打開話匣了的高明技巧之一，但具有莫大的功效。幽默感也是，Mandeville指出永遠別低估了幽默感所顯露出來的性魅力。幽默感雖然有時很毒，但也隱含了一股傻勁、童真、不受拘束的感覺，具有非常大的吸引力。還記得潔西卡‧雷比特在「誰塑造了兔寶寶？」裡所說的嗎？有人問他為什麼要嫁給羅傑，他的回答是：「因為他讓我發笑。」（Mandeville，林宜宏譯，1998）。此外，初次打開話匣子的方法當然很多，舉一個例子，打電話就比親自找上門去要容易十倍以上。像是「喂！我是×××，我和室友正在爭論雷曼到底是達達主義之父還是只是這個主義的先驅之一而已，我知道你在牛津讀過藝術，我想你應該蠻清楚的才對，所以才冒昧打電話給你」（Mandeville，林宜宏譯，1998）。

3. 自信與誠懇：在前面章節中，我們曾提到自愛是愛人的前提，具有自信心的個人容易顯得有光采，也容易獲得對方的欣賞和青

睞。當然自信不代表主見過強，或競爭心太高，否則反而會讓對方害怕。至於誠懇則是人際相處的重要態度，誠懇可以讓人覺得可靠值得信賴，是否答應你的邀約，以及約會過程中的感受，是否誠懇都扮演重要的角色。在美國跟日本男女間相互吸引的人格特質中，誠懇一直都名前茅。

4.抱持「多一個朋友」的心態：無論是邀約或是赴約，心情的起伏不定、忐忑不安是難免的，要解除這種緊張，就是告訴自己：「多認識一個朋友（不是戀人），給彼此多一個機會。」這樣的心態就會讓你表現的越為自然，反而有益於約會時的氣氛。

5.身體碰觸的原則：一般說來，人類存有好奇尋求刺激的本性，所以在第一次約會時，如果兩人很容易就開始了身體的碰觸，像牽手、親吻、愛撫等，反而容易心頭有失落感，缺乏神秘新鮮的刺激，也容易把對方做了貶低身價的評斷，故太早碰觸並不適宜。至於若是在約會過程中，兩人情不自禁發生婚前性行為，則後果更是為負面。除了顯示個人無法控制衝動以及顯得任性自私外，簡春安（1996）曾指出婚前性行為尚有許多不良的後果，包括：（1）婚前性行為最糟糕的是懷孕，而兩人分手；（2）懷孕後奉兒女之命結婚，先前的浪漫情懷煙消雲散，印證「結婚是戀愛的墳墓」；（3）一旦有了性關係，女性失去神秘感，男性予取予求很難尊重對方；（4）即使沒懷孕且兩人相愛也結婚，仍然冒險太高，且日後仍有婚姻的不利。

婚姻市場

　　愛情是否有條件，是早期社會人們經常論辯的話題；如今，風氣漸開，民智啓迪，對於愛情抱持純粹浪漫遐想的人畢竟少了。事實上，我們會跟哪種人發生情感、相互愛戀，甚而擇爲伴侶，是受到許多社會和文化的因素影響的。例如，過去常言道「門當戶對」，講究雙方的家世背景相似性；如今有些女士則在選擇另一半時，考量所謂「三高」，即教育程度高、身材高、收入高，這些都證明愛情不是沒有條件的。

婚姻市場的意義和規範

　　基本上，這種現象的產生，乃源於社會交換論（social exchange theory）。李美枝（1981）認爲這個理論可以用來解釋兩異性之間情感的發展過程，她引述Backman 和Secord（1974）稱之爲友誼形成的過程分析，根據此一分析，原本陌生的一男一女由相識到結婚，歷經四個過程：

1. 取樣與估計（sampling & estimation）：取樣係指在可能交往的一群人中，選擇願意持續交往的對象。取樣者對可能交往的人估計與對方交往可以得到酬賞（reward）與成本（cost），酬賞與成本相抵之後的淨餘結果（net outcome），若超過取樣者的比較水準（CL）及其他選擇的比較水準（CLa），對方就成爲他樂於「交往」的對手。

2. 交易（bargaining）：雙方儘可能的交換酬賞而減少交換成本。例如兩人開始聊天，愈談愈投機（雙方一來一往的交換酬賞），並儘量投對方的所好（給予酬賞），並避免讓對方感到不舒服（減少cost）。

3. 囿限（註：即承諾）（commitment）：漸漸地彼此從對方所得到的酬賞大於任何其他人，因此停止對其他對象的取樣估計和交易，交往的對象就此囿限於固定的一個人。
4. 制度化：當兩人的親密感達到某種程度之後，不言而喻的相屬感繼而產生。雙方有要求對方忠於自己的權利，及自己忠於對方之義務的默契。

　　進一步言，婚姻選擇事實上受到許多因素的影響，受到不少社會文化的限制與個人條件的局囿。白秀雄等（1990）指出這些因素包括：（1）內婚（endogamy）或外婚（exogamy）：內婚制為配偶對象限制在某特定團體之內，如：宗教內婚、階級內婚等；外婚制為限制結婚對象必須在特定範圍之外，如：禁止近親結婚是（Murdock，1936）；（2）近鄰（propinquity）：許多研究證實近鄰易成佳偶；（3）門當戶對（homogamy）：教育、職業、宗教、興趣、嗜好相投者易為夫妻。當然，種族的因素也包括在內，例如，在美國1986年的5,200對美國夫妻中，只有1.6%是種族間通婚的（劉雲德譯，1991）。

　　蔡文輝（1998）亦認為許多因素影響我們對伴侶的選擇，要瞭解這些因素的運作的最好辦法是把伴侶的選擇比擬為市場上的買賣與討價還價。在婚姻市場（the marriage market）裡，男女之間約會、談戀愛、同居，以至於結婚。正如在市場交易裡，商人買賣商品，以金錢高價收購，或者以物易物，婚姻市場亦是如此。在婚姻市場裡，人們以本身擁有的資源來提高自己的身價。這些資源可能是金錢財物，也可能是我們的社會地位、聰明才智、相貌身材、性格特徵、家庭背景等。人們以這些資源尋求一個相配的對象。這種交易式的來往是雙方面的，而且也是動態的過程。人們希望以本身擁有的資源吸引對方，並因而換取到一個較合適我們所付出的代價的伴侶。雖然這種交易式的婚姻市場論，乍看

之下一點浪漫的情調皆無，不過卻是現實的景況。在傳統中國社會裡，窮人家的女兒常常就被賣到富家當媳婦，以往婚禮（現在還是有）的聘金嫁妝等都是類似市場交易的習俗。

宋鎮照（1997）也指出人們挑選配偶或伴侶的過程，有如個人在市場上買賣商品一般。他們通常會以自身擁有的資源，包括：金錢財物、社會地位、聰明才智、相貌身材、家庭背景以及性格特徵等來抬高自己的身價，換取一個相配的對象，這種運作方式可稱為「婚姻市場」（marriage market）。透過市場機能運作，個人可以選擇自己滿意的對象。婚姻市場的存在必須符合三個條件：第一是自由戀愛，如果沒有自由戀愛，就像商品市場沒有自由競爭一樣，是無法選擇到自己認為的最佳對象。譬如說：「父母之命，媒妁之言」根本不可能產生市場。第二是理性行為，每個投入市場的適婚男女，必須以理性行為進行交易，且以最少成本獲得最大報酬。第三是公平交易，不可以欺騙或非法手段騙取對方，彼此尊重。依據雙方各自擁有的資源，透過上述三者能反應出個人的市場價格，與婚姻對象進行交易。

婚姻市場裡的交換和規範約束，大抵為無形隱晦的，可分為社會結構和個人條件特質兩方面的限制：

1.社會結構方面：在社會結構相關方面的限制，大約包括：（蔡文輝，1998）

　A.族群：在美國絕大多數的婚姻是發生在兩個屬於同種族的人之間；在我國歷史上偶有異族通婚的例子，近年來嫁給洋人或娶日本女人的例子也常有所聞，但到底數目不多。一個類似種族隔閡的因素在目前臺灣社會仍然多多少少有影響力的是「省籍的問題」。異族通婚的困難常常是歧視的偏見，省籍通婚的困難主要在於社會化過程的不同和習俗的差異所致。

B.宗教:在美國社會裡,不同信仰的人互通婚姻還是不受鼓勵的。即使在非常開放的今天,美國婚姻裡也只有15%至20%是異教徒通婚。在臺灣的情形亦然,基督教徒和天主教徒之間不鼓勵彼此通婚,而這兩者又不贊成與非基督教徒通婚。

C.社會階級:在美國社會裡,雖然階級的界限並不明顯,但是不同階級的男女因為活動範圍與社交圈的不同,碰面的機會不多,談到婚嫁的機會自然很少,大多數的婚姻對象還是來自同一社會階級。在我國情況亦然,一個下層階級者能跟上層階級者結婚的例子是少之又少。下層階級父母不敢高攀,而上層父母不願低就。

D.年齡:許多社會都有結婚法定年齡的規定。這是為了保護身體生理尚未發育完成的孩童過早結婚的現象。社會上同時也有年齡限制的規範,在我國社會男性結婚年齡總是比女性要大幾歲,至於老夫少妻,妻大於夫的現象雖然時而有聞,到底為數不多。

E.地緣:美國的研究上發現男女結婚的對象常常是兩地相近者。在台灣,由於地方小,交通方便、教育與職業流動性高,因此,有機會與外地接觸而成婚,但是,多數人的結婚對象還是以同鄉、村或都市者居多。

F.近親:在許多社會裡,血緣相近者都禁止結婚。不僅同一家庭裡近親彼此不可結婚。近親者如表兄妹、堂兄妹等亦不在結婚對象慮之內。

2.個人條件方面:通常包括下列酬賞他人的特質或條件:(徐光國,1996):

A.吸引人的外表:討人喜歡的外貌,永遠是人際關係中吸引力的主要來源之一。對於吸引人的外表條件,無論男女在交往談戀

愛時，都十分重視。人們總認爲眉清目秀、相貌堂堂的人，就是好人，值得信靠，當然結婚的機會也較大。

B.受歡迎的人格特質：一般人大抵喜歡和正直、開朗、幽默及快樂的人來往，而不喜歡奸險、傲慢、卑微及愁眉苦臉的人來往。擇偶時，在台灣的許多調查中都顯示誠實正直、溫柔體貼、有責任感、顧家等性格的人受歡迎。

C.相似的價值觀和興趣：此即謂的「物與類聚」及「志同道合」。海德（Heider）的「平衡原則」，可以解釋何以人們喜歡和志趣相投的人來往，而避開志趣不同者：是因爲認知體系內的「組合關係」與「情操關係」係保持協調一致的，如果常和志趣不同者往來，便容易導致個人認知不平衡與精神不安。擇偶理論中的「相似原則」，便是強調兩人相似的價值觀和興趣的重要。

D.有能力及滿足個人的需要：聰明有能力的人容易受歡迎，因爲在事情的處理和問題的解決上，目睹能幹的人近乎完美的演出，可以協助自己目標的達成，且可成爲自己模仿認同的對象，故而容易對其有好感。而人類有許多共同的基本需要，和獨特的需求，對於能提供滿足需要的對象，容易產生「制約效果」，而覺得喜歡。例如，嬰兒在饑餓啼哭時，若有人持奶瓶予以懷中餵食，則止饑和懷抱溫暖的效果，會使得嬰兒對其產生好感。像這樣「有奶便是娘」，在成年人的世界裡，也是可以多少驗證的；能提供豐富資源、滿足別人需求者，通常是較受歡迎或贏得尊敬的。婚姻市場中所謂個人資源中，「經濟能力」、「收入高」便與此有關。

E.接近及接觸：所謂「近水樓台先得月」、「見面三分情」，人際情感的基礎，係建立在接近與接觸上，接觸愈頻繁成爲伴侶的

可能性愈高，這便說明何以近鄰或學校同學容易配對的緣故。

F.互補：互動中的兩個人，若是其中一方的態度與行為表現，正好是另一方所欠缺不足的部分，而且可滿足心理需求，則彼此間易產生強烈之吸引力。例如，一位家中的長女，習慣於照顧幫助弟妹，具「母姊型」性格，正好適合於一位家中么男或獨子，且有強烈戀母情結之男子，彼此可以滿足心理需求。

婚姻斜坡論

　　雖然在婚姻市場中，由社會交換論的觀點來看，每個人都有機會找到婚姻對象，不但可以自由選擇配偶，而且交換的過程也大抵符合公平原則；不過，實際的情況卻非如此，就如同經濟領域裡的各種交易行為一般，每個人都僅在「有限理性」情況下做抉擇，完全充分的資訊和理性判斷其實是不存在的，此外，由於市場並非「完全競爭」，參與競逐對象也有居於優勢和處於劣勢的不同地位情形，因此，婚姻市場中的彼此交換，並不完全公平對等的，不對稱的現象比比皆是。

　　其中最具代表性的，便是所謂婚姻斜坡論（marriage gradient theory），葉肅科（2000）曾引述指出，婚姻斜坡人們對於兩性角色的期待不同，致使婚姻市場中經常出現男女雙方社經地位不對稱的現象。就女性而言，這種不對稱的結合包括：「上嫁婚配」（hypergamy）與「下嫁婚配」（hypogamy）。上嫁婚配係指女性的擇偶對象是以社經地位較自己高的男性為範圍，例如，大學教育程度的女性以碩、博士學位的男性為擇偶範圍，月薪三萬元的女性以薪資四、五萬元的男性為擇偶對象。下嫁婚配則指女性以社經地位較自己低或一樣的男性為擇偶對象，例如，大學女性以專科或高中程度的男性為結婚對象。在傳統父權體制下，婚姻市場中充滿「上嫁婚配」現象；女性的社會地位與經濟資源均

依賴男人，丈夫也因此取得一家之主的地位，因此，男性大多願意以較高的學歷、職業階層、經濟收入來換取年輕、貌美的女性伴侶（Margolin and White, 1987）。

　　現代社會裡雖然逐漸重視女性的後天成就地位，但是，下嫁婚配依然是少見的現象。由於男性通常對「女強人」抱持避而遠之的態度，因此，社會地位較高的女性在婚姻市場上，不僅擇偶的範圍較狹窄，配對成功的機率也降低。然而，婚姻斜坡現象會隨女性教育程度與職業階層的提高而改變，下嫁婚配的可能性也越來越多（葉肅科，2000）。

擇偶理論

擇偶的意義

　　所謂「擇偶」（mate selection），簡單的說是指個人在社會規範內的「選擇伴侶」（maryial choice）。擇偶的運作相當類似於一個市場，選擇規則決定伴隨關係及其家人間的交換型式。在人類社會裡，這些規則極為複雜的，但是，它們或許可以看作是從安排的到正式自由婚姻這樣一個連續體。在封閉市場裡，擇偶是由父母做主以鞏固財產與形成家庭聯姻。父母的選擇是比愛情更重要，而且婚姻是以慎重與計算為基礎。在開放市場裡，羅曼蒂克的戀愛則變成婚姻的基礎，父母的想法已減到最低程度，原則上，伴侶是從無數的有資格者當中去挑選（Abercrombie et. al.；葉肅科，2000）。然而問題是：有選擇也是一種困擾，或許是年輕人最大的困擾。每個年輕人都常要思考以下與擇偶相關的現實難題：（彭懷眞，1988）

　　1.如何選擇各種條件適合的伴侶？如何在各種可能人選中找到合適

的對象？

2.如何在社會允許的情況中好好談戀愛？

3.一定要結婚嗎？只有婚姻關係才能維持長遠的愛嗎？

4.如何在殘酷的婚姻現實中，創造更多愛？

5.如何將個人對婚姻的期待與真實世界的限制做適當的安排？

6.婚姻是不是保證一生幸福的首要，甚至是唯一選擇？

7.我的婚姻是否會以離婚收場？一旦遭逢婚姻危機，我該怎麼辦？
  要不要重新選擇？

上述這些難題當然是男女在面臨擇偶與婚姻抉擇時，都會閃過腦際的問題；不過，主觀心理上的想法，與實際客觀現實上的做法，畢竟會有些不一致。那麼，究竟男女在擇偶時的考量都是什麼呢？以下的擇偶理論可以提供未婚男女作參考。

擇偶的理論

關於擇偶的解釋理論不少，其中，與「擇偶範圍」有關的一個理論，是前面曾述及的內婚制與外婚制。藍采風（2001）指出男女約會與擇偶的對象常受限於某些社會文化規範下的所謂「合格的領域」（the field of eligibles）。它有兩種：內婚（endogamy）與外婚（exogamy）：

內婚

根據常識，文化背景類似者，較能溝通及分享社會經驗。所以，人們擇偶的對象傾向於同族群或同背景者（宗教、省籍、社會經濟地位）而皇家為了保持其皇族之血統及社會地位，傳統上也傾向於「皇族間的內婚制度」。內婚有穩定族群結構的功能。但是以遺傳學言，內婚易造

成遺傳族病（畸形兒），近親內婚亦能造成擇偶的內鬥以及亂倫的情形。

外婚

外婚係指人們必須與本族（即家庭）及同姓以外的人結婚。外婚有幾個意義在內：（1）防止亂倫；（2）使本族向外擴展；（3）防止本族內為擇偶而產生爭執。至於同性者不能結婚則目前已受一些同性戀者的挑戰。

與內外婚有關的一項子題，是不同族群間的通婚問題。雖然有不同文化和價值觀的背景，異族通婚近年來在各族群交流接觸頻繁的情況下，可能性較以往大為增加。學者指出，異族通婚家庭的子女數偏少，據統計有1/3沒有子女；而異族通婚的離婚率是否偏高？研究結果則尚無肯定的答案（藍采風，2001）。

除了內外婚制外，外表吸引力論與時空接近性論也是吾人於前面章節中已有述及的。其中外表吸引力（含視覺、聽覺與嗅覺上的吸引力）對某些人而言，可能是擇偶的第一和最終考量，像一見鍾情和閃電結婚者，很多都是自覺或不自覺的此項理論的奉行者。

至於，其他重要擇偶理論，較常為人提及的，包括下列幾項：（蔡文輝，1993；林蕙瑛，1995；彭懷眞，1996；藍采風，2001）

1. 心理分析論（psychoanalysis）：亦稱父母形象說，根據佛洛依德（Freud）的理論，孩童的戀父（母）情結，及其在家中與父母親的關係，會影響到成年後伴侶的選擇，而且所擇的伴侶在外表及心理方面與父母有相似之處。即使所選伴侶的某些特質似乎與父母不同，但在兩人依附關係過程裡的互動和期望，仍會有原生家庭的童年經驗的影響。

2. 角色論（role theory）：根據角色論的說法，角色相配是挑選伴

侶的一個指導原則。一個人在挑選伴侶過程中，對所找的對象多多少少是有某種期望的，例如，男性找一個賢慧的太太，所挑選上的對象會符合他對這角色的期望。同樣地，如果一個女人認爲做丈夫的應該賺錢養家，則她找的對象就會符合這個角色期望。因此，根據角色論的說法，人們婚前對婚後伴侶的角色想像期望指導著人們傾向於尋求符合這期望的對象。

3. 價值論（value theory）：價值論也稱相似論，有些社會學家認爲一個人的價值觀念對個人有相當程度的重要性，因此在挑選伴侶時自然而然會找一個類似價值觀念者。同類婚姻之普遍的原因即在此。我們找有類似社會背景、性格，以及嗜好的人結婚，就因爲我們覺得這種人比較合得來，兩個人的滿意程度也因此會比較高。

4. 互補需求論（complementary needs theory）：Winch認爲在找尋伴侶過程中，人們會選擇最能滿足自己需要的人爲其配偶，亦即可以其長補己短。例如，一位順從性強的女人，可能會選擇一個支配慾較高的男人爲配偶；一位對數字概念迷糊的男人，可能會找一位精打細算的女人爲配偶。

5. 刺激──價值──角色論（SVR theory）：這項理論亦稱階段論。根據Bernard Murstein（1987）的理論，擇偶的起步點是「刺激」（stimulus），即兩人之間的化學魅力促使兩人願意建立關係。在此階段，當事者在未眞正互動之前便發現對方之吸引力，兩人互相評估對方。吸引力包括肢體、精神或社交的，（包括個人的社交技巧、社會地位或名譽）。這一階段其實雙方手中有關對方之「資料」有限，因此，第一印象很重要。第二階段爲「價值評估」（value）階段，雙方互相評估相互的價值觀，計算對方是否能與自己相競。對方的哲學觀、政治觀、性價值觀、宗教信

仰等均在腦子內憧憬。如果雙方都喜歡相同的音樂的話，較能「一拍即合，志同道合」。價值觀大多在約會2～7次之間開始浮現。第三階段爲「角色」（role）階段。此時雙方開始評估對方的行爲以及對方如何扮演愛人、伴侶、朋友或工作者的角色，甚至於評估對方將如何扮演準丈夫、準妻子或準父母親的角色。對方的行爲與這些未來角色期待一致嗎？他或她的情緒穩定嗎？等等。

第六章　情感挫折與分手

●●

人有悲歡離合，月有陰晴圓缺，此事古難全。

～蘇軾

情感挫折

情感挫折的原因

男女間交往，無論約會或談戀愛，由於諸多內外在的因素，過程並非總是一帆風順的，大多數的人或多或少都會遭遇到愛情的挫折；尤其是初次的戀愛，像是青澀的蘋果般，由於對兩性互動瞭解不深，追求技巧也不成熟，失敗挫折的機率是頗高的。而即使是情場高手，縱橫情海無數，也會因為「相愛容易相處難」的緣故，於情感上的變化和挫折，也在所難免。本節將討論婚前情感挫折的原因、類型及處理面對的方式。

何以情愛生活中會充斥挫折和阻礙？學者簡春安以為情感挫折的原因，包括下列五點：

1. 條件的差距：外表的因素，物質條件的差距，如經濟狀況不佳、收入不豐，還有，社會條件也是一個重要的因素，如教育條件、職位與名聲。再者，便是人格條件，消極性方面是當事人的品性是否良好？有無吃喝嫖賭等不良行為？脾氣是否暴躁？……等。

2. 交往過程中的不滿與衝突：再好的人相處日久時，也難免會發生一些不滿與衝突。尤其當兩個人愈相愛時，彼此的期待也愈高，對對方的行為也會愈加敏感，衝突也會愈多，因而彼此失望的可能性也就愈大。

3. 主觀意識的改變與感覺狀況的改變：主觀意識方面的改變或是感覺狀況突然之間產生差異。例如，突然之間想要出家、忽然想到移居國外重新謀生。

4.外在壓力無法克服：若是兩人背景條件相去懸殊，縱使兩人願意長相廝守，還得經過周遭親朋好友關心與保護的關口，許多當事者常無法克服外界的壓力。

5.更佳對象的選擇與競爭（簡春安，1997）。

　　另外，柯淑敏引國外學者的調查指出，以大學生為研究對象，婚前情感關係較易分手的原因，包括：（1）親密性低：即兩人「心與心的交流」少，相互分享心情的程度低；（2）雙方涉入程度不同：兩人對這份感情投入的深度不同；（3）年齡的差距：年齡相差越多越可能分手；（4）受教育企圖心的差異：企圖心相差越遠，越容易分手；（5）外表吸引力差異大；（6）智商有較大的差異。　以一般成年人為研究對象，婚前分手的原因包括：（1）對對方較少依附（Attachment）；（2）與對方長期分開；（3）父母的反對；（4）文化差異；（5）性格難合（Hill、Rubin & Peplau，1976；Burgess & Wallim，1953；引自柯淑敏，2001）。

　　至於兩人開始交往之後容易產生的挫折的緣故，則主要來自「相愛容易相處難」。由於兩人相處日久玩生、倦怠、不耐與無奈相繼產生，難免會影響兩人的相處關係，有一方便想提出分手。而造成這些「相愛容易相處難」發生的原因，林燕傾、楊明磊（1998）曾指出有七點，茲摘述於下：

1.愛情迷思：指有關愛情的一些不適當的個人價值，之所以稱為迷思，是因為這些對愛情的看法不切實際或過於獨斷。常見的愛情迷思包括：有一天一個男孩（女孩）走進我生命，帶給我幸福；他會因為愛我而改變他的缺點等。

2.表達愛情的方式：每個人表達愛情的方式可能不同，有的

人習慣以行動表達，有的人喜歡以言語說明，有的人則根本沒有表達，只是放在心中；每一種方式都是愛情的表達，但當兩個人所喜歡或習慣的方式不同時，則可能誤認彼此不夠相愛。

3. 生活習慣的適配性：兩個來自不同背景的人，所擁有的生活習慣也不盡相同，當對方與自己的習慣無法適配時，容易覺得相處起來不舒服，且由於習慣無對錯，但對個人又是習之多年，因此一方面不易改變，另一方面又不可能爭出個對錯，故往往只能相互容忍或是爭執不休。

4. 對彼此行為的歸因：指我們如何推斷對方所作所為的動機。有些人習慣將他人行為作負向歸因，認為別人做事都是帶有惡意，因而處處防範；也有人習慣將他人行為作正向歸因，認為他人所作所為皆無惡意；真正好的歸因是合理及合於現實的歸因，若要得到合於現實的歸因，最簡單的方式是直接詢問對方的動機。

5. 混淆動機與行為的關係：兩性相處中，有時行為的重要性比動機重要，因為動機是看不見的，而行為卻是直接對他人產生影響的。

6. 誤解溝通的意義：溝通不良的原因常出自人們不想表達真正的想法，或是不想真正瞭解對方的想法，溝通被用來掩藏個人想法或是作為說服他人的工具。

7. 缺乏彌補關係裂痕的方法與心態：當兩人並未分手，而只是有些爭吵、有些齟齬、鬧一些彆扭、有一些誤會時，卻不知道如何化解此種小磨擦，常常只是靜待時間過去，以為如此問題就解決了，然而，由於忽略不處理，於是一次一次的累積，終究變成無可彌補。

由上述幾位學者們所作說明看來，分手的原因實在錯綜複雜，不只一端。況且，除此之外，尚有情愛的「情境倚賴性」特質所造成的「相愛容易相處難」；以及人性中追求刺激、喜歡新鮮的心態，也是情感變質和挫折的來源等等，也都須列入考量。關於「情境倚賴性」茲將於下面一節中說明。

情感挫折的種類

至於愛情挫折的類型，則大抵可依兩人認識交往的階段，來將其加以分類。如初認識的階段，可能有一方發生仰慕對方卻不敢表達的單戀問題；到了兩人約會開始談戀愛的階段後，則可能產生失望和衝突的問題，以及可能發生三角戀愛的問題；最後，當一方感情已淡，則可能產生分手問題的挫折。詳細的情形，茲分別敘述於下：

1. 暗戀的挫折：有人何以會產生「愛在心理口難開」的單戀現象？這可以從宏觀與微觀兩方面的觀點來說明。宏觀角度而言，傳統國人愛面子的情結，使得年輕人在愛慕對方之餘，卻因擔心被拒絕而喪失面子，故只敢暗地裡偷偷喜歡對方，而不敢邀約對方或是表示傾慕之意；再加上傳統文化中的「性壓抑」與「情愛表達焦慮」，及擔心父母反對等各種壓力，使得有些年輕人容易飽受單相思之苦。從微觀角度而言，則個性保守、木訥害羞的人，本較不擅於表達自己的意見和主張，當遇到自己喜歡的對象時，更會吞吞吐吐、拙於言詞，自然容易形成暗戀。
2. 交往的挫折：男女在交往時，由於彼此背景、個性、習慣的不同，性別角色差異及刻板印象的影響，以及溝通技巧

方式的不當等因素，也常形成彼此爭執吵架、不滿衝突的挫折。這些交往性挫折的來源，係因兩人相處日久，由原先的甜蜜期轉為失望期，視對方的優點為理所當然，卻用放大鏡去看對方的缺點，而且相愛愈深，相處愈久，彼此的期待也於是跟著升高，愛之深，責之切，「恨鐵不成鋼」的結果，自然失望的可能性也愈大。加上彼此對溝通原則技巧的不熟悉或是不在意，遂使得許多小衝突不斷發生，兩人的挫折感也就越來越大。

3. 三角戀的挫折：愛情一方面具有獨占性和排他性，不願自己伴侶與他人過於親密；另一方面在某些時候及對某些人而言，「喜新厭舊」、「一山不如一山高」、以及「腳踏兩條船」的偏好心態，卻一直都是屢見不鮮的現實。因此，三角戀愛也是兩性交往過程中，常見的困擾和挫折。尤其，對於自命瀟灑的風流男人與前衛女性而言，不斷更換伴侶或同時與多位對象深交，反是可以沾沾自喜和向人炫耀的話題。再者，由於現代社會異性在職場上的接觸往來十分頻繁，即使自己已有密友，也容易受到誘惑而把持不易，而形成三角戀愛的情形。三角戀情發生後，當事人之間所形成的猜忌和爭鬥，有時且會造成「玉石俱焚」的慘況，挫折不可謂不大；像數年前某國立大學校園發生洪姓女學生為爭愛而殺人毀屍的事件，便極駭人聽聞。

4. 分手的挫折：男女情感的發展，最為無奈和令人痛心疾首的，莫過於其中一方提出分手，不願繼續維持原有的親密關係。分手對於曾經信誓旦旦、海誓山盟的當事人，尤其是被迫分手的一方，失戀真是如同晴天霹靂，挫折極大，處理不當，常有自傷或傷人的不理智行為出現，應驗所謂

「問世間情為何物，直教人生死相許」的說法。國內每天的新聞報導中，都不乏這類情侶、同居人、或已婚男女，因為分手問題處理不當而想不開的事件。

分手的時機與法則

情愛的情境倚賴性

固然，原本相戀的情侶一旦要求分手，總會是個「無言的結局」，叫人痛苦而心碎。然而，情愛的不穩定性和情境依賴性，又似乎是紅塵男女不可不知的道理。因情愛的本質，與人際關係的親和（依附）需求相關。熱戀中的情侶，強烈為對方著迷及要求廝守一起，並會因離開而感到強烈痛苦的現象，就是一種依附性質的真實寫照。這種依附性造成愛情的追逐與表達，會因人、因時、因地之不同，而表現不同的方式。由此觀點，愛情的追求，與愛情之發展或幻滅會隨情境而改變，乃是一種依情境而產生之「情緒反應」；則所謂「真愛是永恆不變」的理念，其實是不宜完全加以採信的。

情愛既具有情境之倚賴性，則亦有變化及幻滅之可能性。「因為錯誤而結合，因為瞭解而分開。」「多少男子漢一怒為紅顏，多少同林鳥已成分飛燕」等話語，都是形容熱戀中的情愛的褪色或婚後情愛之幻滅。除了情境條件的倚賴性的原因之外，熱戀時的唯美浪漫主義和自我迷失，也是情愛在面對真實生活時可能幻滅的原因；此外，由於人類的慾望滿足有所謂的「邊際效用遞減率」，伴侶相處日久，難免覺得煩膩，若無法增加新的「獲得

感」和「滿足」，情愛容易褪色或轉而追求新奇新鮮和新增的「獲得感」致形成外遇。所謂「妻不如妾，妾不如偷」即為如此，除非雙方皆不斷自我成長，且維繫良好溝通，可以不斷獲得新的善意和滿足；否則便易如夏本博明所言：

「像夫妻、情人、好友等已擁有友善關係的夥伴之間，可說正孕育著巨大的危險，因此在極親密的關係間，對方所顯示的善意已經無法給予很大的獲得感，而非善意的態度即使只是些許而已，卻會給予很大的損失感，欲維持其親密關係，實在有些困難」（夏本博明，1991；引自徐光國，1996）。

根據魯賓Rubin的研究，女性對其男朋友之友愛程度，較乎男性對女朋友友愛程度深。所以女性的「友愛」和「實用愛」成分較濃，就形成男女情愛關係破裂時，多半是由女性（近85%）所提出（Hill，Rubin & Poplan，1976）。不過，筆者以為，此一現象在國內較適用於婚前之戀愛分手情況；至於婚後情愛之破滅，則影響之變因眾多，如經濟、地區、外遇、教育及社會地位……等因素，依不同之變因，分手之提出未可一概而論（徐光國，1996）。

分手的警訊與時機

兩性的相處如果開始產生問題，則當事人可以由平日生活互動中的一些細節，觀察對方以及自己的作為與心態，事先預警地瞭解兩人的感情狀態，並對分手的可能來臨作預防。葛瑞John Gray 在其《男女大不同》著作中，曾針對兩性相處若發生問題，男、女分別應知的各種警訊，加以逐項的分析，提供兩性參考，藉以維持彼此溫馨的感情和良好的溝通。

其中有關男性的部分，包括下列七點：（1）過份重視工作，

而不斷忘記伴侶交代要順便辦的事；（2）答應的承諾無法做到；（3）男性完全不瞭解女性內心感受，卻還不斷告訴她，應該或不應該有某種情緒；（4）男性不瞭解女性為什麼總是為雞毛蒜皮的小事，計較不停；（5）男性經常對女性伴侶或孩子漫不經心；（6）當女性伴侶開口說話時，男性開始覺得索然無味，甚至會講些不耐煩的話，總是想快快的閃避；（7）兩性在性行為中不再充滿激情。以上這些都代表愛情褪色的警訊，必須加以注意和解決。

相對的，有關女性的部分，包括下列九點：（1）伴侶不斷忘記曾答應你要做的事；（2）你覺得難以啟口，向對方求助；（3）伴侶雖有付出，但你總覺得不夠；（4）你無法完全顯露沮喪的心情，並且發現自己一再刻意的隱瞞情緒；（5）發現自己經常因為小事情而大發脾氣，卻有意閃避真正的問題所在；（6）伴侶似乎不再對你表示熱情，而你也不在乎；（7）心中老是埋怨，為什麼自己付出的比較多；（8）你認為如果伴侶能有所改變，你將快樂很多；（9）你時常感到內疚、不高興（Gray，蕭德蘭譯，1985）。這些警訊可以及早提醒妳和妳的伴侶間關係的變化，並可以思考因應之道。

倘使針對兩人關係中的警訊，作出真心善意的改善和彌補，例如男性將女伴擺在第一位，並讓她感受到被愛；女性能對男伴多接納，多表示感謝……等，都會是有效的因應之道。然而，如果各種嘗試努力，都不再能挽回彼此間的情感和吸引力，彼此間相處越來越疏遠冷淡，甚至感覺勉強或厭倦，那麼，也許是應該認真思考分手的時候了。固然，要開口講分手，是一件難以啟齒的事，有人形容愛情就像跳入愛河中，跳下容易，上岸困難。分手的處理，比約會談戀愛更需花費心思，否則可能會遍體鱗傷，

甚至於無法全身而退。不過，在感情已淡、各種努力都不再奏效之際，若僅因執著難捨於「多年的情誼」或「責任道義」或「旁人的譏笑」等考量，而不願開口道別，其實對自己或對雙方皆未必是件好事。

Gray引述Silvestri的看法，認為兩人的相處是否已經無望，是否應該認真成熟地考慮分手，可以參考下列12項分手的指標：（1）即使你盡力去想別的事，但是分手或是被甩的念頭，依然不停的冒出來；（2）身體會突然發現有些原因不明的疼痛與病癥；（3）你的行為改變，而且往不好的方面改變；（4）伴侶所做的事，沒有一樣讓你滿意；（5）對於兩人相處中所發生的大事，你的記憶明顯開始改變；（6）你或你的伴侶在沒有和對方商量之下，開始對生活方式作重大改變；（7）經常吵架，而且為同一件事情吵架；（8）雖確定自己想離開，但心意總是變來變去；（9）開始跟他人談論是否分手的問題；（10）當你的伴侶要求自己有更多的時間、空間獨處，或與其他朋友相聚；（11）當你有秘密瞞著伴侶，或是日常喜悅不想跟伴侶分享；（12）性的刺激感不復存在，肉體的吸引力消失（Gray，蕭德蘭譯，1985）。

但除非是兩人因爭執衝突不斷，而同時協議分手，否則主動提議分手的一方，必須先完全釐清本身分手的動機，以及分手的方式，事先愈能深思熟慮，分手時愈能堅定坦然，愈能全身而退，及不因對方挽留要求而三心兩意、藕斷絲連。

分手行為的現象與法則

對於情侶間的分手行為，美國學者魯賓Rubin曾針對大學校園中二百三十對的情侶，做為期兩年的深度晤談，並有了下列的發現：（1）分手的時間多集中在五、六月的畢業或長假前，或是

快開學之前，可能是因爲這些時段常有一些關鍵性問題需要考慮；（2）分手通常是單方面的行爲，而非一般人想像中的兩人協議行爲，因此便有「分手者」與「被分手者」兩種角色，前者較不沮喪，較自由輕鬆，但伴隨較多罪惡感；（3）分手者難免有罪惡感，而被分手者的自尊心、自信心和名譽的損失，則是旁人很難體會的；（4）親密度愈高的情侶，愈不容易分手，即兩人的溝通分享愈親密、愈「知心」，愈不容易分手；（5）約會對象專一者，較不會分手（引自劉惠琴，1986）。

　　至於非不得已，必須提出分手的主張時，則下列的法則和技巧可供當事人參考。當愛情已然消逝，相見不如懷念時，分手的法則包括：（1）釐清自己想要分手的動機和理由，並預估對方死纏爛打的可能理由和方式，以及對應之道；（2）情緒保持平和，讓對方及自己的可能心理傷害降至最低，例如溫婉措辭的使用，以及談判時間勿過長等；（3）分手時的場合，須選擇氣氛安靜適合談判，但有人進出的公眾場所，避免因一時激動而發生辱罵或身體攻擊；（4）分手既已提出，便須堅定果斷，切勿因對方死纏，或自己心軟，而一再給與復合的機會或可能的想像；（5）公開的宣告，讓兩人的親朋好友知道你們的分手；（6）儘量不要因爲另結新歡，才提出分手；（7）如果對方屬於開朗樂觀、不鑽牛角尖性格的人，上述原則的運用加上坦誠即已足夠處理；如果不是，則有些特殊的技巧須酌予講究，方可全身而退。例如，讓對方產生厭煩，主動求去。這些技巧像儘量暴露自己缺點、習性醜態百出、一起逛街時大肆消費、買一堆無用之物、當其面猛看俊男美女、忽然瘋狂迷上樂透和尋求明牌……等等。

分手後的處理

分手後的心理

　　雖然分手是情感已到盡頭，不得已的痛苦選擇，失戀對於當事人的打擊，無論是主動提議分手者或是被動分手者，情緒都會相當激動起伏好一陣子。雖然事發之前，對兩人相處和關係不太可能毫無瞭解，但若有一方突如其來（也許不是沒有猶豫，但終究突然）的分手提議，震驚、憤怒、沮喪、懊悔等各種情緒是五味雜陳，特別是被分手人的心理準備度更不足，被甩的背叛感，更難以一時間調適撫平。而兩人也都要從原來互相依附的兩人世界，回到獨自一人面對生活的日子（除非一方已先另結新歡），孤單和寂寞自然難免，種種不習慣都需要一段時間的調適。

　　關於分手者和被分手者的心理，林燕卿、楊明磊（1998）指出，主動分手的一方雖然在心理上占優勢，但在道德上卻處於劣勢，常會遭到周圍他人的批評；看到對方難過的心情也可能覺得有罪惡感，若是對方因此做出什麼不理智的自我傷害行為，更會深深感到自責。而提出分手的一方也可能在分手後，發現分手後的生活並不如分手前的好，或是不習慣分手後一個人的日子，心中雖然想回頭但礙於面子問題又不便主動要求復合，被要求分手的一方在心理上處於劣勢，但在道德上卻占優勢，容易得到他人的同情。被要求分手的人容易覺得被拒絕，而感到個人的自我價值低落，怪罪自己，心灰意冷，對感情失望或是因覺得被背叛而想報復對方，也有些人不能接受分手的提議而想努力挽回，同時也可能擔心在朋友面前被嘲笑而覺得丟臉。

　　也就是說，分手時沒有哪個人是絕對的贏家；「好聚好散」

是情人分手時的座右銘，但其實不是很多人都做得到。分手時由震驚、否認、憤怒、沮喪、到自卑自憐，幾乎是多數曾經失戀過的人都有過的心理歷程；因此，如何從事心理建設，理性成熟面對分手的問題，是在現代複雜動盪人際關係社會裡，人人必備的內在「逃生技能」。

分手的類型

如前所述，分手對於雙方多少都是一種傷害，尤其被迫分手的一方，受傷害更重。許多人無法面對情感的結束，彷彿世界末日一般，無法成熟理性的面對這段感情的結束，和面對新的生活，甚至採取非理性的暴力行為來對待。陳瓊芬（2001）指出，根據婦女新知基金會的調查結果發現，與分手相關的暴力事件具有高度的頻繁性及性別化，從去年一月到七月底，這十九個月內共發生二百五十四起與分手相關的暴力事件，平均每隔一天就有一件。親密關係中的伴侶、同居人、夫妻或朋友之間，充斥著因協議分手不成所造成的傷害事件，包括具體肢體的暴力行為，例如，持刀傷人、殺人及性侵害等或者口語上的威脅或恐嚇。對女性所施加的暴力文化可以透過男女遭受暴力的比率清楚得知，由於分手所造成的謀殺致死事件平均一個月就有三件，在這些殺人事件中，女性成為被害者之比率明顯高於男性，女性約占八成，男性約占兩成。這個數字所透露出的是女性因為情感糾紛引來致死的可能性高於男性四倍，統計結果更進一步指出在所有分手暴力事件中，男性成為加害者的比例遠高過女性約為七倍，而受害者為女性的比率則高於男性，約為三倍；當男性成為受害者時，加害者為男性者約占六成，也就是其中超過一半比例是情敵殺死男性。女性遭受到的暴力種類不僅局限於肢體暴力、語言暴力、

還包括性暴力。

　　分手時，男女誰較易成為暴力的受害者？答案是女性。分手時女性所受之肢體和語言暴力比例高於男性的現象，可能與多數分手事件係由女性提出（Rubin指出占85%）有關；此外，似乎提出分手的人總是用情較淺的一方，男性通常又比女性更不願意分手（葉肅科，2000）。

　　至於分手時，處理的形式類別有哪些？簡春安（1997）曾將分手的種類，分成下列四種：

毀滅式分手

　　有些人在情感挫折中充滿了攻擊性與毀滅性。他們的信念是如果我得不到，別人就別想得到。既然我所愛的人移情別戀，他就應該受到處罰，搶走我的愛人的人更應該嚴厲的處置。毀滅式分手不限於毀滅別人而已，也有不少的個案是以自殺的方式來處理的。他們在愛情幻滅時，不敢把一切的不滿發洩在對方或第三者身上，卻是用一種較為心理處罰的方式，以自殺來讓對方有罪惡感。

墮落式分手

　　一旦情海中有了變化，受傷害的女主角在傷心之餘，便以墮落的方式（如離家出走、當舞女、開始濫交異性朋友、交友態度隨便等）來處理她的情感挫折；一些男人當他的情感有了挫折時，就開始不去上班，不想工作，對人的態度隨便，對人愛理不理，在學青少年則不想讀書，成績一落千丈，或在行為上放浪形骸，濫交異性朋友等產生；這些都可以稱為墮落式分手。

哀怨式分手

「剪不斷，理還亂」、「天長地久有時盡，此恨綿綿無絕期」，即可描述哀怨式分手。在不如意的感情變化中，他們默默忍受一切的打擊，並不是因為他們勇敢，而是他們把痛苦承受在內心裡頭；並不是他們超越突破，而是他們內心中有一個角落一直隱約作痛，久久不能平息。

成長式分手

最好的方式是成長式的分手處理。能用成長式方法來處理分手的人有一些特質：（1）他們會面對現實，不再作幻想式的自圓其說，以為一切是暫時的，愛人一定會回到身邊來；（2）有適度的情緒發洩；（3）用合理化的方法來解釋，說不定因此未來會遇到比這個更好的伴侶等；（4）會理智分析自己的毛病出在哪裡，日後條件逐越來越佳。

分手與療傷

其中，關於成長式分手，究竟如何撫平失落的心，並獲得超越與成長，並不一定只有唯一的一套方法；只要不會傷害到自己和別人，可以用最適合自己的各種方式來療傷止痛。除了前述原則之外，下列方法亦可參酌：（1）情緒正常傾訴：向朋友、親人傾訴，讓感受抒發出來；（2）理性思考：接受有失落感、挫折是必然的；（3）生活安排：參加各種社交活動或埋首課業；（4）環境改變：如參加宗教活動，追求心靈平靜，避免觸景傷情（國立花蓮師範學院心理輔導組，1996）。

另外，在理性思考或合理化自己的解釋方面，選擇一些暗示性的正面用語，來增強自己心理建設，也會非常有助益。馮滬祥

提供下列十二項正面性用語作爲分手時的參考，茲摘錄於下：

1.「愛人不如愛己」：當你因爲愛人而受傷，首先要先想到愛自己，因爲，當你會愛自己時，就不會想到要自殺自殘，也不會走上自我放逐、自我疏離、或自我折磨。

2.「天將降大任於斯人也，必先讓其失戀、痛苦，增益其所不能」：很多男性在事業上的挫折，不會讓他流淚或消沉，可是失戀或分手時，卻會掉眼淚，這就代表對他更大的考驗和更大的折磨。

3.「失戀爲成長之母」：源氏雞太郎曾說：「失戀爲成長的開始」，因爲失戀，才能激發成長；因爲本身嘗過失戀的痛苦，才能爲別人的痛苦著想，能爲別人著想，才是成長的開始。

4.「長痛不如短痛」：如果經由理智判斷，繼續交往只有痛苦，那就不如及早一刀兩斷。兩人愈吵愈兇，愈吵愈糟，變成愈像仇人、彼此愈加難看，那倒不如很有尊嚴地及早分手。

5.「天涯何處無芳草，海角何處無日照？」：若能阿Q一點，甚至自我開開玩笑，未必沒有幫助。對男性來說，即「天涯何處無芳草」，對女性來說，即「海角何處無日照」？換句話說，大丈夫何患無妻？好女人何患無夫？

6.「好佳在」：沒跟他結婚，眞是好佳在。如果眼光放遠，胸襟放寬，抱持「賽翁失馬，焉知非福」的心情，對於心理建設也很有幫助。

7.「好聚好散，君子風度」：如果因爲種種因素，無法長久，最好能維持君子風度，也維持美好的回憶，好聚好

散，這才算君子。

8.「施比受更有福」：聖經上說：「施比受更有福」，對女性來說，被愛比愛別人更有福，如果所嫁並非自己所愛，但也需知，天下不如意之事十有八九，不用太怨嘆。

9.「曾經擁有，何須長久」：因為，相愛容易相處難，如果真要長久，有時反而不能擁有。所以，退一步想，既然曾經擁有美好的時光，那即使無法長相廝守，同樣可以保持美好的回憶。

10.「用時間治療」：當萬般方法都無效時，只能藉時間沖淡心靈的療傷，雖然費時甚久，但也真正有用。

11.「轉眼再找一個」：最有速效的辦法，就是李敖所說：「轉眼再找一個」！但這種方法，容易成為移情功能與墊檔作用，對新交往的一方並不公平，所以應謹慎分辨。

12.「認命吧！」：最後法寶：「認命吧！」換句話說，此時只有當成是「欠他（她）的」，既然是從上輩子欠他的，也只有甘之如飴，泰然認命（馮滬祥，2001）。

問題與討論

• •

1.情感挫折的原因如何？

2.何以「相愛容易相處難」？試加以討論。

3.什麼樣的人容易單戀？

4.何以情愛有「情境倚賴性」？試加以討論。

5.Gray以為男女在分手前有哪些警訊？何時應認眞考慮分
   手？

6.分手的技巧有哪些？要注意什麼？試加以討論。

7.分手的類型有哪些？

8.分手後的心理歷程如何？又要如何療傷？

第七章　結婚或單身

我們所期待的事情，不會每件事都實現；
但是期待時的樂趣，卻絕不會受到干擾。
～蒙哥馬利

結婚與不結婚的原因

為什麼不結婚

人們為什麼要結婚？或是為什麼不結婚？是很值得細思的問題。尤其是當離婚率日益升高的現今社會，究竟要選擇自己心儀的對象來結婚組織家庭，或是選擇終身不婚以另種方式來過生活？其實是許多新人類都曾經思考面對的抉擇與疑惑。筆者在2002年針對大一通識課程「婚姻與家庭」的班級所做調查，發現學生認為其周遭所見婚姻的幸福與不幸福比率約各占二分之一，而自己將來不欲選擇婚姻這條道路的，在當天出席上課的37位學生中共有8位，約占二成；而饒富趣味的是，這些已有先入為主的定見不欲結婚者，仍然對婚姻與家庭相關理論抱持關心興趣，希望瞭解其中的道理緣由。

結婚當然有其不可避免的缺點，例如，現代人已習於將愛情列為婚姻的必要甚且是首要條件，而愛情是兩人情感的極度短暫高漲，然而，婚姻本質上則是配偶的長久性安排，婚後日子卻可能是漫長與瑣碎的生活，柴米油鹽不說，尚有一連串的子女管教、事業忙碌、姻親衝突……等問題；因此由談戀愛到結婚的過程，認知期待與行為的落差，委實不小。雖說不一定「婚姻是愛情的墳墓」，但是婚姻與愛情的巨大落差，甚或是格格不入，也是許多人常引以為憾的事情。

再者，在傳統的社會價值觀中，婚姻被視為女性生命史上的兩件大事之一（另一為生育子女）。在既有的婚姻模式中女性被期待奉獻自己或放棄自己（如姓氏、子女角色和興趣）來滿足以丈夫、子女為主要架構所形成的「家庭需求」（劉秀娟，1997），這

樣的現象如今雖已有改善，但兩性不平等在婚姻制度中的刻痕並未全然消除，也成了不少女性對婚姻的懼怕和排斥。像隔鄰的日本，直到去（2002）年女性結婚時仍冠夫姓，造成結婚以及萬一離婚時，所有證件上的名字均須更改的繁瑣和不便（中國時報，2002年3月24日）。而我國雖早已廢除此項制度，但女性在結婚後因為懷孕和照顧小孩等原因，而離開原來工作職位，專心奉獻家庭的例子不少；致女性勞動參與率仍隨年齡層、婚姻與育兒狀況成M型的分配（詹火生，1995），初結婚時和剛生育時，婦女因而離開工作崗位者終究不在少數。

此外，有關人類的本性，究竟傾向於始終如一或是求新求變，也是見仁見智，未可定論。像是近年來年輕世代一夜情（one night stand）的開始萌生，以及一般婚外情的氾濫，包括政壇名人和周遭市井人物情感的出軌事件屢見不鮮等，這些事件的不斷發生，也足以讓世人重新審視婚姻制度的合理性究竟何在。

況且，層出不窮的家庭暴力，也讓許多新人類感到畏懼，深怕一結婚便掉入不淡乏味、無可自拔的深淵，甚至是整天不停的衝突與爭吵，以及身心的可能受創。在筆者期末的學生報告裡，便曾有幾位同學述說成長在衝突不斷的原生家庭裡，對於家庭的暴力的厭惡和畏懼，使其將來不敢存有結婚的打算。

除此之外，社會風氣的開放，許多人對於同居男女不再抱持異樣眼光，且性革命的流行，也使得有些年輕人寧可選擇不婚以擁有性方面的新經驗，也是造成不願結婚的原因；加上職業和經濟上的獨立，使得許多人寧可追求事業上的成就和個人自我實現，而不願意為家庭生活所束縛。

至於由個人的角度來分析，美國學者Stein持續對單身者進行研究，他歸納出一個簡單的概念，即「被迫」與「吸引」的力量

消長決定單身或結婚。「被迫」（pushes）單身的因素包括：（1）缺少朋友、孤獨、孤立；（2）對新經驗不易獲得；（3）遇到自我發展的瓶頸；（4）無聊、不快樂、易怒等個性古怪；（5）性方面障礙。「吸引」（pulls）的因素包括：（1）有好的職業機會和發展；（2）有容易獲得的性經驗；（3）易有令人興奮的生活經驗，有生活的自由；（4）心理和社會自主自立；（5）有其他的支持力量，如好友、政黨、同事（Stein，1992；彭懷眞，1996）。蔡文輝（1998）也指出，很多人把單身生活視爲一種悠閒的日子，他們認爲單身者可以（1）更多提昇自己個人生活品質的機會；（2）更多結交朋友的機會；（3）經濟獨立；（4）更多性伴侶與性經驗；（5）更多身心自主獨立；（6）更多事業的成長發揮。

爲什麼要結婚

　　不過，若由古今中外的大多數社會都存有不同型式的婚姻制度，且爲各該社會中多數人所認同及選擇來看，婚姻必然具有不少的優點和功能。愛與性是結婚常見的兩個重要理由，愛可以滿足人們的內在需求，無怪乎人們會急於愛與被愛，而婚姻關係則是唯一能確保愛得以持續的社會設計。一對以愛爲基礎，並在社會範定儀式下相互允諾、終身廝守的夫妻，是最有可能保持「愛」的生命的。此外，心理學家馬斯洛（Maslow）曾把人的需要分爲七個層級，最低一級是生理需要，如餓了、渴了；第二級：安全感的需要，能感覺安全、避免危險；第三級：愛與歸屬的需要，人人都期待和其他人交往，也被其他人接納；第四級：成就自尊的需要，希望有成就，獲人認可；第五級：認知的需要，去認知、瞭解和發現；第六級：美學的需要，希望秩序、勻稱和美

麗；最高一級是自我實現，最高的希望是能使自我實現和表現自己的潛力。而愛的可貴，就在愛能實現人的七級需要，第一級，愛能滿足人的基本生理需要，在愛中的性是人生至高的享受，第二級，愛使人有安全感，以愛為基礎的家庭正是人生風浪的庇護所，第三級，愛使人有所歸屬，愛使男女結合，經由婚姻彼此接納，第四級，愛是一種成就，能有愛代表可以獲得人們的認可，第五級，愛增添新知，它使我們認識自己、瞭解異性和兩性關係，第六級，愛也是美麗的在戀愛中的人更是神采飛揚，最後，愛更是一種自我實現（彭懷真，1996）。

　　雖然，目前許多年輕人不一定願意接受婚姻的形式規範，有不少比例的人已能接受相愛者可以同居的安排。不過，蔡文輝（1998）以為，婚姻是兩個人經由一種社會認可的儀式而給予對方一種誓約共同生活。婚姻與同居不同，雖然同居也能給伴侶心理上和佺行為上的情感與親密，但婚姻更包容比同居更多的責任與義務，經由婚姻，伴侶接納其應負的責任以維持彼此的親密關係，並保護對方的生活；同居者常有一種欠缺安全感的憂慮，而婚姻在社會法律的認可下，其承諾代表親密和永恆。……婚姻的承諾多少亦包含一種永恆的期待，希望今生今世兩人心連心一直到死亡才分離，婚禮的舉行在古今中外皆是一件社區的大事，它向社會表明新郎和新娘正式進入家庭的社會角色。人們計畫結婚總是盼望彼此的感情和婚姻關係是永恆不變的。高淑貴（1996）亦指出，婚姻除了滿足性與愛的需求外，更重要的意義在男女「共同建立一個家庭」的意願和決心，雙方都願意共同為這個家來貢獻心力，謀求彼此的幸福。……比較而言，夫妻之間的性與愛較之情侶者包含更多的照顧、關懷及責任，因為它們是建立在永遠的承諾上。藍采風（1996）便以為，婚姻最主要的功能是提供

親密關係。婚姻關係是一種非常高度、親密、分享的人際關係，美滿的婚姻靠兩人真心誠意的互相許諾來維繫這種關係。在他們的關係中，夫妻互相欣賞、體貼、信任、尊重、瞭解，而能使信息自由傳遞。

這種婚姻關係的親密與僅僅談戀愛，或是兩人選擇同居，仍是有著一段差距的。若以郭斯汀Goldstine的男女親密關係三階段來看，除非兩人戀愛之初即因一時衝動而結婚，心理尚未準備好便急於結婚，或是奉「奉兒女之命」結婚，否則一般戀愛都會經過這三個階段。在戀愛之初的Falling in love期間，可能既親密又浪漫，因為兩人為彼此強烈的體內化學反應（腦中神經傳導物質）所刺激和吸引，會讓雙方充滿迷戀和理想化的認知；第二階段接踵而來的「失望期」，則會讓兩人回復現實，看到對方的缺點，並產生不滿與衝突；至於能否彼此接納各自原有的優缺點，並以珍惜態度看待感情和對方，則是進入第三階段的「接納期」，能夠接納彼此，瞭解對方，互相尊重，以承諾相許對方。戀愛如能經歷這三個階段而未分手，自然水到渠成，彼此想要將感情生活穩定下來，而考慮選擇一個社會與親友皆給予祝福的婚姻。也就是說，兩人如果是在第三階段之後才選擇一起步入婚姻之道，則一方面除了顯示兩人情感的穩定成熟、彼此接納允諾外，其實另一方面也已代表了個人心理人格上的成熟堅定。而心理的成熟堅定對於一個人事業的發展通常會大有助益；所以，我國古語才會有句話說：「成家立業」，將成家的順位置於立業之前。

婚姻的定義與型態

婚姻的定義

那麼，婚姻是什麼？在本書第一章中，吾人曾依《雲五社會科學大辭典》（1971）之定義，指出婚姻（Marriage）係指社會認可之配偶安排，特別是關於夫與妻的關係。依通常用法，婚姻含有兩個明顯的觀念：（1）一男一女同居，共圖創立家庭；（2）婚姻有別於其他方式的結合，如婚前、婚外、通姦等。此一區別常被引為婚姻定義之要素：「無同居及養育子女之意圖，僅係臨時性之交媾，是不能視之為婚姻。」（"Marriage", in R.Burross（ed.）, Words and Phrases Judicially Defined, London: 1944）。

高淑貴（1996）指出，婚姻使男女得以依照社會風俗或法律的規定而建立夫妻關係。法學家認為婚姻是男女為營共同生活，彼此互助，所締結之民事契約。社會學家認為婚姻是社會認可的配偶安排；這個配偶安排乃男女間相當穩定的結合，一般是經過公開宣布和合法登記的。若單從法律觀點看，結婚只是男女依照法定要件產生夫婦關係的一種契約行為，此行為延續的時間可長可短，並無一定的期限，隨時可因某種理由解除之。但若從心理層面觀察，則結婚不僅是契約行為而已，它是男女相互之間的一種承諾，表示願意此生此世同甘共苦，彼此相互扶持，一起為共同建立家庭攜手奮鬥。可以想見的是，結為夫妻的男女個性、生活習慣等方面都得面臨相互的考驗和磨練，除了要時時自我檢討，做必要的修正外，更要學習接納對方，而做適當的調適。因此，婚姻的心理意義實大於法律意義；婚姻雖然是民事契約，但

其內容遠超乎契約之外,實不容易鉅細靡遺的一項條列出雙方的權利義務。

而國外學者對婚姻之定義,Stephen(1963)指出婚姻是一種社會對性關係的合法化,由一個公開化活動開始,而且準備長時間生活在一起,雙方也對彼此的權利義務及他們共同子女的義務有所瞭解。Macionis(1993)指出婚姻是一種社會認可的關係,關係中包含了經濟合作、性活動和子女的照顧。婚姻被期望要持續很長一段時間。Donald Light, Jr. & Suzanne Keller指出(引自林義男,1995)婚姻是兩個或兩個以上的人之結合,他們具有性與經濟的權利和義務,並獲得社會認可。結婚可以是核心家庭的開始,也可以是擴展家庭的擴大與延續。

上述的定義皆包含社會規範的意義在裡面,像是對於婚姻對象也都還限定在兩個異性之間;不過,目前在世界許多國家同性戀團體每年奔走疾呼、示威遊行,以爭取同性戀者的婚姻為社會認可之際,荷蘭已打破傳統異性戀婚姻之規定,開風氣之先;我國法務部也於2001年提出同性戀者可組成家庭之法律草案。對於婚姻之規範及相關權利義務等,相信亦將會隨著時代之變遷而遞嬗。

婚姻的型態

婚姻的型態有哪些?可以由不同的角度來分類。除了上面所言由性別的觀點,可區分為「同性婚姻」或是「異性婚姻」外,吾人在前面章節中亦曾述及,由婚姻選擇範圍限制的觀點,可區分成「內婚制」(Endogamy)和「外婚制」(Exogamy);此外,若由婚姻對象人數的觀點來看,不同社會的合法配偶數有所不同,可分為「一夫一妻制」、「一夫多妻制」、「一妻多夫制」、

和「群婚制」等，白秀雄等（1990）引述國外學者意見指出包括：

1. 一夫一妻制（monogamy）：一夫一妻制是我國社會唯一和合法的婚姻方式，這種婚姻方式限定同一時間一個成人只能有一個配偶，這是基於男女性別比例相等的生物基礎，並非文明或工藝進步的特殊發展，這種婚姻方式適於小家庭制度，經濟上又極爲便利。

2. 一夫多妻制（polygyny）：一夫多妻制指一個男性合法地同時擁有多個妻子。一夫多妻制可能實行於性別比例改變的社會，如：戰爭中男性大量死亡，或封建制度作爲社會地位的象徵，或因可幫忙農作的原故。一夫多妻制通常妻子分開居住，這種情形有點像丈夫巡迴而以母親爲中心的核心家庭（Queen & Habensteun, 1967）。

3. 一妻多夫制（polyandry）：一妻配多夫的一妻多夫制較少見。這種婚姻方式通常有很多情況，例如：爲防止土地分割，幾個兄弟與一女子結婚；或者一家只留一個女孩外，其餘女嬰出生即勒死，暴屍於森林或任由牲畜踐踏，實行這種一妻多夫制是一種生育控制的有效方法，它可降低子孫人數，最常見的例子是中國西藏和印度南方遊牧民族土塔（Toda）（Queen & Habenstein, 1967）。

4. 群婚制（group marriage）：即一群男性合法的娶一群女性爲妻。這種婚姻方式可能是爲了經濟或社會的理由，例如，印度土塔當妻子不孕時，則可合法再娶另一女子入門，即成群婚。人類學家亦曾發現南太平洋的馬奎斯島（Marquesans）曾有一時期實施這種群婚制（Barnonw,

1971, p.135-7)。

上述的婚姻制度以「一夫多妻」最爲普遍，Murdock對238
個社會（大多是早期社會）作了研究後發現，有193個是一夫多妻
制，有43個是一夫一妻制，有兩個是一妻多夫制（Murdock，
1949）。一夫多妻制仍流行於非洲和亞洲的一部分地區，還有中
東的部落社會也有這種婚姻制度。回教男人可以同時有四個妻
子，這些妻子和所有的孩子住在同一所房舍裡，共同負擔家務勞
動。一夫多妻制往往是出於經濟的需要，它有助於提高孩子出生
數，解決可能是由戰爭所造成的男子不足的問題（劉雲德譯，
1991）。而一夫一妻制則除了經濟上負擔的考慮，及與性別比例
相等的生物基礎相符合外，與近代工商業的發達、婦女進入就業
市場、及和追求男女平等觀念也有相關。又除了前述四種制度，
在中國大陸川滇交界的瀘沽湖畔，有一種少數民族叫「摩梭人」，
則實行奇特的「走婚制」，屬於世代沿襲的母系大家庭，其婚姻制
度與上述四種皆有不同。茲於下一章中介紹。

如果由傳統社會文化的觀點來看，則我國社會有一些特殊的
婚姻型態，彭懷眞（1996）引述國內外學者的文章指出，這些特
殊的婚姻型態都要放在中國的社會文化結構中加以分析才能明
瞭，包括：

1.冥婚：大多是娶鬼新娘。由於漢人社會是父系社會，若未
婚男子早年夭折，可以透過繼的手段以取得傳宗的後嗣，
就是虛幌一招的「過房」安排。但未婚夭亡的女子，只能
成爲無主的孤魂，不能享受後代的祭祀，唯有透過人鬼聯
姻的方式，此女子才可能取得在家內應有的社會地位，在
男方的家中接受祭祀（陳其男，1986；李亦園，1992；莊

英章，1994）。

2. 招贅婚：女方爲了延續香火，或增加女方的勞動力，會找家境窮困的男子入贅，這些男子在原生家庭無法繼承家產，有許多兄長的男子較可能入贅（莊英章，1994）。

3. 童養媳婚：通常是男方家庭先找窮家女兒做「媳婦仔」，經過一段日子的相處，在除夕夜送做堆，使其成爲正式的媳婦。這樣做不需要再選什麼黃道吉日，就以豐富的年夜飯作爲婚禮酒席，不需鋪張（莊英章，1994；Wolf & Huang，1980；彭懷眞，1996）。

若從婚姻的動機和互動品質來看，則婚姻型態可分爲「功利婚」和「內涵婚」。蔡文輝（1998）引述國外學者意見指出，功利性婚姻是指建立在實際目的上的婚姻。功利性的原因很多，例如，單身媽媽爲了找個伴來扶養子女或爲孩子找個父親；有些人爲了物質的亨受，娶個有錢人家的女兒；這種婚姻的基本動機是交換。夫妻把維持婚姻看做是一種責任，至於夫妻之間是否親密並不重要。內涵性婚姻是建立在扮侶間的親密和彼此的感情。彼此以對方的福利爲價值衡量的標準。伴侶彼此滿足對方的性需求、感情需求以及生活上的需求。夫妻之間十分強調相依和愛慕的表示，注重實質的情感生活的分享，較不隨俗、不正式、重視培養身心感情的娛樂活動。這種內涵性的婚姻會有較高的幸福感和滿足感。但是正因爲內涵性婚姻是建立在彼此的感情上，比較難以捉摸，也比較難以持久，因此，它比功利性婚姻較容易破碎，造成離婚。在實際生活上，很少婚姻是完全建立在一個完全功利的或完全內涵的基礎上，大多數的婚姻總是多多少少夾雜著上述這兩種成分的一部分。

當然，若由婚後關係調適的良好與否來看，婚姻型態可以分為「美滿婚姻」和「不美滿婚姻」，有關夫妻關係的調適和婚姻品質的良窳，牽涉到婚前和婚後種種的因素，不一而足，詳細內容將於下面章節再加敘述。

不良的結婚動機與婚姻成敗指標

不良的結婚動機

　　許多人想要結婚的動機原因，固然是希望藉由結婚以獲得心理和生理上的滿足，並建立一個美滿幸福的家庭；但是，也有不少人只是在一時衝動、未經思索下，便和他人步入紅毯的另一端。不同的結婚動機和理由，便可能影響婚後日子是否美滿。有一些較負面的結婚動機，包括（Knox，1979；蔡文輝，1998；葉肅科，2000）：

1. 反彈：這種結婚的動機係因為剛剛失戀，為了填補內心的空虛、逝去的愛情，或是藉此忘掉對方或報復對方，便迅速找一個自己其實並不是真正喜愛的人結婚，一方面也藉以證明我不是沒人要，不是毫無價值。由於這種婚姻基礎是建立在對前一段親密關係的反彈或報復，並非真正的珍惜對方的人品，因此通常難以持久。

2. 反叛：這種婚姻的動機是出於反叛的心理，與父母親賭氣，不顧父母的阻擾而結婚。可能由於男女雙方雖然彼此相愛，但未獲父母贊同，因此一氣之下，勉強結婚，做給父母看看。這種在早期傳統時代，兩人便有可能選擇私

奔，現今的時代，則無需私奔可以選擇公證結婚，但仍不易獲得父母親的諒解和接納；另一種可能情況是，在結婚這件事上，子女不願受父母擺佈，於是，在不能按照己意結婚的情況下，乾脆隨便找個人結婚，以犧牲自己來反叛父母。這種婚姻或許呈現獨立自主性，但是從一開始就是不健全的，因此，日後夫妻自然容易衝突不斷。

3.逃避：有些人因為要逃避不幸福的原生家庭，或是因為討厭父母嘮叨，以結婚為手段來逃避原來的家庭環境。以為這樣子便可以擺脫父母的管束，殊不知急著成婚，可能會使新家庭比舊家庭更糟糕，心理未曾準備好，加上原來與家人相處的特有模式並未曾經過思考沉澱，故可能延續舊創傷並產生新痛苦。

4.懷孕：由於風氣的開放，有些年輕男女婚前偷嘗禁果卻未做好避孕的措施，為了讓小孩不致於成為私生子，只好「奉兒女之命結婚」。但是，倉促結婚，加上小孩不久即出生，兩人一下子由無牽無掛的單身口子，變成同時要扮演「配偶」與「父母」雙重角色，逐而經常爭執甚至於離婚，此種情形在年齡層越低者越常發生。

5.憐憫：因為同情對方的遭遇，或是不忍與其分手而與其結婚。例如在對方遭遇重大打擊和痛苦時，由於接近安慰他，而產生同情他（她）想長期照顧他（她）的心情；或是和原來戀人已不再有感覺，但為了深怕對方在分手後會受不了，由於憐憫對方而與之結婚。這種婚姻持久性不長，會因為耐心消失而崩解，而且對方也不一定領情。

6.社會壓力：早期的社會風俗，到了適婚年齡的男女如果不結婚，一般人會以特別的態度或是異樣的眼光來對待，父

母親和親友也會著急或關心地想辦法幫其介紹對象；如今，雖然觀念較不保守了，過半的人還是會有適婚年齡的壓力，像是男人接近三十五歲，或是女人接近三十歲，這種壓力會讓有些人心想乾脆找個人結婚算了，省得面對這些眼光和閒話。

7.外表吸引：僅只因為外表和生理上的吸引力，在「一見鐘情」下便「閃電結婚」，是冒著頗大的風險的。在不瞭解對方個性和行為習慣的情況下，僅憑美色便許諾終身，有可能抱憾一生，因為外在美貌會隨時日消逝，況且「入芝蘭之室，久不聞其香。」，在其它因素未能配合情況下，婚後衝突的可能性非常大；尤其現代人不像以前的人認命，憑媒妁之言便篤定抱著「嫁雞隨雞、嫁狗隨狗」態度，在婚後才開始耐心瞭解對方並培育感情；閃電結婚的結果，衝突的可能性更高。

8.經濟：經濟因素當然是許多人結婚時的考慮因素之一，但是純粹因為經濟上的動機來結婚，例如，女人「找一張長期飯票」的心態，或是男人「找有錢老婆少奮鬥三十年」的心態；太功利性的婚姻畢竟不妥。

9.解除寂寞：有些人結婚是因為要解除寂寞，尤其每到逢年過節，特別是情人節和農曆春節時，看到別人都有家可歸，只有自己形單影隻，倍覺孤單，於是想想不如隨便找個人結婚，「有錢沒錢，討個老婆好過年」，固然暫時解決了形單影隻的困擾，但是一時衝動過後，可能有太長的後悔時期，結婚後的感情不如原先預期，仍不免孤單寂寞。

除了上述九種對婚姻穩定性有不佳影響的結婚動機之外，精

神分析學派所提出的「戀父（母）情結」，亦應列入思考：即是擇偶出發點為「尋找替代父母」。 在擇偶理論中，有所謂「父母形象說」，即是所找對象在外表特徵或是個性方面與雙親之一有相似性，此為精神分析學派的主要論點，也是許多人或多或少都有的傾向；不過，若是自覺或不自覺地過份把結婚對象當成父母來對待互動，依賴與要求對方的相關表現，這樣子的尋找替代父母作法，也屬負面的結婚動機。

決定婚姻成敗的重要指標

當然，決定婚姻關係良好與否的因素和力量，頗為複雜，上述的負面結婚動機，僅係婚前不當的考慮，可能造成婚後關係不佳的原因之犖犖大者。其實，在婚前、初婚及婚後一段時期，兩人的成熟度、心理準備、互動技巧、外在挑戰等等，都會影響婚姻關係的品質，可以說牽扯不只一端，故而婚姻需要不斷的經營，畢竟不像童話故事中「從此王子和公主過著幸福快樂的日子」一般。不過，重要原則的瞭解和掌握，必然會有助於不良婚姻關係的避免，以及美好婚姻關係的培養。

婚姻治療家McGoldrick（1988）曾列卜十三點問題婚姻的警告燈（轉引藍采風，1996）：

1.配偶在對方或雙方曾在最近失去一個重要人物、金錢或地位時相遇結婚。
2.想藉結婚來遠離自己的定向家庭。
3.配偶的背景（宗教、教育程度、社會階級種族、年齡）截然不同。
4.配偶來自兄弟姐妹不能和諧共存的家庭環境。

5.配偶與定向家庭（例如：親生家庭）的距離極端的接近或
　疏離。

6.配偶極端依賴於大家庭在金錢上、肢體上或情緒上的協
　助。

7.配偶在二十歲之前結婚。

8.配偶在認識六個月內結婚或訂婚三年之後才結婚。

9.沒有親戚朋友參與的結婚典禮。

10.配偶中有一方與兄弟姐妹或父母不合。

11.婚前懷孕或結婚一年之內懷孕。

12.配偶中有一人有極不愉快的兒童或青少年時期經驗。

13.配偶來自不穩定的家庭背景。

　　上述的看法雖頗有見地，不過絕大多數仍限於探討婚前的不
理想家庭背景、結婚動機或因素。美國印第安拿大學教授
Kirkpatrick則由婚前和婚後兩方面，分別探究決定婚姻成敗的各
種力量，彭懷眞曾加以整理，依A、B、C、D、E排出其重要性等
級，歸納出一些值得參考的指標，此處僅將其中婚後的小部分摘
要敘述於下，對其他部分有興趣的讀者，可以參閱彭懷眞或
Kirkpatrick的著作。

婚後因素

1.婚禮

2.對性生活的適應

　B──對性行爲負面反應（較少出現負面反應者，有助婚姻
　　　和諧）

　B──房事的次數（平均每週一至二次，略多於此數者，婚
　　　姻適應佳）

A──婚外性行爲（有婚外性行爲者，婚姻危機很大）

B──性生活適應不良（經常出現者，婚姻考驗多）

A──同性戀的傾向（夫妻任一方有同性戀傾向者，危機較大）

A──向對方表達情感的能力（表達力強，經常主動表示者，婚姻適應佳）

3.人際關係及態度的一致性

B──對婚姻角度的態度（雙方態度相近者，婚姻較幸福）

B──對婚姻關係的態度（持正面肯定態度者、經常主動表示者，婚姻較幸福）

A──對配偶的態度（持正面態度者、經常主動支持和關心配偶者，婚姻較幸福）

4.子女

B──對子女的教育（持開明教養方式者，婚姻較穩定）

5.家族（庭）及社會地位

6.人格特質

A──身體的健康情形（良好者，婚姻幸福程度高）

A──心理的健康情形（良好者，婚姻幸福程度高）

A──對社會的適應（適應能力強者，婚姻調適佳）

（Kirkpatrick；摘引自彭懷眞，1996）

以上的「婚姻成敗指標」具體而明確，頗值得男女們在交往時以及經營婚姻時之參考。又除此而外，尚有其可以再納進來一起考量的幾個因素，例如，經濟的情況。俗話說：「貧賤夫妻百事哀」，台灣夫妻離婚的第二大原因，即爲經濟；這在上述的指標中，雖於社會地位及社會適應部分略有提及，但重要性並未被強

調。實際上，林松齡曾引述國外學者的研究，說明經濟因素對婚姻影響的重要性。Rook、Dooley與Catalano（1991）檢定1,383位已婚婦女有關丈夫就業壓力對妻子情緒健全的影響指出：丈夫職業上的壓力對妻子的心理機能有直接負向影響，同時丈夫就業壓力將減弱妻子對其他事件的應付能力。Conger與其他一些學者（1990）研究經濟困境與婚姻品質及婚姻穩定間的關係指出：經濟困境對婚姻品質（婚姻滿意程度）與婚姻穩定（離婚念頭或離婚行為）有負面的影響（轉引林松齡，2000）。

還有，婚後雙方家族複雜牽扯與互動型態的因素，對於婚姻成敗的指標性，應該也是頗為重要；由於Kirkpatrick是以美國核心家庭和個人主義精神為基礎來考量，故而在上述指標中未能述及家族牽扯部分，在其中人際及態度的一致性部分，僅只著重於夫妻兩人的部分，這與我國的情形，難免有不完全一致的地方，畢竟，婚後夫妻與雙方家族之互動情況，直至目前仍對婚姻品質與成敗有所影響。

單身的抉擇

單身與晚婚

在本章第一節中吾人曾說明何以有些人不願意結婚的原因，事實上，晚婚與不婚，已不再是這一代新人類的特立獨行，而是許許多多人都可能曾認真思考與面對的問題。尤其是晚婚，受到教育年限拉長及整體社會結構變遷的影響，平均結婚年齡的延後已成為趨勢，我國從民國八十年代的男人平均結婚年齡約27歲、女人約24歲，到九十年代的男人約28歲、女人約25歲，再到二十

一世紀初期的現今男人平均結婚年齡約29歲、女人約26歲；整體而言，現代人晚婚已是不爭的事實，而晚婚須面對好一陣期間的單身日子。在陽琪、陽琬所譯《婚姻與家庭》一書中指出，許多人將婚齡延後，特別是接受高等教育的婦女，更是在學業告一段落與工作生涯有著落之後才論及婚嫁。在美國，1970年平均初婚年齡是男性23.2歲，女性20.8歲，現在，男性則為26.1歲，女性23.9歲，較長的平均餘命、更高的教育成就與增多的男女同居，都使初婚前的這段，時間變得更長。譬如說，女性延後婚姻主要是為了完成學業與創立事業；婚前性行為已變得更可接受，人們不再為了發生性關係才結婚（陽琪、陽琬譯，1995）。

至於不婚，終身選擇單身生涯的人口比例，也逐次在增加當中，很多人以為，保持單身可以自由獨立，可以結交許多同異性朋友，不受束縛，可以全力發展個人事業。蔡文輝（1998）也指出，美國男性20～24歲者仍然單身未婚的在1960年時占同年齡組之53.1%，但在1993年已高升至81.0%，25～29歲組的百分比是由20.8%增至48.4%；女性單身者也有同樣的增長，20～24歲女性單身者在1961年是占28.4%，在1993年已增至66.8%，25～29歲組由10.5%增至33.1%。

此外，單身者的增加，與性開放特別是婚前性行為的容許也有關，根據衛生署2001年的調查顯示，青少年的性態度和性行為日益開放，近四成男女都有和異性接吻的經驗，首次性行為的平均年齡約16歲，近14%的男生和超過8%的女生有過性經驗，值得注意的是，青少年認為喜歡就可以上床的比率較過去增加不少（中國時報，2001年11月27日）。這樣的觀念和行為開放，自然會讓許多人在結婚這條道路上裹足不前，至少不必急於結婚。

單身者按照Stein（1981）的說法，依其是否自願選擇與持續

期間長短，可分爲四種類型（陽琪、陽琬譯，1995；蔡文輝，1998）：

1. 自願暫時型單身：這些人並不反對結婚，包括從未結婚者和曾結婚而離婚者，他們暫時不想邁入婚姻，但不反對終究總要結婚，他們只是不願太早結婚。

2. 自願永久型單身：這些人選擇一輩子單身、終身不婚，這包括未曾結婚者、曾結過婚但不想再婚者，以及神職人員，如神父、修女等。

3. 非自願暫時型單身：那些渴望結婚，但尚未找到合適對象者，以及剛剛離婚和喪偶者，這不代表他們沒機會結婚或再婚，只是暫時緣份未到。

4. 非自願永久型單身：他們雖然渴望結婚，但是因爲身體、心理或社會條件的困擾而無法找到結婚的對象，也就是娶不到和嫁不出去。

單身者的困擾與考慮

單身者並不全都是好處，即使如今人們已把「羅漢腳」、「老處女」等名稱，改爲「單身貴族」，然而，多數人們在面對年齡層較高的單身者時，仍不免以疑慮好奇的眼光來看待和相處，總是半開玩笑半認眞地要幫其介紹對象，或是在心中狐疑：這人會不會哪裡不對？例如，一直單身的緣故是不是因爲太挑剔、太自我、不夠穩重、太花或是那裡不正常等等？單身者難免面對人們這些刻板印象和迷思，甚至於感受到社會來自傳統觀念裡「男大當婚，女大當嫁」的壓力。

而由單身者本身的角度來看，單身者最常見的苦惱孤獨感，

沒有人可以分享承擔苦樂（當然也有不同的看法，認爲和自己相處並不孤單），經濟拮据，社交圈範圍小，缺乏家庭親情的溫暖，以及承受社會鼓勵人們結婚的壓力。事實上，美國的研究發現單身者的性交次數並沒有比結婚者多，而心理問題也比結婚者多（蔡文輝，1998）。此外，單身的成年人究竟應和父母同住，或是搬出去自己一個人住？葉肅科（2000）以爲，過去幾十年來，年輕單身者獨居的數目有相當的增長，然而，依然有不少人是與父母同住。尤其是經濟不景氣的年代，許多原本自行居住的年輕人發現回到父母家中可省下不少錢，但是在父母看來，這可能是相當矛盾的感覺；因爲他們是在經濟不佳而變回「孩子」的「成人」。

除了困擾之外，無論自願或非自願的單身者，都須考慮如何努力去創造單身生活的最大的樂趣和最佳的適應，學者們以爲下列幾點是最重要的考慮（彭懷眞，1987；新苗文化，2000）：

社會關係的發展

人是合群動物，從心理衛生的角度，單身者最好能和父母、親友常保持來往，並與那些價值相近、目標相近和生活方式一致的人維持友好的關係。因爲單身生活很可能是孤獨寂寞的，因此如何創造並維持各方面有意義的人際關係，就是關鍵問題。Peiffer也指出，對單身族而言，社交生活十分重要，甚至你會發覺，和朋友碰面的次數越多越好。

經濟上的獨立

保持單身須在經濟上能獨立，可以避免因爲依賴原生家庭而使父母可能過度的干預；此外，經濟的獨立也使單身者可以繼續過單身的日子，否則一旦沒有錢時，單身女性不免會想：「乾脆

找一張長期飯票吧！」

心理上的獨立

選擇單身必須瞭解：單身就是不從某一個特定的男（女）子獲得完全的社會認同和情緒滿足。她（他）必須在心理上獨立，建立一種允許自己在感情上既能獨立不為個別異性所控制，但又能自然與異性交往的人生觀。

性需求滿足的問題

單身者如何滿足本身的性需求？當然較已婚者為不易。自慰是簡易的辦法，但仍與擁有性伴侶的感覺不同；至於其他的方式（像一夜情或買春等），固然有時對自我情緒的紓解和自信的培養可以有所幫助，但仍需考慮連帶的一連串問題，像是可能得花錢以及可能罹患性病、懷孕等。

此外，除了在事業上的投入，單身者比已婚有家庭的人，更需要有一項專注的興趣，可以藉以排遣寂寞和空虛的時間。這不是說已婚者就不需要興趣，只是單身者迫切性更高；同時，長期投入的興趣也會召來一些志同道合的好友，可以增添生活裡的樂趣，不必含飴弄孫，一樣享有歡樂和歸屬感。不過，儘管如此，Peiffer指出有些人確實難以適應單身的生活，像是遁世且一板一眼的人、熱愛參加宴會的人等等（新苗文化，2000），這類人即使擁有可以專注的興趣，可能還是要尋找一個結婚的對象較佳。

問題與討論

●●●●●●●●●●●●●●●●●●●●●●●●●●●●●●●●●●●●

1. 爲什麼有人選擇不結婚？你同意嗎？

2. 結婚的意義何在？你會選擇婚姻嗎？爲什麼？

3. 國內外學者對婚姻的定義是何？同性戀婚姻應該被合法化嗎？

4. 婚姻的型態有哪些？你心目中的婚姻型態是何？

5. 容易造成婚姻破裂的不良結婚動機有哪些？試加以討論。

6. 你同意Kirkpatrick的「婚姻成敗指標」看法嗎？有生活周遭親友的例子與此相符合嗎？

7. 單身的類型有哪幾種？

8. 單身者的困擾和應有考慮是何？試加以討論。

第八章　婚姻與單身之外的選擇

怎麼樣的思想，就有怎麼樣的生活。

〜艾默生

大　綱

走婚制、開放婚與搖擺婚

* 走婚制
* 開放婚
* 搖擺婚

同居與試婚

* 同居的意義和特性
* 同居增加的原因
* 同居的考慮與壓力
* 試婚

未婚媽媽

* 未婚媽媽的類型
* 未婚媽媽增加的原因、困擾與因應

走婚制、開放婚與搖擺婚

走婚制

　　人們一定要結婚嗎？如果不結婚，一定就是單身孑然一人嗎？事實上不盡然。在這兩者之間尚有其它多種的選擇，中國大陸摩梭族的走婚就是其中一種。摩梭族是一個母系氏族社會，母系家庭成員都是一個外祖母和母親的後代，即一母所生的孩子永不分家，永遠和母親、舅舅生活在一起，男不娶，女不嫁，家庭內部都是母系血緣的親人，沒有父系成員。整個家庭中母親處於支配地位，享有崇高的威望，親屬關係中有外婆、母親、舅舅、姨媽及子女，沒有女婿、婆媳、妯娌、叔姪等關係。家中的女人們，在觀念上認為姊妹的孩子也是自己的孩子，不分彼此，孩子也不分母親或姨媽，都稱做「媽媽」（木子書屋，2002）。

　　從在香港學者周華山的「無父無夫的國度」一書中所記錄的「摩梭人」，女性因「走婚制」而享有相當大的情慾空間；而「重女不輕男」、「女本男末」的兩性關係，帶來了合作、和諧和安全感。家裡沒有「丈夫」、「父親」，卻有地位崇高的「舅舅」和當家的「母親」；男人終其一生向心儀的女人和（可能有的）子女送禮物、表達情感，一旦感情轉薄，便禮貌的漸不來往……；這不是所有女性嚮往的情愛生活嗎？那麼，我們是不是可以在這個社會以「一夫一妻」的婚姻制度為主流價值的社會，提倡一種「走婚」式的情愛關係？為何一定要結婚？「母系社會」是兩性問題的「答案」嗎？我沒有這麼天真。只不過，在大家還把「男大當婚，女大當嫁」視為理所當然的世代，提出另類的思考（王瑞琪，2001）。

摩梭男子到了18歲後就開始走婚，平時男女在生產勞動、趕會逢集、營火晚會等場合相識、瞭解，然後建立感情，接著便開始走婚。在瀘沽湖四周的山間小路上，每當夜晚來臨，經常能見到匆匆趕路的摩梭男子。懷著一腔柔情，要去投奔自己心愛的姑娘家。到了第二天黎明時分，女方家人還未起床時，他們又要踏著薄薄的露水，在山道上悠悠而歸。開始走婚時，男到女家要去得晚，互對暗號後人不知鬼不覺地進入閨房；第二天起床時要早，雞叫頭遍、大地曚曨、星光稠密之際就得溜之大吉，以免碰到女方家人不好意思。儘管如此，這種走婚的型式也不受家族、宗教、父權之類的干擾，更沒有母舅之命、媒妁之言，男女雙方完全以感情為基礎，合得來就在一起，合不來就分手。這種夜合晨離的婚姻關係叫「走婚」，也有稱異居婚的。在婚姻問題上，完全由男女雙方掌握尺寸，母系家庭的成員都無權干涉，更不會出現包辦，尤其是鍋庄，舅舅連過問都不行，打聽一下都是害羞的事，更不會作主。但是，一旦發現戀愛雙方是同一氏族內部的人，舅舅和母親就會出來勸阻，以便溝通思想，阻止一場危機的近親婚配。實際上他們都知道自己的父親是誰，只是不和父親生活在一起罷了（木子書屋，2002）。

　　除了摩梭人的走婚制以外，巴西的卡許納華族（Cashinahua）在婚前的特有風俗也與走婚有些相似。根據美國學者Fisher的說法，巴西的Cashinahua族年輕女子會要求情郎趁夜半家人熟睡之時抵其床笫共赴雲雨之歡，然而對方一定得在天明之前離開。之後男方漸漸把家當搬到女方家中，生米儼然已煮成熟飯。不過一直要到女方懷孕或戀情已滿逾一年，雙方家人才會開始商談婚事（刁筱華譯，1994）。當然，這種做法也有試婚的含意在內；不過如果未能懷孕或是彼此情感不成熟，則女子又可另尋對象，重新

再來。

開放婚

開放婚（Open Marriage）則係歐尼爾（O'Neill）所提出的調整傳統婚姻的做法，他認為傳統婚姻中充滿不切實際的期待，開放型婚姻具有獨特的親密平衡、人際默契及彈性協調等特質，它著重每個人的適度改變與成長，所以夫婦可視情況需要彈性的改變與成長。它是個人主義和現實主義色彩濃厚的一種婚姻表現，夫婦可以各自發展自己的興趣，關心自己的目標，從而自我實現與發展。它充分允許夫婦生活在現實的期待中，贊成夫妻獨處和有彈性的角色安排，不完成反對開放性伴侶關係，他們主張平等及相互信任的生活。其婚姻生活導向是此時此刻，避免活在過去事件或無限期的未來目標裡（彭懷真，1996）。

這種平等而相互尊重的婚姻，一方面注重自我實現和各自獨立的空間，一方面也有「內涵婚」中所具有的兩人的親密關係，很像相交的兩個圓，彼此有交集，但各自的空間也頗大，不因為有了婚姻關係的緣故，就必須彼此遷就糾葛太甚，致喪失了自我。

不過，歐尼爾的開放婚所遭受的批評是，由於不反對夫妻可以擁有配偶以外的性對象，使人誤以為他鼓勵婚外情；故而他也曾指出：外遇和婚外性行為只是個人逃避的方法，且會造成更多的婚姻衝突（王瑞琪、楊冬青譯，1995）。

開放婚的要點包括（鄭慧玲譯，1974）：

1.配偶應分享大多數的事情，但不是每一件事。
2.夫妻雙方都應該改變，可從逐漸調整中改變，也可以從衝

突中改變。換言之，衝突並非一無是處。

3.彼此能接納自己的責任，也期望配偶同時能執行其責任。

4.配偶不應被期待要滿足對方所有的要求，也不應為對方做他自己原本該做的事。

5.倆人彼此有不同的需要、能力、價值和期望，因為他們是不同的人，而不僅因為他們是丈夫或是妻子。

6.雙方共同的目標是關係，而不是房子或孩子。

7.孩子不是用來證明彼此的愛情。

8.如果雙方都覺得需要孩子，他們應該承擔作父母的角色。

9.如果這種相互尊重的開放關係能持續，夫妻會有更深的喜悅和愛情。

10.尊重配偶有其獨立的思考，不必刻意遷就另一方。

搖擺婚

在婚姻裡，一般夫妻相處日久，情感容易因習慣化、例行化而變淡，同時也容易把兩人的性看成是房事，是例行公事一般，故而難免產生乏味枯燥、缺乏刺激的感覺，於是遂有所謂搖擺婚的產生。彭懷眞（1996）指出，搖擺婚（Swinging Marriage）是正統婚姻的一種變化，與其婚姻方式相比，幾無不同；也要法律的許可，大部分時間雙方均依婚約扮演夫妻角色、有高度持久的婚姻認同，不贊成離婚。不過，唯一的不同，是贊成交換配偶從事性活動，藉著交換性伴侶，享受性刺激。

法國是搖擺婚頻率較高的國家，而在我國，亦有所謂「換妻（夫）俱樂部」的存在，目前國內的網站上，便有園地提供夫妻或情侶交換性伴侶的資訊交流，甚至還加以分類為：可以全程交換

者、可以交換愛撫者、僅可接受同房者……等，同時爲了提醒有意參加者的安全性，尚在網路上敦勸各位夫妻情侶勿將電話號碼公布在留言版上（http://geocities.com，2002）。

事實上，有些對傳統婚姻方式不滿意的夫妻，雖然未必採取搖擺婚的互換夫妻型態，但是若是不斷嘗試更換性伴侶、不斷外遇，其實在心態和行爲上可說是無異於搖擺婚的，而這種人口在國內外都有上揚的趨勢。以日本爲例，劉黎兒（2002）指出，日本的不倫種類大增，而且數量繁殖很快，一方面是因爲日本通姦無罪外，原本也是對不倫相當寬大的社會，尤其是對男人，……反過來現在許多男人也一樣，不再責求妻子身心的絕對貞節。

搖擺婚固然刺激，不過，面對的問題和困擾是，如果逢場作戲，卻發生眞感情，該怎麼辦？以及因爲過份著重性刺激，致夫妻兩人間的親密感越來越差，彼此漸行漸遠的問題；還有，如果家中小孩及親屬萬一知道此事時，那種尷尬和壓力也很難以筆墨來形容。此外，尚有可能誤入他人刻意設計的仙人跳的問題，以致帶來家庭生活和本身事業上的許多困擾。

同居與試婚

同居的意義和特性

「同居」（Cohabitation）是指男女伴侶共同居住在一相同的家戶中，雖然享有性慾、情感與經濟的連結關係，但雙方並未獲得法律上公開承認，也未經過任何的儀式，以及任何給予彼此長久廝守在一起的承諾。因此，也可稱爲「沒有婚約的婚姻」。同居在目前這一代的年輕男女觀念中是相當普遍可以接受的做法，筆

者在課堂上的調查，有六成左右的男女學生認為只要彼此喜歡，同居是可以同意的；當然，自己本身實際的作為與此項態度仍會有些差距。

其實，無論在東方或是西方，同居頗早就已存在。像是古羅馬便有三種程序的儀式被使用過，第一種是祭糕餅禮的婚姻，就是說「獲得許婚的一種宗教儀式」，這種不准平民沿用的宗教形式，建立以貴族為主的制度；第二種是買賣婚姻，曾是財產轉讓的一種抽象方式；第三種是試婚，試婚是一種不需要任何特殊儀式的婚姻，「這對配偶必須同居一整年，假使女方連續三個夜晚不履行同居的生活，那麼一年的期限應該重新開始計算。」（許連高譯，1991）。

近年來，同居的人數不斷上升。同居雖然沒有正式的法律契約，社會支持也弱，不過卻與一夜情不同；同居者具有感情上較持久的彼此需求關係，也較會對另一方積極的傳遞愛意，希望與對方常在一塊兒，不似一夜情，同居者間具有「感情的基礎」。此外，蔡文輝（1998）以為，一些學者認為同居實際上就是一種試婚，還有一些學者則指出同居為傳統婚姻另闢途徑，同居既然是男女兩人同居一處而無婚姻的約束，則兩人之間就無心理上被束縛一起的壓力感，兩個人自由自在較能發展出更親密的關係，也較能公開不隱藏個人的喜怒哀樂。上述這個特性也使得不少年輕一代的男女們在心理上並不排斥同居，近年來筆者任教的課堂調查，已有近五成同學同意當兩人相愛便可以接受同居的生活形式。

然而，同居不完全是像表面上這般浪漫無瑕，同居其實存在許多缺點。蔡文輝（1998）以為，從另一個角度來看，同居的發生減少了年輕人約會的機會，減少了可能多方面多角度尋找配偶

對象的機會，而且同居者的社會生活方式也必須改變，不能在那麼自由自在要跟誰約會都可以，最大的困難還是來自父母的阻力，作為父母的總比較不贊成同居。另外一個問題則是法律上的困難。由於同居並無法律所賦與的婚姻效力，同居者自不能以配偶自居，在工作上、社會福利上、保險項目上，甚至於申請信用卡時皆無法享受到夫婦的應有權利。也因此，同居的一方離開時，對方無法獲得賠償。同居的另外一個困難是對女方不利。尤其是在同居一段時期後再分手的話。通常男性的職業地位、收入、社會聲望是持續往上爬升的，而在四十歲左右達到高峰。男性在婚姻市場的交換價值也隨著這些資源的增加而提高。因此，在分手後並不難重新找到對象，女性則不一定。

　　除了上述的顧慮之外，同居者在目前主流婚姻價值主導的社會中，其親密關係依然不受肯定，甚至尚須面對周遭旁人眼光及親友的評價，總有不夠光明正大的感覺。再者，許多選擇同居的年輕人未曾思慮到的一項問題，是當同居的兩人一起生活超過數年，生活模式固定化後，原來同居所特有的優點，如自由自在、無須隱藏自己喜怒哀樂，甚至性的激情喜悅等，都非常容易喪失，與婚姻無分軒輊，但卻缺少了婚姻的穩定感。

　　相較於一般婚姻生活，同居生活方式有以下幾個特性或事實（葉肅科，2000；周麗端等，1999；彭懷真，1996；許連高譯，1991）：

1. 缺乏正式法律保障：由於同居家庭沒有婚約的約束，所以也缺乏正式法律契約的保障，像是兩人萬一分手時，無法要求平分兩人財物或是贍養費，其中一人若不幸有了意外，另一方也無法獲得保險給付或是遺產。不過，在西方

有些國家已經開始制訂同居相關的一些法律，來規範同居者。像是法國，成千上萬的人過同居生活，這一件事曾促使法庭以「自由結合的方式的附帶狀況」來判定違者受處罰（法國民法第四條條文）；此外，為了享有社會福利的好處，同居人也往往向當地市政府，請求發給同居證明書。在中國大陸，近年來也開始擬訂一些法條來規範一些「包二奶」的台商。

2. 社會支持網路薄弱：除了兩人在心理上難免仍會有「名不正，言不順」的感覺外，一般的父母、親戚、師長與上司等，多半認為同居關係不值得鼓勵，甚至會以斷絕經濟援助或故意不理睬等方式來表示反對。即是一般陌生人，對於同居者的接納度，普遍亦不如對待已婚夫婦一般。

3. 重視目前情感需求：同居者對其伴侶常會表現出強烈情感需求，好處是在前面的幾年裡，新鮮甜蜜的感覺較之婚姻猶有勝之，然而不安定的感覺，終究存在，較能把握的也只是眼前情感與情緒需求的滿足。

4. 對未來沒有承諾：由於同居男女少了一道關係變差，要分手時的煩瑣離婚手續作為安全瓣，而是隨時感覺沒有了，便可能隨時改變彼此關係。因此，對於未來，他們沒有任何承諾，只有默認對方隨時有再選擇的權利與交友的空間；常見同居男女要分手時，其中一方以非常手段企圖留住這段情的新聞，其激烈實不下於（有時甚至有過之無不及？）欲離婚之夫妻。

5. 子女的生育問題：同居期間該不該有小孩？一般而言，既是沒有任何承諾，同居男女通常選擇避孕，因為婚生子女自然取得法律各種保障，同居家庭中的子女則不然，而且

尚須背負知情相關周遭人士的不同眼光，再者，兩人萬一要分手時小孩也形成一個牽掛，因此，需要慎重的考慮是否要有小孩？

6.性的專一問題：已婚者目前仍受法律的約束，只可有與配偶的單一性對象關係，而同居者則不受外在的力量規範，則如何協調較不明確，是不與他人燕好？或是各自允許在同居對象之外也有性關係？僅憑兩人彼此間的默契。

同居增加的原因

儘管有上述的一些缺點，在十九世紀末葉以來，有實無名的夫婦（同居）數量增加了。這些有實無名的夫婦首先散布在勞工階層為了避免結婚的費用與手續形成，其次，才是在富裕階級中迅速增加，因為這些富裕階級的人士，希望能夠自由自在地中斷他婚姻結合生活（李連高譯，1991）。而到了二十一世紀的今天，贊成同居和實際履行同居的年輕男女比例，則是不斷地上升；會造成這種現象的原因很多，學者們指出下列幾點（彭懷真，1996；蔡文輝，1998；周麗瑞等，1999）：

1.教育年數延長：由於受教育年限不斷延長，人們到了適婚年齡，有生理上的需求，且又有愛戀對象時，或是因為顧慮學業的因素，或是因為考慮經濟能力尚未可以獨立，逐暫時不結婚而選擇同居。

2.結婚年齡延後：從前的人早婚，十八歲就結婚者所在多有；現代人則為學業和事業所牽絆，平均初婚年齡不斷延後，2001年時男人平均初婚年齡約二十九歲，女人初婚年

齡約二十六歲，致使部分人以同居方式取代結婚，藉以滿足生理與心理需求。

3. 離婚率增加：由於許多國家的離婚率持續攀高，特別是工業化和後工業社會，離婚率的急遽增加似乎成了經濟發展無法避免的附帶現象，造成許多適婚年齡的人對婚姻生活缺乏信心，害怕進入正式婚姻體制，或是考慮在婚前先行同居以瞭解彼此間能否互相適應。

4. 性規範鬆動：自從美國開啟性解放的風氣之後，西風東漸，現今由於社會已不再把婚前性行為視為嚴重違反社會規範的行為，因此，在性規範鬆動下，男女婚前性行為普遍增加，遂也助長了同居家庭的形成，性革命的衝擊之一就是同居人數的增加，一般人對於同居也變得較為寬容。

5. 趨避心理：心理上一方面為了尋求一種與他人相處的有意義生活，避免一般「約會遊戲」的膚淺，但另一方面又為了避免陷入婚姻中責任的束縛，遂嘗試同居生活；也就是說，以同居做為同時滿足這兩種趨避心理的生活方式。

6. 校園管理問題：由於民主自由抬頭，各大專院校對於男女宿舍的管制越來越鬆；加上學校宿舍不敷所需，許多學生都被迫在外租屋居住，同學往來時幾乎完全不受學校校規的約束，這些都是同居增加的原因。

7. 經濟水準：由於打工機會的增加以及原本家境經濟寬裕，均使許多年輕人有閒有錢過獨立而寬裕的同居生活。

8. 避孕與人工流產的因素：同居者最擔心意外懷孕的問題，不過除了避孕知識和方法的趨於普遍外，近年來人工流產不再被視為嚴重罪惡，不少婦產科也都為未婚同居者或偷嘗禁果而懷孕者，提供此項服務，遂解決了同居者的擔心

恐懼問題，使他們無後顧之憂的繼續同居。

同居的考慮與壓力

　　無論同居的動機與原因是什麼，也不管同居確實也有其一定的好處，目前同居終究充滿一些不確定的風險，再者也並非是每個人均能承擔與應付的。因此，欲同居者在同居之前應該考慮下列這些因素（Knox, 1975；許連高譯，1991；彭懷眞，1996；蔡文輝，1998）：

1. 父母的態度：如果打算同居，該不該告訴自己的父母？通常誠實會是上策；但是，也應該仔細考慮父母的背景，預期他們可能的反應。假使他們屬於傳統保守型，或者會因為你們同居而悲傷難過或抬不起頭來，那麼，最好別一意孤行。如果非同居不可，也要有技巧的，用委婉態度秉告父母。

2. 是否要結婚：同居僅是走著瞧？還是積極的打算結婚？同居者對婚姻期望應多加思考，對於自己以及對方是否將來有意結婚，對於兩人關係未來的期待，以及雙方對婚姻制度的認知，都須清楚明白。如果雙方的態度、期待和認知不一致時，你要如何處理面對？畢竟，同居不像婚姻一開始便確定承諾要長久廝守的。

3. 性的協調：同居者在情感和經濟上彼此分享，這方面的問題與困擾不會和已婚夫婦有什麼特別的不同；不過，在性生活的專一要求方面則可能會不太一樣；結婚在我國法律上訂有排除配偶以外的性關係的規範，同居卻只憑兩人彼

此的默契，究竟僅與同居對象有性關係，還是可以與其他的人燕好？必須兩人彼此溝通獲取共識，特別如果兩人對閨房的事情要求期待與感覺不一致或不滿意時，這個問題的困擾將會更大。倘使採取性解放的態度與做法，會否引起對方的不悅？又如果性解放，經常更換性伴侶，也易遭他人側目。當然，不貞並非自由同居的特徵，「許多同居人擁有在他們之間的一種忠貞、愛情與互助，是很多合法的夫妻所沒辦法實踐的。」就同居人而言，忠貞是一種選擇權，而不是一種法律上的必要性。

4. 子女的問題：在同居期間是否希望擁有小孩子？當然，理智上是較不希望懷孕生子，因為同居本來就是暫時不給予長久穩定關係的承諾，有了孩子情形會改變，另外孩子也會面臨法律上認領扶養及就學的種種手續較為繁瑣的問題。那麼如果不希望有孩子，誰以及如何為避孕的事來負責呢？理論上兩人都有責任，不過，意料之外的懷孕若是發生了，女方所承受的壓力和焦慮必然較男方來得大；因而，避孕方法的使用以及各種避孕方法的副作用也要加以考慮。

5. 法律的問題：有許多財產和社會福利相關的問題，在法律上對於同居者較為不利；例如同居者無法申請有眷宿舍，一旦分手不能要求贍養費，一方遭遇意外或不幸時另一方不是保險的受益人，同居期間共買的物品分手時所有權不清等等問題。

6. 將來面對的結婚可能性：同居生活並無助於日後婚姻生活的幸福；甚且，多數同居者將來並不結婚（美國僅26％的女性和19％的男性日後與其同居者結婚）；同居後未來與

其他人結婚的可能性，男性較無影響，女性則隨年齡及是否懷有孩子而受到較不利的影響。

7. 分手的痛苦：同居一旦終止，其痛苦心碎的程度與已婚而離婚者幾無分軒輊，並不因同居兩人原來就未曾給與長久相處的承諾，而便可以瀟灑地說散便散。如此，同居在分手的意願和自由度上，其實並不比結婚後的分手輕易許多。

試婚

比同居更進一步的，「試婚」則是一種「未結婚的婚姻」，近似婚姻，卻無合法婚約，雙方隨時都可改變彼此關係的形式。換言之，雙方雖然沒有法定關係的形式，但事實上，卻享有婚姻之實。對於某些情侶而言，在雙方經濟基礎尚未穩定，或其他結婚條件不完備前，試婚可以提供彼此認識的一段時間，也可在建立正式婚姻前決定雙方是否能發展合宜親密關係的基礎？此類同居關係以結婚為前提，但其動機又可分為兩種：

1. 未能確定對方是否適合成為自己的結婚對象。
2. 無法確知未來婚姻生活是否適合自己。

然而，這兩種動機均以同居生活作為一種婚前測試、都避免過早許下終身承諾，以及試圖掌握自身對婚姻真正需求的探索性家庭型態（葉肅科，2000）。彭懷真（1996）以為試婚是兩階段的婚姻，即是先試後婚的兩段婚，「兩段婚」用通俗的話來說就是「試婚」，早在一九二〇年代，美國著名的律師林賽即鼓勵這種婚姻的方式，試婚是最好的方法。青年男女先同居，可享有性生

活及經濟分擔，但不要有孩子。第二段則是取得長久的婚姻許可，並且開始生育子女。這種想法。假設「試婚」爲恆久婚姻關係的前奏，若在第一段試探中，發現不滿足或不相配，就可以結束。

　　試婚既是兩段婚而以同居先開始，其所面臨的考慮與壓力和同居是相彷的，例如，忠貞問題、法律問題、父母壓力……等等皆無不同；只不過在心態上，對於兩人關係的維持和對於未來兩人間的承諾，要比同居來得明確罷了。當然，若是試婚期間兩人彼此覺得不合適，也可能中斷承諾而分手。至於一般試婚期間的長短，則因人而異，有半年、一年、或兩年者都有。另外，尚有一種訂定年限的結婚契約，彼此約定當契約期滿時，若仍滿意對方的表現，則可再續約。這其實也含有彼此試婚的用意在內；不過，這種契約目前在我國法律上是無效的，因其違反公序良俗之故。

未婚媽媽

未婚媽媽的類型

　　未婚生子並加以照顧養育，則是另一種不同的選擇。未婚媽媽可分爲「自願型未婚生子」與「被迫型未婚生子」兩種；無論哪一種，在今日社會裡都有增加的趨勢。目前國內的相關許多法令規定，也都逐漸接納和公平對待未婚懷孕生子的行爲，例如，2002年公布施行的兩性平等工作法，其中有關育嬰假及哺乳假的適用範圍不限婚生子女，受僱者若未婚生子或婚外情所生的非婚生子女或養子女也可申請育嬰假或哺乳假。

自願未婚生子型多係具有經濟自主權的職業婦女，或者因為本身對婚姻的排斥，或者因為事業上的專注等各種理由，而不願與男人成婚但又想擁有小孩，體會為人母的喜悅和辛勞，於是選擇在沒有婚約的情況下懷孕生產或收養小孩，並且獨力撫育之。被迫未婚生子型則包括熱戀中少男少女的非預期性懷孕生子、少女遭強暴後懷孕並產子，以及已婚者外遇後不慎懷孕生下私生子等。其中又以熱戀造成性衝動以致非預期懷孕生子者為多，尤其是性革命之後。在目前的社會中，性經驗已經比過去愈來愈可以自由獲得，性的認同身分也已經構成了自我敘述的核心（A Giddens，周素鳳譯，2001），許多男女在交往時不再有太多的性壓抑問題，然而卻並不一定考慮到性的自由，其實會伴隨著非預期性懷孕的問題。

　　未婚生子與同居是不同的，前者的重點是「母性」，後者是「性」。前者女性是以孩子為生活重心，後者女性則是以男人為重心。同居一定是維持一段時間，但未婚懷孕可能是約會、一夜風流的結果，男性不必充分參與女性的生活，甚至彼此也不是很瞭解。同居者可以要散就散，雙方沒有婚約。但未婚生子是沒有再選擇的機會，孩子生下來了，無法斷絕關係。同居者雙方地位大致是平等的。但未婚生子的母子（母女），雙方的關係是不平等的，做兒做女的既不能與母親平起平坐，也不能中止關係（彭懷真，1996）。所以，目前有些新新人類的女性對未婚生子懷抱綺麗幻想，其實是並不太符合實際。

未婚媽媽增加的原因、困擾與因應

　　性革命的風潮當然多少助長了國內未婚生子的情形，例如，由臺灣每年「九月墮胎潮」的現象，以及媒體屢見不鮮有關廁所

內尚連著臍帶的棄嬰的報導，便可以窺見一般。葉肅科（2000）指出，在台灣，因未婚生子所形成的單親家庭每年有七千多件，1995年更突破八千五百件。而婚外情懷孕所生私生子案例也有不少，中國時報晚近的一則新聞報導便指出，人與人之間互動頻繁，婚外情乃至異國畸戀屢見不鮮，男女雙方一時激情又不負責任地產生愛情結晶，因此衍生的無戶籍兒童問題，已成為社會中的不定時炸彈。女童小佳的例子，因為無戶籍，非但使得她無法正常上學，還一度在大人教唆之下四處行竊；幸全案在社工、法官、戶政、警方的協助之下，終於讓小佳的人生有了立足之地（黃天如，2002）。

　　不過，並非性革命和性自由便一定造成墮胎和未婚媽媽的盛行，這主要還是跟性教育有關。在瑞典，未成年青少女，即使只有十三、十五歲，不需要父母同意，就可以自行決定是否墮胎。許多人可能以為瑞典少女的墮胎率一定高得不像話，事實正好相反，這到底是怎麼回事？自1995年開始，瑞典政府在中小學強制實施性教育，雖然如此，初期它的重點仍然比較擺放在生殖、衛生和性病這些議題。經由瑞典性教育協會（RFSU）的長期努力，六、七〇年代開始，其關懷面逐漸拓展到更多人以及更多議題之上（蘇芊玲，2002）。

　　無論是自願型或是被迫型的未婚媽媽，都是單親家庭的一種型態，小孩子也都有缺乏父親角色的問題，因為國內主流的婚姻型態下，未婚媽媽終究不似走婚制一般，可以由舅舅來扮演「準父親」角色的功能；此外，不同居但生子的未婚媽媽，也要面對我國目前缺乏社會福利的保障問題，如果經濟能力不足，如何一人來獨撐家用的支出？況且，自己與小孩都還會面臨周遭人們的疑問眼光和輕視的問題。還有，未婚媽媽萬一有一天忽然又想結

婚了，對象不是原來孩子的父親，那小孩會不會有成爲「拖油瓶」的顧慮？

　　因此，未婚媽媽必須考慮的因素以及面對的壓力其實不輕鬆。在美國的許多州內對於包括未婚生子在內的各類型單親家庭的媽媽，都設有不等金額的津貼補助和其它福利，協助其生活、提供諮商和支持等；法國爲了獎勵生育，也對包括未婚與其他單親媽媽生有子女者提供津貼與協助；在國內，則有教會慈善機構如天主教所設「未婚媽媽之家」等，幫助一些非自願型的的未婚媽媽們，設置的機構措施內容資料，可以上網輸入關鍵字加以查詢。

問題與討論

●●●●●●●●●●●●●●●●●●●●●●●●●●●●●●●●

1. 什麼是「走婚制」？你覺得走婚制與一夫一妻的傳統婚姻相較，何者爲佳？

2. 什麼是「開放婚」？內容要點如何？

3. 什麼是「搖擺婚」？可能有哪些缺點？

4. 同居的意義與特性如何？

5. 同居增加的原因是何？同居的優缺點如何？你贊成同居嗎？

6. 試婚與同居有何不同？

7. 未婚媽媽的類型有哪幾種？與同居有何不同？

8. 未婚媽媽須顧慮的壓力及因應之道爲何？試加以討論。

第九章　婚前準備

●●●●●●●●●●●●●●●●●●●●●●●●●●●●●●●●●●●

> 凡事豫則立，不豫則廢。
>
> ～中庸

大　綱

婚姻契約

* 婚前與婚後的落差
* 婚姻契約

夫妻角色

* 性角色
* 家務角色
* 姻親角色
* 經濟角色

婚姻觀念的迷思與正思

* 婚姻觀念的迷思
* 婚姻觀念的正思

訂婚與結婚相關儀式規範

* 訂婚
* 結婚

婚姻契約

婚前與婚後的落差

　　愛情雖美，結婚後卻不見得那麼美。有不少人在結婚以後夫妻感情不睦，結婚已成為他們人生中最大的災難；不過儘管如此，社會上也許有較多的人，他們卻可以享受婚姻的美妙與充實。究竟婚姻的幸與不幸，其中原因何在呢？根據Pauker & Around的研究指出，在「新婚狀態」的配偶，有49%的新婚者已產生最嚴重的婚姻問題，有50%的人懷疑，未來是否能夠走完婚姻之路。心理學家Pauker與作家安娜Around調查了346名結婚一個月到一年半的人士，受訪者紛紛表示，愛情是盲目的，婚姻才是放大鏡，37%的受訪者承認，婚後比婚前更苛責另一半，29%的新婚者承認，吵架頻率偏高。分析這種問題的原因，Pauker & Around指出因為很多人對婚姻抱著太大希望，致使很多人認為婚姻之路比原本預期的還要坎坷（引自簡春安，1996）。難怪，才有俗話說：「婚姻是愛情的墳墓」；可是，為什麼會這樣呢？

　　許多人在婚前對婚姻有著太多不切實際的期待，對另一半卻只有局部的瞭解，甚至於被戀愛的甜蜜沖昏頭，幾乎完全不瞭解對方，以致造成婚前婚後有著巨大的落差！吳就君（1999）以為，通常在婚前只看到對方的某些面貌，有些特質要到婚後才顯現出來。一位先生娶了一位看來賢慧的妻子，這和他那愛發牢騷的母親正好相反，他正沾沾自喜且沉，於新婚甜蜜時，有一天，太太的心情不好，抱怨起來，他赫然發現她也會發牢騷，他於是十分不能忍受，跳起來，用當年對媽媽的反抗態度，惡言制止。

　　因此，不管戀愛時彼此多麼相愛，對於日後的婚姻與家庭有

多麼憧憬，應知婚姻終究是一條漫漫長路，必須加以仔細規劃與不斷經營，才能一直維持一個美滿的婚姻；而不是僅只因為「我倆真心相愛」，便可以「從此白馬王子與白雪公主過著快樂幸福的日子」。

更何況，這是一個變遷迅速的社會，變遷本來即是生命成長的一部分，不僅只在婚姻這樁事情上，宇宙間無論有生命或無生命的事物，都一樣面對不斷變遷的問題。明白了這個情況，當兩人在打算結婚之前，便應該先作相關的心理功夫，能夠一起學習面對結婚前後的種種問題，並做一番婚前的準備與接受婚前相關的輔導，方不致落入「婚姻是愛情的墳墓」的陷阱。所謂「凡事豫則立，不豫則廢。」，即是這個道理。

婚姻契約

婚前應有的準備，包括許多方面，其中頗為重要的一項是「婚姻契約」。此處的婚姻契約並不是僅指法令規定程序中的兩位公證人、公開儀式和結婚證書等社會規範的外在形式。鍾思嘉（1986）以為，所謂「婚姻契約」是指在婚姻生活中，個人對於自己婚姻關係的期望，以及在婚姻關係中彼此對於權利與義務的瞭解。通常，婚姻的契約包括：寫下來或說出來的意識契約、未說出來的意識契約，以及潛意識（未察覺到的）契約。翻開早期人類的婚姻歷史，訂定契約是一個非常重要的過程。猶太人的祖先婚前雙方必須簽下一個協定，其中包括結婚的時間和地點、新娘的貞潔、夫妻負擔家用的義務、家長負擔的結婚費用、聘禮和嫁妝等。其目的除了給女性合理的保障外，也規定了夫妻雙方的權利與義務。雖然，有人會說這種重視「經濟利益」的行為有些功利，對於現今強調愛和羅曼蒂克的社會中，結婚談「錢」未免

太傷感情。而我們的看法則不同，因為一個人對於金錢的看法往往可以瞭解到他的個性、價值觀、潛意識的需求、人際關係等。如果婚前的約定不能真誠、順利的達成，相信夫妻婚後的關係也很難合理地協調與溝通。

在婚前或婚後，婚姻契約都是必要的。在婚前，如果兩人能事先將彼此對婚姻的期望和相關角色的期待，平心靜氣地向對方做一番表白和溝通，彼此瞭解雙方對於婚姻的思想和認知，就比較不會在糊里糊塗或在單方面一廂情願的幻想期待下步向紅地毯，造成婚後感覺落差太大以致心理無法平衡的局面。而結婚以後若能定期檢討婚姻契約，可以根據婚後實際相處情形來調整婚姻契約，找出彼此仍然存在的共同點，並能針對已經改變的歧異點，設法溝通彌補和加以修訂，並尋求彼此都能接受的均衡點，「說清楚，講明白」，則婚姻經營的方向比較不會走偏，兩人間發生重大衝突的機會也會來得較少。

「婚姻契約」到底應該包括那些事項，並無一定的明確內容，也會隨不同夫妻而有所變異。蔡文輝指出有些夫妻可能只要簡明列出幾項不十分清楚者就可以有效應用；有些夫妻則可能需要逐項一一細列，才能避免衝突。細列來講，婚姻契約應提出下列這些問題（蔡文輝，1998）：

1. 婚姻的目標在那裡：夫妻兩個人結婚的目的是親密感情的培養呢？或者是為了更實際的利益呢？如果雙方面的目標發生嚴重差異時，則應該如何解決？
2. 怎麼樣的婚姻關係：婚前的高潮常在婚後的日子裡變得平淡。尤其是婚後時刻在一起，日夜相處，自然不會像婚前偶爾相約外出時刺激。如何維持這樣看來平淡卻實有情的

夫妻關係？在婚姻契約裡可以預料這些改變，伴侶如何接受這改變？

3. 性的專一權：婚姻裡夫妻如何處理彼此間的性要求。如果一方要，而另一方沒興趣，怎麼處理？更嚴重的是如果一方有了外遇和婚外性行為，怎麼處理？

4. 兩家親戚關係如何維持：夫妻兩人如果對待這兩家親戚？拜訪探親時間的安排、經濟上的來往等等皆不能只顧一家而忽略另外一家，契約上可事先列明。

5. 生育計畫的擬定：結婚後準不準備生小孩？什麼時候生？生幾個？如果無法生育，有沒有補救辦法？要生男孩還是女孩？養育子女的金錢準備，如何籌劃？

6. 家庭事務如何分配：丈夫妻子是不是應當分配工作？如何分配法？花費怎麼計算？賺來的錢誰管？

7. 彼此溝通的期待：你願意定下時間來彼此交談溝通嗎？願意談什麼？不願意談什麼？如果雙方不能溝通時，第三者的協調怎麼處理？

8. 契約修改的準備：契約不能一成不變，在什麼情況下可以修改契約，如何修改？要不要設立期限，定期討論契約內容和修改契約？

美國臨床精神醫學專家馬丁Martin醫生則指出，一個完整的婚姻契約應包括以下各項：（1）家務事的分配；（2）家庭空間的使用；（3）教育孩子的責任；（4）有關財產、債務、家用的安排；（5）工作與居住地點；（6）繼承權；（7）是否冠夫姓；（8）與他人關係的尺度；（9）在工作、休閒、社會生活中夫妻應盡的義務；（10）分居或離婚的條件；（11）訂定或修訂契約的

期限與方法；（12）性關係；（13）生育或領養子女的原則等等（引自鍾思嘉，1986）。

　　鍾思嘉（1986）指出，一個堅實的婚姻契約，是婚姻和諧的重要保障。我們可以發現許多人的婚姻關係中，夫妻雙方往往為了彼此不同的期望和需求（意識或潛意識的契約），而經常爭執或談判，飽受一些痛苦的經驗。

　　要體認到在婚姻關係中除了一些意識到或說出來的期望與需求外，更值得我們重視的是彼此沒有說出來或潛意識中的期望與需求。一般而言，若婚前或婚後契約中的意識部分越愈少，則表示潛意識的部分愈多，尤其是受到個人過去成長的經驗和父母婚姻關係的影響愈大。

　　夫妻兩人原本來自不同背景的原生家庭，各自具有不同的成長經驗，加上個別差異以及男女差異等因素，對於婚姻和家庭當然會有不同的期望和需求，對於在婚姻中各自應該扮演的種種角色當然也不會有完全一致的認知和作法，往往會因為這些不同的期待和需求，而發生一些爭執和不悅。固然，觀點不同不一定就會發生爭執或衝突，彼此間相互的尊重，溝通以及妥協，在解決爭端和衝突中便扮演關鍵性地位；而溝通時能否瞭解各自對婚姻家庭和對方的期待，並發展出雙方都能同意也能適應的角色規範，達到彼此都滿意和諧的程度，也就是婚姻契約的達成，乃是克服彼此差異、解決爭端必不可或缺的途徑。易言之，婚姻契約的訂定和修改，在婚前以及婚後越清楚明白，歧見和爭端就會越少。

夫妻角色

在婚姻契約中，除了彼此對婚姻的所持目標和兩人關係的期待外，夫妻各自究竟應該扮演和擔負哪些角色，也是其中關鍵性的內容。當兩人成婚後組成新的家庭，必然要面對許多問題和承擔許多的任務，這些問題和任務實際上就是達成家庭種種功能之所必需。

如前面章節所曾述，國外學者Horton & Hunt（1976）曾將家庭的功能分為下述七種：1）性愛功能；（2）生殖功能；（3）社會化功能；（4）感情功能；（5）地位功能；（6）保護功能；（7）經濟功能（引自白秀雄等，1990）。上述這些功能需求，都必須被一定程度地獲得滿足。因此，為了達成以上七項功能，結婚後兩人必須面對和承擔的角色至少包括：性角色、養家（經濟）角色、家務角色、育兒角色、慰藉角色、親屬角色和休閒娛樂角色等。固然，這些角色的達成並無一定的標準模式可以完全遵循，而是需要兩人在婚前以及婚後的生活裡，彼此協調創製相互可以接受的權利義務規範，亦就是前面所提及的婚姻契約的達成。為了滿足家庭的七大功能，以及符應社會文化的期待，夫妻兩人終究必須一起面對這些角色，並且殊無可能將所有角色全交給另一人來承擔，除非是其中一人身患重病、遠赴海外創業、或者坐牢、分居等理由。

這些角色可能包括的內容，茲挑選其中較為主要的四項角色分別加以敘述於下：

性角色

夫妻間床第之事如何協調，如何處理及滿足彼此間的性需求

呢？由於近年來性開放風氣漸染，無論一般男女對於情慾的追求大抵不似前人般壓抑保守。在一項調查統計發現，台北市逾五成少年贊成有婚前性行為，三分之一可以接受墮胎，逾四分之一接受多重性伴侶，此調查可知北市少年在性觀念態度較開放（王超群，2002）。如此，年輕一代重視情慾的滿足和「性福」，如果一方無法和另一方配合，冷落對方，忽略對方的生理和心理快感，或是過份勉強自己去應付對方的需索無度，不能彼此協調扮演適當性角色，則對婚姻品質會有不小的負面影響。

特別是男女兩人在房事的興趣上，必然存有差異。通常，男性在十幾、二十幾歲到三十歲出頭是性慾最強的時期，過後則漸走下坡；而女性則是自三十幾歲到四十幾歲性慾才達到頂峰，即俗話說的「四十一枝花」或是「虎狼之年」。除了年齡上對性需求的差異，男性容易因為視覺上的刺激，而迅速興奮且易在短時間內達到高潮後消退，並很快感到昏昏欲睡；女性則較慢達到興奮期，並且高潮可不只一次，所以有前戲、後戲的說法。這些差異需要瞭解及彼此協調。此外，尚有個別的一些問題，如丈夫的陽萎、早洩或不舉，妻子的冷感、畏懼疼痛、達不到高潮等，有些是生理的原因，有些則是心理上的排斥與畏懼所造成，皆會對兩人的婚姻產生重大的不良影響。

此外，夫妻兩人是否堅決主張配偶的性專一權？倘使一方有了婚外性行為，無論是逢場作戲或是有了感情的走私，是否願意加以容忍？如果不願意，又會如何處理？自己也搞外遇來報復對方，還是從此男婚女嫁各不相干？一刀兩斷？這些問題也需要夫妻間彼此協調，並清楚界定彼此的性角色。

家務角色

　　傳統上「男主外，女主內」時，理所當然家務事幾乎是全由婦女來擔負；但是，如今很多婦女在外都有職業，家事卻常仍然被認為是婦女的工作，這樣不但不公平，而且妻子有角色負擔過重，以及角色衝突等問題，產生「蠟燭兩頭燒」、心力交瘁的現象，甚至於因此承受壓力過大，有些婦女因而產生憂鬱與焦慮等現象。

　　有些男人雖然也做家務事，但是他們常認為他們是在「幫」太太的忙；年輕一代的男性在觀念上已知應和女性共同分擔家務事，但在實際作為上則尚未能平等分攤家務事。在美國，蔡文輝（1998）曾引述Walker & Woods（1976）的調查指出，即使是像在美國這麼男女平等的社會，一個最近做的調查也發現，56％的不在外做事的妻子和39％在外做事的妻子單獨負責養育子女，丈夫不管；57％的不在外做事的妻子和42％在外做事的妻子單獨負責家務事得處理；49％不在外做事的妻和34％在外做事的妻子單獨做洗碗工作。可見相當多數的丈夫還是沒有參與家務事處理，更何況那少數參與者當中有相當多的人是在「幫」妻子的忙。另外一個研究比較夫妻花在處理家務事的70％時間，丈夫花的時間大約是15％，孩子花的時間大約是15％。不在外做事的妻子一星期花在家務事的時間是40小時，而有職業之妻子一星期花的時間是30小時。

　　在英國，認為家務勞動是女人責任的看法，也同樣地非常普遍。在1984年的一項全國性調查中顯示，大部分的民眾認為女人對於家務勞動所應負的責任比男人更重大。而此調查也顯示女人常獨自負擔大部分的家事：88％的女人要負責洗衣、熨衣，77％的女人要負責準備晚餐，72％的女人要負責打掃家裡，還有63％

的女人要負責照料就學的孩子（Social Trends 16,1986,Table 2.12）。雖然男人在家務工作上的參與程度有增高的趨勢，但是女人仍舊負擔家庭中的大部分責任。絕大多數的家庭婦女都是女人。根據安‧歐克里拉（Ann Oakley, 1974）的研究，76%的職業女性中，以及93%沒有工作的女人，都是家庭主婦。家事工作被看作是女人的工作，甚至以為只要女人生活在家庭中，就理所當然會做這些事情。最常見的假設是，認為女人天生就會做家事，而男人則否。歐克里更進一步主張，人們之所以拒絕承認家事為一種工作的原因，正可以反應女人為什麼社會地位低落，也正是女人社會低落的原因所在。她還主張，家事普遍被低估、不被人們察覺，而且沒有報酬，甚至不被看成是「真正的」工作。然而，家務勞動是很耗時間的工作：在歐克里的案例中，在1971年女人每週平均要花在家事上的時間高達77小時。最低的是一位同時有全職工作的女性，她花了48個小時，最高的則是105個小時（Pameda Abbott & Claire Wallace，俞智敏等譯，1995）。

在台灣，目前家務事也是大抵上由婦女來承擔的多，約占七成多的家務工作量。根據胡幼慧（1995）的研究，台灣地區15～64歲已婚職業婦女，平均每日做家務勞動時間，指照顧小孩、照顧老人及做家事共計5.09小時，相比之下台灣婦女比美國婦女多付出約17分鐘的時間做家事。除了對家務工作分配負擔比例的探討外，也有人分析夫妻相對資源，如教育程度、經濟所得及居住地區等變項，對於家務分工形態的影響。林松齡（2000）指出，不管都市化層級較高的地區或都市化層級較低的地區，妻子的社會經濟資源增加（例如，教育程度提高、從事受雇全職的工作、經濟所得愈多，以及職業聲望愈高），則丈夫分擔家務愈多。

由於家務工作在多數人的心目中並不算有償的真正工作，它

也會造成主要家務勞動者在經濟上的依賴性，雖然自2002年6月起，立法院通過與家務勞動相關的「自由處分金」制，但是並未能立即落實在一般家庭生活與人們的心中，甚而法務部在立法公布施行的同年月邀集司法院與財政部的代表開會，針對「自由處分金」的問題，認為夫妻間若是無法就自由處分金達成協議時，法院雖然可以適時介入，但是部分與會代表以為，夫妻間必須先達成協議，才有法律上的請求權，法院也才會受理，如果夫妻雙方無法達成協議，就算到了法院，法院恐怕也是愛莫能助（楊天佑，2002）：家務勞動的價值基本上仍是被輕賤化的（devalued）。因而，在雙薪家庭數目日漸增加，許多家庭愈來愈重視妻子職業所得以挹注家庭生活水準，同時妻子收入的增加也帶來她經濟和心理上的獨立自主時，家務事更需夫妻兩人彼此協調分擔，訂出相互都能接受的家務角色規範。

姻親角色

　　常言道：「戀愛是兩個人的事，結婚是兩個家族的事。」婚姻所牽涉到的不只是結婚兩個當事人而已，婚姻把兩個原本並無關聯的兩個家族連聯結起來，這兩家族的成員彼此因此往來互動，本來的人際關係因此產生變化，其中當然有一些好處，例如，「人多勢眾」、辦事方便等；不過，「人多嘴雜」兩家族成員間互動關係的好壞，往往也會影響到夫妻的感情與婚姻的經營。夫妻兩人如何對待彼此親家？是否與其同住？互相拜訪探視與定期聚會的計畫與安排如何？金錢往來的牽涉瓜葛到何程度？等等，都不是簡單率性就可以處理妥當。尤其，最常面對的婆媳問題，更是結婚以後無論是否選擇三代同堂，都須面對的重大問題。

以婆媳問題爲例，產生婆媳爭執的因素固然很多，然而仍可以歸納出一些主要的原因。學者簡春安指出婆媳問題的原因包括五點，茲摘述於下：

1. 角色間的適應不良：男人的立場很尷尬，他必須是個愛太太而且有男人氣概的「先生」，同時也應該是同往昔般既聽話又孝順的「兒子」。婆婆呢？她可能喪失了家中權威女性的地位，而眼睜睜的看著自己的兒子受到一個「外來女子」的左右。婆媳問題之所以複雜乃根源於這種角色的衝突中，很難同時擺平這三方面的壓力。

2. 愛的競爭與壓力：從愛的本質來分析，一個男人對母親的孝順行爲與對太太的愛，兩種愛的性質是不同的。問題是太太與母親卻不容易看清這個事實。對她們而言，這種衝突並不是愛的本質的類別差異，而是「愛的對象」被掠奪的失落感。

3. 傳統的婆媳觀念不願略加修改：或許婆婆以前當媳婦時吃過苦，也挨得起苦，現在自己當婆婆，偶爾略對媳婦施加壓力，本身也視之爲理所當然，這是一種「隔代報復」（當時不敢對婆婆報復，現在則對媳婦要求嚴苛）的心理現象。

4. 先生、太太與婆婆之間的溝通不良：婆媳糾紛不一定是「大事」所引起的，一些小事若溝通不良，也可能引爆大衝突。而家中的事情就是有太多小事不便講，因爲不便講，不能講，卻弄得家中雞犬不寧。

5. 男人處置不當：在兩個所愛的女人當中，男人既要「擺平」又要「安撫」，的確不是一件容易的事，若認爲凡事只能有

一個人對，不是媽媽對就是太太對，所以在處理太太與母親之間的衝突時，常常因為這種沒有彈性的解釋與處置，使得事情日趨惡化（簡春安，1996）。

因此，究竟如何妥善面對婚後的婆媳關係以及稱職的扮演彼此的姻親角色？委實需要認真思考與學習。一般而言，在婚前小倆口便須就結婚以後是否與對方父母同住，或是搬出去自行築窩，先取得共識和協議。如果要同住，三方面相互的熟悉適應與相處的主要原則要如何進行與建立？萬一，彼此相處不佳時要以何種態度和方式來處理？如果獨立居住，要如何抽空利用時間去探望雙方父母表達孝心，又不至於喪失小倆口相處的時間和空間？這些都須費心討論協議和彼此體諒。除了婆媳之外，與其他姻親們的來往原則，也要列入考慮和討論。

經濟角色

結婚後兩人是否繼續就業組成雙薪家庭，或是有一方配合生育及照顧子女，辭去工作專心照料家庭？若是有一方因為結婚或生育問題而在事業上遭受中斷的損失和困擾，另一方如何看待和補償？還有，夫妻雙方各自應該負擔多少家庭生活費用，也和彼此的經濟角色相關。再者，夫妻兩人若是在收入所得方面相差甚大，兩人會用何種眼光及心態來面對？尤其如果是先生收入倍遜於妻子時，兩人能否彼此坦然面對對方及周遭親朋閒話？

林松齡（2000）指出：個人經濟資源無論是經濟資源的匱乏或豐盈，無論是客觀存在的事實或是主觀評價的認定，都可能直接影響到個人或是配偶的社會心理，因而影響到夫妻相互的敬重，降低相互忍讓的程度，夫婦生活上各種社會價值的認同度亦

將降低。因為配偶經濟資源的壓力常使的另一配偶感到情緒苦悶。經濟資源的壓力與社會心理的不健康將直接影響到個人的社會整合。其中尤以經濟穩定性對婚姻品質的影響最大，他的結論指出丈夫最近三年內曾改換工作的群組比丈夫最近三年內未曾改換工作的群組，其妻子有較多的心理焦慮、挫折及不安全感，夫婦具較少共識，彼此吵架較多，與親屬來往較多，卻較少有親近的朋友。丈夫曾改換工作的群組，其妻子對婚姻品質的評價也較低。

　　例如，一位署名忘塵的男子便曾在報章上，陳述中年男人的感慨與無奈：「投入職場已有十年，來來去去也換了五、六個老闆，但總尋不著可以安身立命的地方。以前是我在挑公司，現在是人家在挑我，想冒險卻有一大堆顧慮，因此我是家中經濟的主要來源。隨著兒女相繼的來到，更感養家糊口的大不易；想兼差，卻面臨無一技之長的悲哀。面對兒女尚小、父母漸老、體力日衰、雄心不復的窘境，一顆心時時陷入家庭與事業間相互拉拒的矛盾中。為了滿足父母的期望，符合妻子的想望，避免兒女失望，我只好克制自己的慾望。我要求自己吃苦耐勞、要能做到7-ELEVEN的服務。」

　　當然，妻子的經濟角色亦已不同於傳統的規範和期望。近年來，婦女勞動參與率不斷的提高，愈來愈多的婦女在婚後甚至孩子出生以後仍舊投入就業市場，以增加家庭的經濟收入，然而在就業市場裡仍屬於「次級勞動力」，在起薪和升遷方面仍受到不完全公平的待遇，遇到經濟不景氣時，更成為雇主較易考慮解雇的對象。況且，妻子還擔負較多的家務角色，種種皆不利於妻子時間和精力資源的分配和負荷。究竟婚後妻子所擔負的經濟角色為何？如何避免多重角色的過多負荷？都需要與其配偶作一番的溝通討論，以獲致共識（忘塵，2002）。

婚姻觀念的迷思與正思

婚姻觀念的迷思

　　婚姻生活中所面對的種種問題，除了與上述夫妻角色問題，以及外在社會環境、婚姻相關法令政策和整體經濟環境等因素有所關聯外，與當事者雙方的價值體系、認知觀念和行為模式等微觀層面的因素，關係則更為密切。由於個體觀念與認知上的差異，造成兩人對問題所具的意識不同，常常在一方認為微不足道的小事，在另一方看起來卻是不得了的嚴重事情。而湯姆斯（Thomas）說過：「人視情境為真，結果亦真。」於是由於彼此抱持婚姻觀念的不同，常引致不必要的爭執，尤其，當兩人都具有不正確的婚姻觀時，誤會衝突和彼此不滿的機會更為頻繁。

　　一般人對婚姻所抱持的迷思有相當多，學者們指出國人常有的不正確婚姻觀念，包括（黃秀瑄，1981；簡春安，1996；陳姣眉，1996）：

1. 人們結婚是因為彼此相愛：婚姻以愛情為基礎似乎已成為這一代人視為理所當然的信念，然而，很多人其實不一定清楚愛情的要素以及愛情與激情的分野。很多人將「性的需求」、「害怕孤單」等誤以為就是彼此相愛，並因此藉婚姻來滿足上述需求，卻在結婚之後忽略了兩人親密關係的經營，以致婚前婚後的感覺完全走了樣；事實是婚前的結婚動機可能有多樣，而婚後兩人的愛情才更要去經營。

2. 只要有愛，婚姻就不成問題：若有人以為「只要有愛婚姻就不成問題」的話，當他們一旦面臨到彼此不能適應或適

應得很辛苦時，一定會有「是不是我不愛對方」，或是「對方不愛我」的顧慮。其實，健康的態度應該是：「因為有愛，所以兩人更加願意同心協力去克服問題」。愛情是婚姻中最重要的基礎，但是愛情不意味著可以避免問題（很多婚姻問題的產生並不是兩人相愛與否的問題），愛情最大的好處是使兩人更會溝通，更加願意互相配合以便共同去解決他們所面臨到的問題。

3. 婚姻之道人人必經，年紀愈大，懂得愈多：若以為「婚姻之道人人必經」，則忽略了有些人適合談戀愛，卻不適合結婚；而若以為「年紀愈大，懂得愈多」的話，則這些人在婚姻中的成長性一定很低，容易倚老賣老，堅持一些似是而非的概念，為了面子（年紀）問題，不肯讓步。健康的想法應該是：婚姻是不斷學習的過程，是不是懂得多與年紀無關，只是與態度有關。

4. 不吵架才是好夫妻：「不吵架才是好夫妻」也是一種婚姻的神話。性別、年齡、背景、嗜好等都不同，在一起有那麼親密的夫妻關係，而一點也沒有糾紛與衝突，顯然是不可能，也可以說是不正常。夫妻難免會吵架，我們也必須承認夫妻吵架不是好現象。但是健康的夫妻卻在經由吵架時，瞭解到對方的心意，知道自己容易引起對方不快或誤解的事項，也體會到夫妻吵架對雙方關係的破壞力，因此他們會在日後愈加小心翼翼地避免吵架，再吵架後學習如何表達自己而不要激怒對方，學習到如何安撫對方的情緒，尊重對方的立場，長期以往，他們吵架的頻率自然降低。

5. 我不瞭解我的配偶，誰才能瞭解呢？這種人把結婚以後的

夫妻關係看成一種靜態的狀況，以爲兩個一旦互相瞭解過，就會永遠互相瞭解。其實，人與人的關係是不斷演化、不斷進展、不斷變化的動態關係。夫妻之間之所以互相瞭解是因爲兩人有「時時要溝通，處處要體諒」的動機、態度與行爲。

6. 大部分的婚姻問題是因爲兩性的性別差異：有人因爲看到兩性之間因爲生理、認知及社會化歷程緣故而產生的性別差異，便加以誇大，當婚姻出現問題時便以爲性別差異導致彼此的不良溝通，作爲合理化的藉口；事實是兩性是存在一些差異，但過份誇大此種差異則形成刻板印象，欲擁有幸福和諧的婚姻生活，須客觀看待婚姻問題的實質原因，是彼此的角色不清、溝通不佳、還是外在因素？又兩人維持與經營婚姻的意願如何？這些因素有可能大於性別差異的影響。

7. 老夫老妻無話可說是很正常的：很多人有這種想法。傳統社會中，也一直有這種刻板印象，認爲當夫妻相處日久時，所該談的話早該談完，再也沒有什麼好談的，所以理想中的老夫老妻大概就是兩人相對無言，各自做自己的事，那已經是所謂的天作之合了。其實，當夫妻年老時還能感情彌篤，縱使相對無言，也可以說是差強人意。但是如果有人以爲夫妻沒話可說是正常，因此夫妻年紀還不算大，在一起時卻不話，不願意分享，不願意溝通，那這種婚姻在年老時的無話可說，絕對不是「此時無聲勝有聲」的境界，而是一種淒涼與無奈而已。正常的婚姻應當以夫妻溝通爲美，年輕時情話綿綿，年老時仍能你儂我儂，朝夕與共。

8. 貧賤夫妻百事哀，金錢是婚姻幸福的保障：有錢當然好，可能使婚姻生活較爲絢爛，但是幸福婚姻的主要保證是兩個人是否相愛、兩個人是否能彼此溝通分享、是否願意同甘共苦、是否人格與情緒上都逐漸成熟……在這些基礎上，若是兩個人在金錢上也很富裕時，那當然更好，婚姻必然能幸福快樂。萬一天不從人願。夫妻相愛異常，卻因爲時運不佳，金錢上非常吃緊時，那也不見得就一定關係就變壞，此時夫妻若更能同甘共苦，互相支持，共赴患難時，可能經濟上的挫折會使夫妻兩人更加相愛。

9. 愛我，就要盡量陪著我：這種迷思係誤以爲親密關係的表現就是彼此甜蜜依附，整天黏在一起卿卿我我，才是溫馨美滿；事實上，婚姻中的兩人可能忙於事業打拼，可能必須因應處理家庭一般和突發的事件，不易像初戀時那般投入傾注，如果要求對方盡量陪伴自己，會造成彼此心理上的負擔，少了各自的喘息和成長空間。

10. 男人在外偶爾風流，無損小德（那個男人不偷腥）：這是殘害國人婚姻最厲害的觀念。傳統社會中女性自主能力較差，爲了依附男人以求溫飽，所以也就逐漸使男人有三妻四妾的特權，長久以往也就因此使男人在婚姻上有不貞的習慣。事實上夫妻間最大的傷害是對配偶不忠，不貞是愛情生活的最大致命傷。

11. 我的婚姻是「標準」的嗎？（世界上有一種標準的婚姻可讓我們學習）：這種迷思是以爲婚姻有一種好的、標準的模式，事實上每一對配偶互動的方式和細節特點都不可能一樣，美滿的婚姻可能具有一些相似的內外在特徵，但每一椿婚姻關係的內容絕不可能一樣，用一種預定的標準來

期待自己的婚姻不僅不切實際，且易導致衝突。

12. 那是你的錯，你必須負起婚姻大部分的責任：兩人意見不同或是爭執時，一般人習慣將過錯和責任推諉給對方，怪罪對方未能扮好自己期待的另一半的角色，事實上婚姻要靠兩人共同經營，一個巴掌拍不響，經營不好，自己也有一定的責任。

13. 愛，可以改變對方：一般人常以為愛情的力量很大，甚至能令頑石點頭，即使對方有習慣或品行上的缺失，只要給予無盡的愛，不斷的付出，終究可以改變對方；事實是，藉愛來改變對方的想法不僅不切實際，十人不得其一，甚且會產生支配與權控的傾向，忽略彼此皆為獨立個體，應有互相尊重與包容態度。

14. 上床夫妻，下床君子，夫妻之間的性調適是不用學習的：性是人類做的最多，卻學得最少的一件事。夫妻生活、男女關係都與性有關，性影響了人的心理、情緒與行為，夫妻之間的性是調適卻是需要當事者不斷的努力，不斷的搭配，才能漸入佳境的。終究，在男女關係與夫妻關係中性是最需要我們去學習的。

婚姻觀念的正思

除了要祛除上述關於婚姻經營的不當迷思以外，對於經營美滿婚姻應具備的正確觀念，也應有所瞭解。學者專家們指出美滿婚姻的特質，也是經營婚姻所應具備的正確觀念，主要包括（藍采風，1996；簡春安，1996；馮滬祥，2001）：

1. 婚姻至上：如果選擇婚姻，就要抱持「婚姻至上」的觀念。美滿婚姻的配偶將「婚姻」擺在最重要的地位，如果工作比婚姻更重要，則當人們必須在兩者取其一時，會「犧牲」婚姻，「維持」工作。美滿婚姻者的字典中沒有「離婚」這兩個字。因為他們對婚姻的假設是「婚姻是永久性的」，婚姻自死而終，並非因宗教或文化因素，而是婚姻是他們生命中很重要的一環。因此太重要了，所以要想辦法來維持它。

2. 「變」是成長的一部分：我們生活在一個多變的社會中，變遷是不可避免的，變遷也是成長的一部分。美滿婚姻不是固定不變的靜止狀態，而係持續地點點滴滴的累積和改變，配偶必須有「改變及忍受改變的能力」。往往，變遷會帶來不安及不平衡，但美滿的配偶有能力來應變。尤其面對外在社會變遷的衝擊以及婚後本身生理、心理及工作上的變化，更需更多方的應變才能共同成長。

3. 夫妻要有共同的目標、理想及任務：因為完美的婚姻並不是僅指涵蓋兩個人的世界，而是歷經共同成長之後，對於四周人群與社會公益都能共同盡心。現代社會，夫妻兩人雖然各自都有本身的工作，但在工作之餘，如果能有共同的理想性、人文關懷及遠大目標，便能相互勉勵、共同追求，那將是水乳交融的原動力，此時夫妻的融合，更成為道義的生命體，因而婚姻更為穩固。

4. 夫妻之間應該提高溝通品質：美滿婚姻的配偶是你談話的對象，以及互相欣賞、快樂的伴侶。與配偶對話，會引以為快，等不及告訴配偶今天經歷了什麼事。如果夫妻間能經常無話不談，心心相印，就能經營出最融洽的婚姻，即

使兩人意見不同，但若彼此均有溝通的誠意與技巧，那起碼也可以增加瞭解、降低誤解，增加善意、減低敵意。有道是：「沒有不良的婚姻，只有不良的溝通。」，由此可知，婚姻中成為良好「溝通者」的重要性。

5. 夫妻間要自我調整和成長：夫妻雙方，如果溝通不良時該如何？根據經驗與專家心得，最重要的心態，應是「自我學習」，以低姿態來反省，而不是「白我防衛」，高姿態的攻擊。因此，雙方均需學習自我調整，也只有相互的自我學習，才會共同成長。如果相互攻擊，彼此用防衛的心態，就好像兩國對敵一樣，必定形成雙輸、兩敗俱傷。

6. 美滿的婚姻要能自我節制：婚姻的本質是一種神聖的承諾（sacred commitment），你答應結婚的時候，便代表你願意負責任，來實現此承諾。因此，這個承諾必須兩個人共同用心經營，正因為「相愛容易，相處難」，故唯有透過決心自我抑制，並有誠心犧牲部分自我，才能真正經營出美滿的婚姻。

訂婚與結婚相關儀式規範

訂婚

　　訂婚在我國法律上的規定雖然不具太大強制性，不過傳統民間習俗則頗為重視，直到近年來，許多新人在結婚之前仍會先行訂婚，於一定時日後再擇期結婚，訂婚的過程與習俗仍然被多數人所遵循。

訂婚包括下列幾項意義與功能：第一，訂婚代表兩人對愛情的認眞與結婚的打算。訂了婚以後，雙方就確定對方是自己未來結婚的伴侶，兩個人的關係因此變得較爲明確而認眞，不再因爲還在交友探索階段而可以跟多位異性約會，彼此都有約會對象專一化的期待。第二，訂婚是一種公開的宣稱，向周遭的親友與社會不特定大眾宣布兩人的情感成熟狀態，並排除其他人的可能追求與介入。第三，訂婚期間提供雙方名正言順地到對方家裡經常走動的正式機會，可以與對方的父母和家人接觸，互相熟悉個性，有利婚後與姻親之間的相處。第四，訂婚期間可以討論籌備即將到來的婚禮，由於小倆口及雙方家長對於婚禮的舉行方式、地點、邀請賓客多寡等等問題，可能會有不同看法與態度，在訂婚期間可以有較從容時間來彼此討論婚禮大小事宜，不會過於倉促決定而傷害兩人及雙方家長的感情；萬一這方面的意見如同水火一般無法相容，也可藉機冷靜，重新考慮兩人長久相處的可能性，決定是否要邁入禮堂。

　　關於訂婚的儀式，各地區習俗與各個家庭的選擇不完全一致。以漢人爲例，蔡文輝（1998）指出，像是訂婚前男方應準備聘金，通常應準備雙數，用紅包包妥。聘金亦分「大聘」及「小聘」，「大聘」用以彰顯男方的「大聘」退回。至於聘金的數目多少則視個人經濟能力，除了聘金以外，男方還準備「六件禮」：大喜餅、盒仔餅、米香餅、米龜福圓及糖、禮香與炮及禮燭。訂婚的程序可分儀式前、儀式中、儀式後三段。儀式前：男方先祭祖，並與年長親友共乘禮車，到達女方家時，需燃放鞭炮，洗臉後進門，然後將聘禮交與新娘父兄，進門後，媒人介紹雙方家長。儀式中：程序大約是受聘、奉甜茶、壓茶甌、距圓凳、掛戒指、給紅包、改換稱謂，燃炮。儀式後：女方設宴款待賓客答

謝，男方回家後再祭祖，並將女方贈與禮餅分送給親友。

　　至於在法律上的規範，則民法上對於訂婚之年齡規定，爲男未滿十七歲，女未滿十五歲者，不得訂定婚約（民法第九百七十三條）；而未成年人訂定婚約，應獲得法定代理人的同意（民法第九百七十四條）。此外，婚約不得請求強迫履行（民法第九百七十五條），若是訂婚之後因爲某些緣故不欲與對方邁入禮堂，亦可解除婚約，婚約當事人之一方具有下列情形之一者，他方得解除婚約：

　　1.婚約訂定後，再與他人訂定婚約，或結婚者。
　　2.故違結婚期約者。
　　3.生死不明已滿一年者。
　　4.有重大不治之病者。
　　5.有花柳病或其他惡疾者。
　　6.婚約訂定後成爲殘廢者。
　　7.婚約訂定後與人通姦者。
　　8.婚約訂定後受徒刑之宣告者。
　　9.有其他重大事由者（民法第九百七十六條）。

　　此外，對於婚約之解除，民法尚有得請求賠償之規定。第九百七十七條爲：依前條之規定，婚約解除時，無過失之一方，得向有過失之他方，請求賠償其因此所受之損害。前項情形，雖非財產上之損害，受害人亦得請求賠償相當之金額。

結婚

　　結婚是終身大事，習俗上結婚相關的儀式規範就更爲細瑣繁

雜了。像是結婚的日子的選擇，無論是否爲虔信的佛道教或民間信仰教徒，一般人總會在選擇結婚日期時挑個黃道吉日，至少避開「是日大凶，諸事不宜」的日期；基督教徒這方面禁忌雖少，但也會多數選擇避開「黑色星期五」；當然，主張完全科學理性的人，則可能毫不忌諱。還有，選擇結婚的方式，國內一般最常見的是在飯店結婚，因爲氣氛熱鬧，又容易準備，可以由飯店包辦大部分的事宜；其次爲傳統的自宅庭院結婚，這種型態的好處是可以配合祭拜祖先以及招呼鄰居親朋好友，但所需場地較大以及宴席上的食物不易保鮮；再次是法院公證結婚和教堂結婚，法院公證的好處是簡單不花費又不失愼重，但少了許多親朋當面的祝福和熱鬧，教堂結婚的氣氛既隆重又溫馨，但一般只有信徒才會選擇這種方式；另外尚有近年來不少人所喜愛的集團結婚，雖然排場甚大，又通常可獲得一些電器、廚具等的贈送，但是主角衆多，雖然人山人海且冠蓋雲集（尤其在選舉前），卻似乎少了被全場來賓注意和鎂光燈集中拍攝的聚焦感。最少數的選擇是新潮式婚禮，這種結婚方式多係爲了紀念兩人相遇戀愛的機緣，像是潛水結婚、跳傘結婚、騎馬結婚……等等，種類之多不勝枚舉。

另外像是喜帖的印製問題，有人喜歡傳統型由雙方父母署名邀請，有人則選擇洋式卡片由小倆口署名邀請。還有結婚費用、婚紗照的選擇、結婚禮服的租買、禮金事宜的考慮、蜜月旅行方式與地點……等，都要費心討論與準備，難怪有些準備結婚的新人，婚前不知爲此爭執過多少次，甚至有人因此而分手；例如，著名的日本成田機場，是許多對新人蜜月旅行回來後分手的地方。有關結婚的種種細節，有興趣者可以上網到各相關網站查詢。

至於結婚相關的法律規定不少，在結婚年齡方面，男未滿十

八歲，女未滿十六歲者，不得結婚。未成年人結婚，應得法定代理人之同意（民法第九百八十條、九百八十一條）。此外，有關一般結婚成立之要件，民法第九百八十二條規定，結婚成立之要件，為公開儀式及二人以上之證人，經依戶籍法為結婚之登記者，推定其已結婚（民法第九百八十二條）。

另有關近親結婚之禁止方面，與下列親屬不得結婚：（1）直系血親及直系姻親；（2）旁系血親在六親等以內者。但因收養而成立之四親等及六親等旁系血親，輩分相同者不在此限；（3）旁系姻親在五親等以內，輩分不相同者（第九百八十三條）。據報載，2002年有對結婚十餘載，並育有兩兒女的夫妻，原係旁系血親六親等內的表兄妹，後其夫發生外遇為其妻所查獲，向法院提出妨害家庭之訴，其夫卻反以這樁婚姻自始無效為由抗辯且獲得勝訴。此外，有配偶者不得重婚。一人不得同時與二人以上結婚（第九百八十五條）。

問題與討論

●●●

1. 你覺得「婚姻是愛情的墳墓嗎」？爲什麼？
2. 爲何需要婚姻契約？內容至少應包括哪些方面？
3. 夫妻間的性角色應注意哪些要點？
4. 目前國內外家庭的家務勞動分擔情形如何？究竟夫妻應如何協調家務角色？
5. 你見過婆媳問題嗎？婆媳問題的主要原因是何？
6. 你主張婚後維持雙薪家庭，還是其中一人專心處理家務照料孩子？爲什麼？
7. 有害婚姻的迷思包括哪些？試加以討論。
8. 正確的婚姻觀念有哪些？試加以討論。
9. 訂婚的意義功能與儀式如何？
10. 結婚的方式有哪些？
11. 結婚相關的法律規範內容如何？

第十章　夫妻權力與溝通

羅馬不是一天造成的。
～西洋諺語

大　綱

權力的定義與分配

* 權力定義及其與家庭決策之關聯
* 解釋夫妻權力分配的理論
* 夫妻權力的運作

夫妻的溝通

* 溝通的意義與重要性
* 一般的有效溝通原則
* 夫妻間常見溝通問題處理

夫妻衝突與處理

* 夫妻衝突
* 夫妻衝突的處理

婚姻諮商

* 婚姻諮商定義與功能
* 婚姻諮商的方法

權力的定義與分配

權力定義及其與家庭決策之關聯

權力（power）是指一種動員人力、物力的能力，也是使用個人的角色和特質來影響別人、驅使別人按個人意志做事的力量。近代大思想家傅柯M. Foucault在他的很多文章中，都會提到權力的概念。不過，他的問題不在談「權力是什麼，由什麼地方產生？」傅柯對權力的第一個問題是「權力是如何被運作？」，第二個問題是「權力運作的效果是什麼？」。傅柯對權力的概念既不是把它當作一種制度，也不是把它當作一種結構，而是把它當作一種「複雜的策略性情境」，一種「力量關係的多樣性」（蔡采秀譯，2000）。上述這些對於權力的定義，有助於我們對於家庭內權力的分配以及權力如何被運作，提供一項基礎來進行瞭解。

家庭是社會上很重要的基本團體，既是團體，就會有權力的問題。團體內成員的個人人格特性、才能、擁有的資源，以及成員彼此之間的互動型態如何，都會產生權力的問題。許多夫妻之間的衝突爭執，也許是因為不同的意見無法獲取共識，而彼此都各不相讓的緣故，也就是究竟由「誰來做決定」的問題。國內學者對於夫妻權力的研究，呂玉暇曾將家庭中夫妻權力的類型分為四類：即丈夫支配型、妻子支配型、共同決策型、與自立決策型。伊慶春則從廣義觀點來探討家庭權力，他認為家庭權力宜包括家務分工與家庭決策（引自林松齡，2000）。其實，夫妻間在做家庭決策時，不論是關於財務經濟方面的，家庭事務處理方面的，或是子女教育……等方面，都會產生由誰來作最後決定，或是誰做決定比較多的問題；因此，家庭中夫妻的權力可以由「誰

做決策」來量度。而夫妻權力的分配是否平均,權力又是如何運用,在婚後的一般日常生活裡,尤其是在重大事件發生時,便都可以明顯看到權力的斧鑿痕跡;而談到權力大小,就會牽涉到衝突論學者所謂正支配(positive dominance)與負支配(negative dominance),或是「宰制」與「被宰制」的問題。

在家務分工方面,Hardesty與Bokemeier(1989)在〈家務分工〉一文中提到:馬克斯主義及女性主義的家庭分工理論(Marxist-Feminst Theory)。他們認為婦女參與薪資勞動市場,職業依性別隔離使得男性在勞動力市場優於女性。男女兩性與職業結構的關係一直使得女性處於卑下的、無酬的,以及低薪的工作,這種職業隔離方式也使得女性更需依賴男性。此一支配(統治)與依賴的關係,促使社會產生一種婚後妻子權力減弱的文化規範,而導致她允許受家務勞力的剝削,同時將家務勞力的不平等分配合理化、正常化(引自林松齡,2000),在臺灣,家務事70%左右都由妻子擔綱,是吾人於前面章節中已曾述及者。

而在財務方面,各國由於社會文化不同,由誰主導財務控制並不一定。例如,在英國Carolyn Vogler and Jan(1999)的研究指出,英國的夫妻決策存有不平等的狀況,在財務控制的決策方面,整體上有70%的樣本回答係兩人聯合共同決策,有23%的樣本回答係由先生做最後的決策,只有7%的樣本由太太做決定。而在臺灣,根據南山人壽保險公司完成的一份針對談判地區七百多位年滿二十歲女性的民調顯示,這些成年女性當中,有37%是由自己掌握經濟大權,二成六交給老公管理,一成七由父母協助,還有二成一是讓孩子們管錢。南山人壽抵押放款部副經理羅執義指出,調查顯示,未婚女性當中,只有一成八會自己理財,六成八則是由父母代管。可是已婚的女性中,卻有三成九是家中

的財政部長，三成二由老公主導。有趣的是，女人年紀愈大，管錢的興趣愈高（李大維，2002）！無論是由丈夫、由妻子或是共同決策，婚姻中的權力分配不平均的情形，確實存在。

解釋夫妻權力分配的理論

夫妻間權力分配不平均的解釋理論，主要有兩種，一種是「資源假設」（resource hypothesis），另外一種是「相對的愛與需要理論」（relative love and need theory）。其中「資源假設」係國外學者Blood & Wolfe於1960年所提出的，他們探討夫妻的權力哪一位較大，而權力的來源是什麼，他們在研究中設計一些問題來詢問研究對象，像是應該買什麼樣的車子、渡假去何處、妻應否外出就業……等等，究竟是由誰來做主決定，以瞭解誰的相對權力比較大。他們所獲得的論點是，夫妻中誰擁有較多資源的，就是有較大權力的一方，而所擁有的資源包括教育程度、職業訓練、收入多寡以及經驗等，能提供較多資源給家庭者，其權力較大（Blood & Wolfe，1960）。

至於「相對的愛與需要理論」則由心理層面出發。認為夫妻中愛對方較深以及較需要這個婚姻的一方，其權力較低。而無所謂這婚姻者就會有較高的權力，因為這婚姻的好壞，對他（她）沒什麼大不了；愛得深的人和需要這婚姻者，因為怕配偶變心和跑掉，事事順從，自然而然就會失去權力。這種情形可以說是「低興致原則」（the principle of least interest），即夫妻間對婚姻關係的興致較低的一方常剝削對方，他（她）較願意解除婚約，或拒絕尋求主動的補救辦法。這理論並不在於討論誰有權力與否，而是在於分析夫妻兩人對維持這婚姻關係的意願程度：如果一個丈夫對妻子的需求和評價高於妻子對他本人的需求和評價，

則他就會設法討好她，順從她（蔡文輝，1998）。

除了上述兩種理論外，探討「夫妻價值共識」做為夫妻社會地位與夫妻權力分配的中介變項，則是對「資源假設」的一種補充性解釋角度。亦即夫妻社會經濟地位的高低，所產生對於夫妻價值共識的影響，也可能造成對夫妻的權力分配有某種平權化的效果，並進而影響到婚姻衝突。林松齡（2000）曾探討婚姻權力的結構關係，將夫妻社會地位變項對夫婦價值共識及妻子權力之影響，以及因此與婚姻衝突的關係，做成問卷調查並加以統計。他指出，理論上而言，社會經濟地位愈高的家庭，社會參與愈多，社會活動較少以家族或家庭為中心，個人的思想，觀念與價值來自不同的社會群體。因此，較能形塑個人獨特的觀點，強化個人主義色彩。相對的，社會經濟較低的家庭，通常活動的重心以家族或家庭活動為主，較容易形成價值觀念及信念的共質。因此，夫婦價值共識可能增強。故而社會地位愈高的家庭，夫婦權力分配趨向於平等。正如Rodman（1972）認為丈夫資源與婚姻的權力成反比，而妻子的資源與婚姻權力成正比。Blood和Wolfe（1960）也認為丈夫教育越高越可能分擔家事，而妻子的教育程度越高可能擁有較多的權力。林松齡的研究結果指出，妻子的社會地位對夫婦價值共識及夫婦權力分配模式都有顯著性的影響，妻子的社會地位與夫婦價值共識程度的關係是負向關係，夫婦價值共識對夫婦婚姻衝突也是負向關係（林松齡，2000）。

夫妻權力的運作

婚姻的權力結構就像其他的人際關係一樣，有其極政治化的一面——像誰做決策、誰掌權、誰去執行等。大多時候，我們很少去察覺人際關係中權力的運作，因為我們相信婚姻關係是基於

愛，而愛被認爲是無條件與無私的；另一原因是權力的運作極其微妙，當我們提及「權力」時，便會聯想到「武力」與「壓迫」，其實，婚姻的權力結構是多樣化的。另一個較少察覺「權力」的原因是，權力的運作是斷續性的，配偶在下列兩種情況下才運作權力：第一爲當他們所關切的議題很重要時；第二是議題與配偶想達到的目標產生衝突時（藍采風，1996.）。亦即，夫妻間的權力關係是複雜而有時隱晦的，其運作並非單一方式，也非時時刻刻持續在進行。夫妻間權力的運作，與社會上一般的權力運作一般，如French & Raven（1959）所提的，建立在六種基礎上：第一，暴力（coercive power）；第二，酬賞（reward power）；第三，合法（legitimate power）；第四，專家（expert power）；第五，參考（referent power）；第六，資訊（informational power）。

夫妻的溝通

溝通的意義與重要性

溝通是人際關係的基礎，是一種傳達與交流訊息的行動或動作，人與人之間透過符號、語文或肢體語言的運用，彼此傳遞和解讀訊息，以尋求共同的瞭解，並促成情感的交流和問題的解決，故有助於人際關係的建立與維持。因此，人際往來之間，溝通是十分重要的一件事情。

所謂溝通，包括五項重要元素運作其中，而且各有其影響溝通成敗的效應，這五項元素是：（1）發訊者：發訊者的態度是否正確，對自己要傳送的訊息是否清楚，是否有耐心等候回饋以確

定溝通的順利完成，而不致造成誤解；（2）訊息：訊息可能是語文形成的，如話語、文字、圖畫等，但各種語文訊息亦可能擁有外延內容（即表面意義），和內涵內容（即隱含在內的意思或情緒），也就是所謂的「意在言外」，或「話中有話」。如果訊息本身的內涵內容太多，就是訊息隱晦或過於複雜，將使人不易解讀，徒增困擾。訊息也可能是非語文的，譬如溝通者的肢體動作、音調、表情，甚或彼此間保持的空間距離等，都會增加或減弱甚至轉變語文訊息的內容；（3）頻道（環境）：就是指訊息通過的環境，亦會干擾到溝通的順暢。在一般的溝通中，環境是否吵雜，使用的工具是否有效，都是所謂溝通頻道需考慮的因素；此外，另有心理頻道因素，亦即溝通者雙方的地位是否平等，是否沒有威脅、恐懼或不耐等心理障礙存在，也會造成溝通的干擾；（4）收訊者：收訊只是溝通過程的另一個參與者，因此其任務不只是純粹收訊而已，還包括了要向收訊者送達回饋，一方面使發訊者瞭解訊息已到達，一方面也可證實所收訊息的正確性。在收訊的時候，會造成溝通干擾的，是收訊者本身的「收訊過濾網」，尤其個人喜惡、偏好、聆聽能力、過往經驗等編織而成；所以個人會因自己的刻板印象，先入為主的觀念，本身意願甚或聽力問題，而只接收到自己喜歡的，預測中的訊息，卻往往沒收到更重要的或更完整的正確訊息；（5）回饋：由收訊者回應發訊者的回饋，亦是一種訊息。回饋的內容可能比較簡單，但因同時具有求證功能，所以也可能會較豐富，有回饋的管道和訊息傳送達成，才能算是一完整的溝通（馮燕，1996）。

有關溝通品質良窳的重要性，吳就君以為，加強溝通的品質可以促進彼此瞭解，改善關係，並提升關係。生活中你若常弄不清對方說些什麼？為什麼他會有這種反應？你對別人的影響是什

麼？我們說話時是否帶著期待？我們是怎麼覺察自己？這些都是溝通有關的因素。溝通和現代婚姻有非常密切的關係，研究發現婚姻滿足度常決定於溝通品質（Gottman, 1979; Hendrick, 1993）。高滿足感的夫婦，他們的溝通與低滿足感的夫婦在溝通面上有下列幾個比較：

1. 配偶之間接受彼此有衝突，也默許彼此會有不一樣的時候，試著用非破壞性的方法處理。
2. 滿足感高的夫婦衝突比較少，花在衝突的時間也比較少。
3. 不管夫婦婚姻滿足感高或低，發生衝突的話題卻很相似。
4. 滿足感高的夫婦表達較多正面的話，較少負面的話。
5. 滿足感高的夫婦或多或少有情感性的表達，例如：溫柔、關愛的口語、非口語或身體的接觸。
6. 夫婦會花時間討論個人性的話題，並表達自己的感受。
7. 滿足感高的夫婦一天平均有七個小時在一起，滿足度低的夫婦一天平均五小時（Kircher, 1989）。
8. 能夠表達自己的意思和需要，也能夠瞭解對方的意思，包括口語的解碼，彼此較能準確瞭解對方（引自吳就君，1999）。

一般的有效溝通原則

如前所述，良好的人際溝通可建立和維持與他人的良好關係，不良的溝通則可能導致人際間不和諧，而婚姻的滿足感全繫於溝通品質的良窳，如此一來，如何確保良好的溝通品質，掌握有效的溝通原則和技巧，便因此十分重要，茲以為下列是一些基

本的有效溝通技巧：

1. 傾聽：良好的傾聽是最基本的溝通技巧，在對方說話時，若能顯示傾聽的態度和姿勢，可以讓對方感覺受到尊重，並因此願意多所表達且對你信賴有加，促成良好的溝通。否則，傾聽不良容易使對方感到不被尊重，並認爲你很自私或自我中心，不懂得關心別人。

2. 注意非語言溝通：非語言的溝通，像是點頭、微笑、輕拍、手勢、聲調及距離……等，有時其重要性尚且超過語言內容本身。因此，學習使用正向的肢體語言和副語言，有助於縮短彼此間的心理距離，形成良好的溝通。

3. 慢一點下評斷：溝通時要等掌握較充分資訊時再下結論，太快的評斷易中斷彼此的談話，並且可能因此而破壞彼此的情緒，導致不必要的彼此對立和人際的緊張。

4. 適當自我表露：溝通不是單向的，所有溝通者皆需適當自我表露，一方面可以藉以增加彼此話題，增進親密感，並由此獲得自我體察以及愉悅感。不過，自我表露的程度需視溝通者間的關係如何，愈爲熟識之人，像夫妻、親人等，便可愈爲開放；還有，所談話題，愈非私密或敏感者，也愈可開放。

5. 聆聽自己內在聲音：雖然溝通時應注意對方的話語和反應，也須注意基本禮貌和表達的技巧，但這不代表你須壓抑自己的反應，忽略自己真正的感受。溝通時也要能聆聽自己內在聲音，才能真誠與人溝通，而不是永遠戴著面具，隨時「見人說人話，見鬼說鬼話」。

6. 注意溝通時機與場合：此即前述溝通頻道問題，在溝通的

時機和環境上，都須適當斟酌，像是對方疲倦傷心時或肚子正餓，溝通的效果自然不佳；而如果周遭環境正在施工又吵又亂，任何人都會急著想離開，此種場合也是不適合溝通的。

上述所列僅爲其中較爲主要部分，有效的溝通尚包括許多技巧和原則，例如，使用開放性話語、摒棄自負心態、選擇話題、運用幽默、給予讚美……等，都是一般人際間溝通時常用的有效方式。

夫妻間常見溝通問題處理

而一般夫妻之間的溝通，由於不一定能掌握溝通技巧，加以「入芝蘭之室，久不聞其香。」，距離太近和彼此過分熟悉，容易未經思索，在談話時粗心輕率而忽略對方感受，致溝通不佳。夫妻間常見的溝通問題，國內學者簡春安（1996）指出包括：（1）語言乏味；（2）主題不妥；（3）敘述不明；（4）批評成性；（5）頻道不準；（6）觀察能力不足；（7）傾聽不良；（8）表情不佳；（9）反應過度。

針對上述這些問題，夫妻兩人可以檢視彼此的溝通缺點所在並加以調整，同時運用前述一般有效溝通技巧，以提高溝通的興趣和品質。並且，增加兩人「談心」的頻率，讓兩人既是夫妻，同時也是知心的朋友，印證俗話說的「少年夫妻老來伴」，在彼此溫馨交心的溝通中，感受彼此的情愛與關懷，以及肯定生活的美好與幸福。

除此而外，有一個縮寫的英文 "SOLER"，頗能傳神的形容人際溝通時，讓對方覺得受到尊重的方法，值得夫妻在溝通前及

溝通中多作練習。Egan提出"SOLER"來說明專注行爲（鐘任琴，2000；黃惠惠，1999；Egan，1986）：

S（squarely）：面對對方

面向對方，讓他感受自己是最受重視的，表示出正全神貫注在對方身上，一心一意以他爲主。面向對方並不是要正面對、或是探直線型的面對，這樣反而會讓對方感到有壓力；一般而言，我們可以有些角度的面對，大約45度角左右，如此既能面對，又不會令人感到壓迫。

O（open）：開放的姿態與態度

開放與封閉是絕然不同的，封閉的姿態最明顯的是，把兩隻手臂相交擺在胸前，雙腳交叉靠近身體，這種姿態會讓對方感受到對他排斥或防衛，傳達給對方，我不願投入，或是「隔岸觀火，不干我事」，的感覺。相反的，開放的姿態是把肩膀很自然的放下來，兩手自然的擺放或輕微交叉，這種姿態表示隨時願意接受對方的意思。

L（leaning）：身體適度略往前傾

在談話過程中，如果身體向後縮，就好像在告訴對方，你對他的談話或行爲不感興趣。懂得溝通的人是會專注於對方的，他會隨著說話的內容、聲調、表情、動作等，以自然的方式向前傾或向後退，如此將會使對方感受到你的投入與興趣。

E（eye contact）：眼光適度的注視對方

在談話過程中，眼睛沒有注視對方，會被懷疑是否自己不受歡迎？試想當一個人雖然耳朵是很注意在聽對方說話，但是他的

眼睛卻看著桌面，或是望著窗外，這樣很容易讓人認為他沒誠意，他並不想聽。因此眼神注視對方的動作，在人際交往過程中是相當重要。當然眼神注視時，也不能死盯著對方看，這樣很容易會被誤會是帶有敵意，或是圖謀不軌；正確的注視對方是柔和的看著對方的臉，但不是一直看，而是眼光可以偶爾離開，隨著對方的手勢移動，然後再回到臉上。如果在談話時，你的眼神常常看別處，會讓對方認為你不投入。

R（relaxing）：保持身體輕鬆自然

放鬆自己是一種自信的表現，如此能放鬆自己也才能幫助對方放鬆自然，才能自由自在的交談。想想看，如果對方說話時，而你卻擺出一副緊張焦急的樣子，如此會讓對方也不舒服，甚至會認為你不耐或不喜歡他。但是輕鬆並不是隨便，如果整個人靠躺在椅子上，那也會讓對方以為你尚未準備好與他談話，或你只是想休息，對他的談話沒興趣。身體輕鬆自然是指放鬆但卻靈活的姿態，讓對方感到自己不討人厭，對方願意與自己相處，自己讓對方心情輕鬆，如此很容易維持良好關係。

夫妻衝突與處理

夫妻衝突

夫妻間的溝通協調做得愈好，婚姻裡的衝突就愈少。不過，一個人的舌頭都可能被自己的牙齒咬到，夫妻長久時間的近距離相處，要面對解決的生活問題又多，要扮演的角色承擔負荷也重，加上前面提及的做決策時的種種權力衝突，要一對夫妻之間

完全沒有爭吵，幾乎是不可能的事情。重要的是，當發生了爭執衝突時，兩人能夠認識瞭解衝突的原因，與處理的正確做法，並學習到如何能最和諧地解決衝突，且將吵架衝突的頻率儘量降至最低，那麼，吵架衝突也有其正面建設性的角度；否則，如果一味採取駝鳥式作法，迴避衝突，壓抑自己的感覺來迎合對方，並不是根本之計，久而久之，不但問題仍然存在，蓄積的衝突能量累積愈多，不隨時間而沖淡，反而造成更大的衝突和挫折。

　　家庭裡頭的每一件事情，不論大小，都可能造成夫妻間的爭執衝突，例如，購買家具、管教小孩、到何處旅遊、在家用餐或外燴……等等，都會產生意見上的不同，如果夫妻彼此的價值觀迥異，而又不知如何溝通，缺乏溝通的技巧，那麼，為了極為微不足道的事而爭吵，都是不足為奇的事情。

　　夫妻間的衝突不論大小，也不論是那一種狀況，衝突的來源大體可歸為下列三類（藍采風，1996）：

1. 因情境而引起的衝突：這是最常見的衝突，也是與日常生活有關的衝突。例如，丈夫想出去吃晚飯；妻子則寧可安靜地留在家中用餐；丈夫認為上大學的兒子可以交女朋友，妻子則認為不恰當。情境衝突往往是偶發的、未經計畫的。此類如：丈夫對妻子說：「妳要去廚房嗎？請順便幫我倒一杯茶。」妻子回答：「你自己沒有腳嗎？」或是丈夫在洗澡，妻子叫他他也聽不見，而誤會丈夫不理人等等。這種平常的對話，卻可能造成誤解，而產生嚴重的衝突。

2. 人格衝突：人往往對於關係親密者反而會比較不客氣或雞蛋裡挑骨頭。有時，當兩個極不相稱的人結婚後，即很容

易造成視對方「不順眼」的情形出現。不過，在家庭中人格衝突多與生活習慣有關，例如，擠牙膏的方式、吃飯的規矩、起居的習慣、報紙、鞋子的放置等等，這些細節很少會於戀愛期間察覺，而且在新婚初期，夫妻間似乎也不太在意。可是曾幾何時當一方開始不時重複的告訴對方應將牙膏蓋子蓋好、報紙看完須放回原處等等細微末節，且逐漸成了嘮叨，而仍不能改變一個人的積習時，便開始覺得對方的行為或脾氣令人「是可忍，孰不可忍」。

3. 權力結構的衝突：婚姻的權力結構就像其他人際關係一樣，有其極政治化的一面——向誰做決策，誰掌權，誰去執行等。婚姻中之主要衝突集中於「權力的控制」——及誰在何種情況下做某事。時至今日，研究者仍然認為權力的分配是婚姻中需要合理解決之主要問題。但是，當代婚姻所要強調的是決策權力，也就是說誰決定去何處度假，買何種車子，而不是決定誰控制誰。配偶之權力來自於他們個人及在婚姻中所擁有之資源而定。如果有一方覺得他們之決策關係不適當，他們就得協議決策的再分配，但是如果配偶雙方之資源不均，愈具資源者其權力越大，不論何種權力結構，在決策上一定會有某種程度的衝突，配偶雙方來自不同之文化背景，自然會有不同之角色期待。

夫妻衝突的處理

不論衝突的來源是何，也無論衝突原因是單一或是多元，夫妻都須學習如何處理衝突爭執，讓衝突不致惡化，並藉以瞭解彼此的期望需求以及達到雙方的諒解和妥協。將夫妻間的問題和衝

突「大事化小，小事化無」，而不要因為不懂得如何建設性地衝突吵架，反而變成「冤冤相報，不是冤家不聚頭」，鬧至離婚或暴力收場。

那麼，處理夫妻間衝突的方法有哪些？以下是一些學者專家的建議（蔡文輝，1998；簡春安，1996；藍采風，1996）：

1. 瞭解夫妻吵架是「正常」現象：夫妻兩人，不僅性別不同，性格、觀念、習慣等亦有差異，談戀愛時，彼此還有機會掩飾，所謂「距離產生美感」；結了婚以後，朝夕相處，互動頻繁，大大小小的衝突是無法避免的。面對這些衝突，若是大驚小怪，以為兩人不適合在一起，這是一種錯誤。反之，以為夫妻應該永遠和睦相處，再大的不滿與衝突有不應該發作，極度容忍，百般委屈，以維持一個表面的和平狀態，這也不是正常的現象。事實上，夫妻應該以積極的態度，來看待吵架。彼此之間的誤解，應藉著好的吵架（溝通）來化解。

2. 認識問題的癥結：「我們到底是在吵什麼呢？」夫妻通常會問此問題，為的是要澄清衝突的癥結所在。有時焦點很容易即被洞察，有時卻僅知近因而不知遠因，婚姻中濃烈情感的結合常使當事人無法或不可能客觀地審視個人及他們之間的關係。一個能用來客觀瞭解及找出問題癥結的方法是「神入傾聽」（empathic listening）。這種傾聽的方法是人際溝通中的要素，它包括回憶或再陳述對方所說的，要求愈精確愈好。這種方法有兩個作用：（1）證明我們真正一句不漏的在傾聽，在瞭解對方。（2）顯示出傾聽的一方是否瞭解對方想要陳述的事。簡而言之，就是給對方所

需的回饋。

3. 吵架是「角度」問題，而不是「是非」問題：夫妻吵架的主要原因是以為事情一定只有一個答案。吵架者的心態是「這件事一定是我對，我的配偶一定錯了，我要講贏他，好讓他承認錯誤。」問題是當兩個人都這樣想時，吵架就層出不窮了。事實上，家庭糾紛或是夫妻之間的爭執經常都沒有標準答案，爭執的產生經常是角度問題。所以「會」吵的人，在吵架的時候會試著體會對方的意思，也會試圖去找出與對方之間的差異在那裡。「不會」吵的人，在爭執的過程中，卻極力要駁倒對方，以便證明自然的「絕對無誤」，結果反而弄得兩敗俱傷。

4. 夫妻吵架最好多「講情」，少「講理」：一般吵架的特徵是爭理，所以拚命的要抓對方的語病，找出對方邏輯的缺陷，集中火力而攻之，以便讓對方沒有招架的餘地。問題是爭理的過程中往往會「傷情」，贏了理性往往使對方更對你沒有感情而已。夫妻之間的爭執用「交情」來處理，遠比用分析、辯論的吵架要有建設性。換言之，夫妻吵架時不要太介意能否吵贏架，而應注意是否會使對方情緒受傷，好歹總要把感情維繫住。

5. 妥協與雙贏：「妥協」是指用某些東西去換等值的東西回來。妥協的第一步是找到解決問題的可能性及選擇（option and choice）。就像吃自助餐一樣，首先將所有的款式都列出來，然後對每種處置方法的可能性均須詳加探討其對雙方可能造成的影響。此目的在於尋找其他可能的替代方法（alternative）或選擇。而協調的目的並不在於贏，因為夫妻任何一方想贏，就一定有另一方要輸。而且

一有輸贏的觀念，人們就會運用不正常或不必要的手段來爭勝，越鬧越翻，沒好結果，最好能夠雙贏，能協調出雙方皆或多或少有利的結果，不論是實質上的或是心理感情上的雙贏都很好。

6. 坦白直接：不要高估對方猜測的能力，衝突既是事出有因，便應坦白直接地將自己看法和期待全盤托出，讓對方明白自己對這件事的感覺；有人喜歡迂迴繞圈子，總認為相處這麼久，對方應該知道自己的心意，結果不然，反弄得雙方都沒來由的得不到回饋與生起氣來。此外，述說自己的感覺時也應就事論事委婉道來，切忌添油加醋或破口大罵。

7. 勿作人身攻擊：夫妻衝突時，宜就事論事，針對問題癥結與內心感受，向對方作陳述表達，切勿夾雜對另一方的人身攻擊，例如，太太可以對先生說：「你都沒有幫忙家事，我一個人做很累。」，但是切勿對先生說：「嫁給你這個懶鬼，我真是倒了八輩子霉。」，否則不但達不到問題的解決，反而引起對方的防衛與憤怒。吵架時也不宜攻擊批評對方的親友，那是無法改變的身分的歸屬，對其作人身攻擊，只是傷害夫妻感情，毫無裨益。

8. 注意稱謂的應用：夫妻平時溝通，宜多讚美鼓勵，使用稱謂「你」開頭的正面語彙；但當兩人衝突爭執時，則應避免使用以「你」開頭的句子，而應多使用以「我」、及「我們」開頭的詞句，例如，吵架時下列的表達容易造成對方生氣與排斥：「你究竟怎麼一回事，出門都不關門！」；可是下列的表達卻反而容易溝通：「我看到剛剛門一直開著，萬一小偷進來怎麼辦？」。

9.私下吵：夫妻如果在公開場合吵架，有其他的人在場，兩人很容易爲了顧全自己的面子而死不認錯，甚至進一步請其他人評理，來爭取支持和同情，如此問題非但沒有獲得解決，反而愈演愈烈，總要「打敗」對方爲止，以致無法收拾局面。如果小孩子在場，兩人則是做了更壞的榜樣，讓小孩子「潛移默化」，大人不當的言行。

10.不翻舊帳：夫妻衝突時，宜就當下的問題溝通尋求解決之道，即使此項問題與過去對方的某些言行結果有所關連，此時也不宜再翻舊帳，牽扯複雜不說，也於事無補，何況舊問題之所以沒有解決，正因爲它棘手難纏，再翻舊帳除了讓傷疤加深之外，別無其他好處。

11.坐著吵：雖然大家都知道溝通時要面帶微笑，慢條斯理表達自己看法，可是實際上面對問題和壓力時，大部分的人都難免情緒壓抑不平衡，此時若是脾氣按耐不住，彼此火氣愈吵愈大，除了提高聲量之外，還可能摔東西，甚至演出全武行，故而吵架時，夫妻兩人均需學習坐著吵，避免發生類似上述的情況。

婚姻諮商

婚姻諮商定義與功能

如果夫妻間溝通協調出了問題，兩人間衝突不斷，使得婚姻產生危機，此時便需要其他人的介入，提供相關的諮詢與服務，藉以幫助他們減輕婚姻的壓力，協助改善他們相處的關係。婚姻

諮商的工作內容中，這類協助服務是主要項目之一。婚姻諮商人員可以是臨床心理學家、社會工作者、精神科醫師、宗教神職人員，或是婚姻諮商專家……等，他們在從事婚姻的輔導和諮商時，可能面對夫妻中的一方、雙方、甚至整個家庭；提供諮商服務時，並不在於幫當事人解決婚姻的外在壓力困難，或者打破家庭的困境，而是在協助當事人改變觀點、發展新的認知，及發展其良性溝通互動的能力，藉以增強其對婚姻的凝聚力、認同和情感上的親密。

藍采風分析婚姻諮商者所處理之問題大略分為三大類：（1）當一對男女決定結婚時所做之婚前諮商工作；（2）婚姻問題；（3）與離婚或與再婚有關之問題。她強調要以跨科際的知識來解決及克服夫妻關係所引起之問題。當然，大多數婚姻諮商所提供較常針對其中第二、三項，也就是說，諮商的主要目的在於幫助夫婦應付他們婚姻中之困難。這種諮商並非全力在保存婚姻之關係，有些婚姻已經壞的無法收拾了，或是有一方不願再繼續婚姻關係時，在此情形下，婚姻諮商在實質上及形式上均成為「離婚諮商」（藍采風，1996）。

當然，婚姻關係裡頭的許多問題的形成，都是由於家庭成員間的互動（interaction）所創造產生的，日常生活中的面對面互動造成成員對於婚姻與家庭存在問題的一些信念（beliefs），這些信念與家庭的日常運作典型（paradigm）是相一致，而且是頗為固定的，這樣形成的問題不可能在一項提供的立即性情境裡，以一個20分鐘的問題解決方法，來加以定義並處理好（Samuel Vuchinich, 1999）。所以，如果婚姻諮商僅著重消極面、短暫性地「解決婚姻的困難」，則其功效難免有所局限；其實，婚姻諮商也在協助夫妻發展親密關係，鞏固婚姻，並提高夫妻對婚姻的滿

意度。

此外，婚姻諮商與婚姻輔導及婚姻治療三者意思相近，但略有不同，張春興（1989）在其《張氏心理學辭典》中曾對三者的定義，予以界定如下：

1. 婚姻輔導（marriage guidance）：只對準備結婚或已婚者所做的輔導工作。婚姻輔導的內容廣泛，主要包括有關性健康的知識、夫妻相處之道、家庭經濟設計、為人父母角色以及對子女教養方式等。

2. 婚姻諮商（marriage counseling）：指對婚姻關係發生困難者所做的諮商。在婚姻諮商範圍內，大致包括三類問題：（1）婚前諮商：對準備結婚但對婚姻觀念及婚姻責任尚不清楚者所做的諮商；（2）離婚諮商：對已決定離婚或已離婚者在情緒調適上所做的諮商；（3）婚姻關係諮商：對婚姻關係存在但夫妻感情或性生活有待調適者所做的諮商。婚姻諮商與婚姻輔導稍有不同，後者重點不在協助當事人解決婚姻的現實問題，而在提供一般人有關婚姻的知識，俾益其創造美滿婚姻生活。

3. 婚姻治療（marriage therapy）：屬心理治療方法之一。婚姻治療的對象不是個人，而是婚姻當事人夫妻之間的關係。易言之，婚姻治療的目的是在協助夫妻改善他們之間的關係。夫妻間關係不和諧的原因，可能是意見不合，可能是財產糾紛，也可能是性生活不能調適。婚姻治療的重點即在藉會談諮商，使夫妻改進溝通方式，從而恢復夫妻間的和諧關係。

婚姻諮商的方法

　　藍采風（1996）指出，婚姻諮商的頻率並不固定，但通常是六次左右，每次約為五十分鐘。很多諮商者依賴心理測驗，來估計當事人之性格及當事者夫妻間關係之特性。不少人也用錄音帶做為工具，然後放給當事人聽，而錄音帶亦有助於改進婚姻關係。諮商者或許運用許多之技巧，例如測試及錄音，但他們之整體取向（orientation）或有顯著的不同。在婚姻諮商上，三種完全不同之方法取向分別為：人際交流互動分析（transactional analysis）、理情治療法（rational-emotive therapy）及行為諮商（behaviorial counseling）：（1）人際交流互動分析（簡稱TA）：認為每個人的想法是半成人半小孩之混合體，因此採取此種理論之諮商者鼓勵雙方分析他們間之互動。例如，他們會發現一方常扮演父母之角色，而此為他們婚姻中困難之處。諮商之目的在幫助夫妻兩人的互動過程能像成年人一樣理性的討論事情。（2）理情治療法（簡稱RET）：則認為婚姻中之衝突是夫妻之間及對其婚姻關係的非理性（irrational）想法所致。例如，妻子或許相信只有男人才能在性行為上採取主動，因此產生夫妻間之衝突。此法鼓勵夫妻去討論他們原先堅信之事，瞭解此種想法對他們婚姻之衝擊，而如果衝突是負面的，則應設法改變之。（3）行為諮商：典型諮商者假設婚姻衝突係由於一方或雙方進行專斷之行為所致。由於雙方未能順利解決這種問題之行為，所以諮商者的工作重點係集中於減少令人「嫌惡的」行為，而增加「有報償性之行為。」

　　其中的第二種方法，在治療的操作實施上，強調相對花費在問題的認同（identification）上的時間要多於尋求問題解決（solution）的時間，運用在對潛在問題的標幟和定位的程度相對

大於個別問題治療的程度（Samuel Vuchinich, 1999）。除了上述三種方法以外，蔡文輝（1998）則提出「艾德治療法」（Alfred therapy）的理論，把婚姻的不和看成是雙方權力的鬥爭。這種理論認為權力鬥爭是一個人自小就開始的彌補個人不足之處的一種補償方式，艾德治療法鼓勵人們培養安全感，並瞭解權力鬥爭是不必要的。

問題與討論

●●●●●●●●●●●●●●●●●●●●●●●●●●●●●●●●●●●●●

1. 何謂權力？與家庭決策有何關聯？

2. 夫妻間權力不平均的解釋理論有哪些？內容如何？

3. 夫妻間權力的運作方式如何？

4. 何以婚姻滿意度常決定於溝通品質？試加以討論。

5. 一般有效的溝通原則和技巧如何？試加以討論。

6. 夫妻常見的溝通問題包括哪些？

7. 何謂 "SOLER"？

8. 夫妻間衝突來源的類型有哪些？處理衝突的方法如何？試加以討論。

9. 婚姻諮商的定義及功能如何？

10. 婚姻諮商的方法有哪幾種？

第十一章 家庭類型、系統與生命周期

· ·

所有外表亮眼閃耀的，並非全是金子。

~Western Proverb

大 綱

家庭的類型與變遷

* 家庭的類型
* 家庭結構的變遷

家庭功能變遷與演進

* 家庭功能變遷
* 家庭的演進趨勢

家庭系統

* 社會系統
* 家庭系統

家庭生命周期

* 家庭生命周期
* 家庭生命周期的變異

家庭的類型與變遷

家庭的類型

　　任何社會文化中皆有家庭，但各個社會文化中的家庭制度和類型卻不完全相同，即使在同一個社會中的家庭，也有各種的型態。關於家庭的類型，一般社會學者以五種標準作為家庭的分類，即世系（繼承）、居住、婚姻形式、家庭分子組成關係及人倫關係。

　　以世系為分類的標準，即依財產繼承與香火傳遞的方式來分類，可分為父系家庭（patrilineal family）、母系家庭（matrilineal family）、雙系家庭（bilateral family）。父系家庭多存在於較傳統的農業與封建社會，兒女繼承父姓，財產則由男性繼承，我國早期法律的規定偏向此一類別，近年來民法大幅度翻修之後，已不再屬之。母系家庭則其家系、姓氏與財產繼承等，均由母親這一方傳承下去，有許多原始部落或是少數族群屬於這一類，例如，花蓮的阿美族便是母系社會。雙系家庭則是近代工業化後的社會最為常見，財產方面子女均有權繼承，子女與雙親家庭的親屬網絡也皆有連帶。

　　以居住方式為分類的標準，即是指一對男女結婚後，共同居住之處。以居住方式為標準，家庭可分為六類：

1. 隨父居（Patrilocal）：婚後與夫之父母住在一起。
2. 隨母居（Matrilocal）：婚後住在妻之父母家中。
3. 隨舅居（Avunculocal）：母系社會中，婚後妻與所生子女均居住妻母家中，子女長大後歸舅父管。

4.兩可居（Bilocal）：婚後夫妻可自由選擇隨父或隨母居。

5.新居制（Neolocal）：婚後兩人另建新家居住。

6.分別居（Duolocal）：婚後夫仍住營舍內，以便繼續受戰鬥訓練，妻則仍住娘家（黃迺毓，1988）。

以婚姻形式爲標準的分類，則如前面章節所述，家庭可分爲一夫一妻制家庭（Monogamy），民主化與工業化社會的家庭多屬此類，以及一夫多妻家庭（Polygyny）與一妻多夫家庭（Polyandry）。其中一夫多妻家庭也許共同居住在一起，也許分別居住，而其中男性則巡迴各家戶間。

以家庭分子組成關係爲標準，也可分爲下列三類：

1.核心家庭（nuclear family）：由一對夫妻及其未婚子女所組成，俗稱「小家庭」，又分爲原生家庭（family of orientation），即「己所從出」、自幼生長的家庭；和生殖家庭（family of procreation），指一個人與配偶和子女所組成的家庭，即「從己所出」。

2.主幹家庭（stem family），係由一對夫妻及其一位已婚子女（含已婚子女之配偶及子女）和其他未婚子女所組成，俗稱「折衷家庭」或「三代同堂」。

3.擴展家庭（extended family），由一對夫妻及其二位或二位以上之已婚子女（含已婚子女的配偶及子女），和其他未婚子女所組成，俗稱「大家庭」。

以主要人倫關係爲標準的分類，人類學家許烺光認爲家庭中成員關係的特性是影響文化的關鍵所在。一個家庭中的成員可分爲許多種角色關係，如父子、夫婦、兄弟等等，這些關係稱爲人

倫角色關係（Dyad）。由於家庭型態的種種變化，每一民族的家庭經常在各種人倫關係中，採取一種為主要代表，這種代表性的人倫關係稱為「主軸」關係，亦即家庭中其他人倫關係都以之為模型或典範，主軸關係的特性掩蓋了其他關係的特性而成為家庭生活的軸心。許先生研究世界各種民族，認為家庭中成員關係的主軸可分為四種類型：

1. 以父子倫為主軸：以中國家庭為典型代表。
2. 以夫妻倫為主軸：歐美民族的家庭為代表。
3. 以母親倫為主軸：印度家庭為代表。
4. 以兄弟倫為主軸：以東非洲及中非洲若干部落社會的家庭為代表（引自黃迺毓，1988）。

家庭結構的變遷

我國早期傳統家庭原是父系結構，亦即係以父子倫為主軸，家系、姓氏與財產繼承等，均由父方的男性傳遞下去；不過，隨著社會經濟與價值觀念的改變，家庭型態如今已然開始變遷，由父系朝向雙系、由父權轉向平權、由父子倫轉向夫妻倫變遷。

特別是在家庭結構，即家庭分子組成關係方面的變遷，值得注意。由於工業化、都市化與個人主義抬頭的影響，家庭結構逐漸核心家庭化，這類的家庭比例不斷升高，逐也產生了一些問題，像是獨居老人逐漸增加、幼兒乏人照顧等問題。根據行政院主計處1997～2000年的調查發現，與成年子女同住的老人占全部老年人口的比例分別為71.05%、70.88%、67.88%及65.7%，短短幾年即降了4.5個百分點。反之，老年夫妻同住及獨居的比例則

逐漸上升，由1997年的25.6%上升為31.1%，劇增5.5個百分點。不少研究指出，子女教育程度愈高者，父母獨居的比例也愈高。另外，羅紀瓊的研究指出，「老人居住安排視其所得、婚姻狀況、就業狀況、性別、教育程序、年齡及居住地區而有差異」，一般而言，老年男性及教育程度愈高、所得愈高或就業中的老人與子女同住的比例愈少（中國時報，2001）。對這個問題，有些學者主張「主幹家庭」較佳，亦即三代同堂；不過，持相反意見的學者也不少，認為三代在狹小空間內尤其是都市的公寓內居住一起，會給彼此生活帶來許多壓力與不便。整體而言，三代同堂當然免不了有其優點與缺點，優點是：（1）老有所養；（2）子女對父母有責任感和同情心；（3）有人助理家務及管教小孩。而其缺點有：（1）感情不易融洽；（2）權柄問題難解決；（3）輪流供養父母不易實行（龍冠海，1976）。無論如何，核心家庭的急速增加，乃是不爭的事實，政府在社會福利政策上加強對老人以及幼兒的照顧，已是勢所難免。

　　另外的一項變遷，是單親家庭的比例也在不斷上升，形成單親家庭的原因當然很多，像是配偶死亡或失蹤、離婚、分居、配偶坐牢、未婚生子……等，不過，其中尤以離婚率的上漲，造成的單親家庭為數最眾。根據1999年內政部的統計資料顯示，臺灣的離婚率為亞洲最高，其中又以台北都會區離婚率最高；在臺灣的單親家庭數目，1990年時，有十八歲以下子女的單親家庭約二十萬戶，1998年，成長到約三十五萬戶，造成單親家庭的主因是離婚。十五年間，台灣的粗離婚率成長超過一倍，1984年，每千人只有一對離婚；1998年底，每千人已有兩對離婚（中國時報1999年11月29日，第5版）。在國外，1991年時，美有28.1%的家庭是單親家庭英國為20%，瑞典和丹麥都是14.3%，法國是

12.5％，德國是11.1％，義大利是10％，西班牙則是8.3％（Macionis,1993；彭懷眞，1996；孫秀惠，1994）。

還有，就是家庭的子女數不斷在下降中。由表面上看，因為醫藥知識的發達，現代人可以選擇避孕方法或是優生保健等技術，使得人口出生率得以下降；但實際上的原因則是由於社會結構改變，人們的教育知識和價值觀念已有了重大改變，許多夫妻婚後已不願多生子女，有的僅生育一個，有的甚至不想擁有小孩，尤其是小孩從小至大的撫育和教育費用節節高漲，而從前的「養兒防老」概念又幾乎完全失效的時候，越來越多的年輕夫妻寧願選擇當「頂客族」（DINK），而不欲「多子多孫多福氣」。

像是鄰近的日本，對結婚的負擔感亦反應在「少子化」，日本出生率及人數均創新低，而且難以煞車，1.34的數字已經變成世界第二低，僅次於義大利的1.19（劉黎兒，2000）。在臺灣，近年來的嬰兒出生率亦逐年不斷在下降，到了2001年每對夫妻的平均子女數已是1.4位。

在美國，更有所謂「不做父母聯盟」的產生，這個聯盟認為父母的角色不是人人都必須自動接受的，沒有孩子依然是完整家庭，沒有孩子不是罪惡，而是一種可供選擇的生活方式（彭懷眞，1996）。他們提出的一些理由，包括像是「養兒防老」已不切實際、不是任何人都適合擔任父母角色、不當父母不受撫育小孩的責任束縛、喜愛小孩可以有不同的領養及撫育方式……等，的確也有某些眞義，值得許多人在婚前便加以深思，究竟自己結婚後要不要生小孩，免得草率之間生了小孩便後悔，甚至因此而忽略、虐待小孩。

此外，還有「同性戀家庭」的產生。性學大師金賽博士曾提出一個量表，來描述一個人的同性戀成分的多寡相當能夠反應絕

大多數人的性欲取向。量表0，代表絕對的異性戀者，不是就實際性交的經驗或是就性幻想而言，他／她們欲求的對象都是異性。量表1，代表偶發，次數很少的同性戀經驗，而絕大多數的情況都是異性戀。量表2，代表比偶發次數還多一些的同性戀經驗，但異性戀經驗仍占多數者。量表3，代表的是典型的雙性戀者，他／她們對同性和對異性的迷戀程度相當。量表4，代表次數不少的異性戀經驗，但仍以同性戀經驗居多者。量表5，代表偶發，次數很少的異性戀經驗，而絕大多數情況都是同性戀。量表6，代表絕對的同性戀者，不論是就實際性交的經驗，或是就性幻想而言，他／她們欲求的對象都是同性。至於有多少人是同性戀者，則金賽在1938～1947年曾針對六千多名美國成年男性的性行為，進行大規模且深入的訪談。結果顯示：0占50%，6占4%，而1～5占46%。如果以保守的數字來推估，亦即，只將金賽量表6這類人視為同性戀者，那麼，臺灣的男同性戀者大約有二十萬人（徐佐銘，1999）。

　　荷蘭的阿姆斯特丹是全世界第一個同性戀可以合法結婚組成家庭的城市，目前北歐一些國家也都承認同性戀得以結婚。美國則是佛蒙特州（Vermont State）在2000年同意給予同性婚姻完整法律的保障，而成為美國第一個承認同性婚姻的州（中時晚報，2000）。在臺灣，多年前有位許姓男同性戀者曾在眾人祝福下，完成同性戀的世紀婚禮；2002年底也有一對女同性戀者完成婚禮，不過皆未得到法律的承認。目前法務部提出的草案是允許同性戀可以組成家庭，但結婚則尚未予以合法化。

　　不過，對於同性戀者的尊重接納，甚至進一步對其行為與深層的心理的研究，其實都尚未普遍被社會一般人所重視。像是同性戀者對於婚姻制度的態度究竟如何，與異性戀者相較是否更偏

於反對一對一的性關係……等，國內雖有若干調查，但其實都還尚未定論。有關同性戀者對婚姻制度的看法，英國社會學大師Giddens以為，就像女同性戀一樣，男同性戀也質疑異性戀傳統把婚姻和一對一的制度結合起來。在傳統制度中的婚姻中，一夫一妻制總是和雙重標準以及父權連在一起。一夫一妻制是男人必須遵循的規範，但是許多男人卻只在裂痕中尊重它。在一個多樣可塑的性以及純粹關係的世界裡，一對一的排他制度必須在承諾和信任的脈絡中被「重新整理」。此處一夫一妻制指的不是關係本身，而是把性獨占當成信任的條件（周素鳳譯，2001）。無論如何，在一個多元價值的社會裡，一般人已漸能瞭解和接受同性戀的存在，雖然仍不免受排斥甚至歧視，但未來同性戀者的「出櫃」（現身）與同志間結婚，也將是無可避免了。

此外，尚有「隔代家庭」增加的現象。「隔代家庭」是指孫子女因故無法與父母同住，只能與祖父母同住的家庭。現今，隨著社會變遷，有越來越多的父母因為不能（如死亡、離婚、服刑與無能力撫養等），或不願意（如婦女婚後自願就業以增加家庭收入、父母故意遺棄等）照顧子女，使祖父母必須擔負照顧孫子女的任務（葉肅科，2001）。例如，花蓮縣1994年的調查，國民小學學生家庭型態為隔代家庭的人數所占比率頗高，其中豐濱鄉最高，高達39%，其次為瑞穗鄉，占16.2%（花蓮縣政府教育局，1995），由此比率，可以看出隔代家庭數量的增加狀況。

家庭功能變遷與演進

家庭功能變遷

　　除了結構上的變遷，家庭在功能上也產生若干變遷。在前面章節中吾人曾提及家庭的各式各樣功能，包括：性愛功能、生殖功能、情感功能、社會化功能、保護功能、地位功能、經濟功能、娛樂功能等；如今由於家庭結構變遷及價值觀念的改變，上述這些功能也在變遷當中，目前除了感情功能與地位功能之外，其餘許多功能都已被社會的機構單位部分或幾乎完全取代。

　　以性愛功能而言，一些美國學者調查美國人的婚前性行為，發現共同的事實是大部分的美國青年婚前已有性經驗，且性接觸的年齡不斷下降，而這股性開放的風潮也傳至許多國家，包括臺灣在內。除了婚前的性行為，婚外的性行為個案也不斷在增加，由於目前男女皆須投入職場，彼此接觸的機會增加的結果，加上個人和享樂主義的盛行，對配偶的忠貞不再有強烈的約束力，外遇遂成為許多夫妻的夢魘，家庭的性愛功能於是受到斲傷。

　　以社會化功能而言，固然家庭仍是最主要的社會化機構，兒童的母語、生活習慣與態度，自小即受家庭的薰陶和培養；但隨著教育年限的延長，以及大眾傳播e化的影響，學校、同儕團體、網路與傳媒所扮演的社會化角色漸次凌駕家庭之上，孩童的認知觀念態度與行為，有時受到家庭以外這些單位的影響反而更大。加上現代社會由於職場的競爭激烈，許多父母忙於工作賺錢，對於孩童的教養顯得更是力不從心。

　　以保護功能而言，傳統上家庭成員生病或發生意外，皆由家庭承擔起保護照顧的職責，如今則因醫學的發達與社會公私立服

務機構的興起,已由醫護人員、社工人員甚至外勞幫傭所大部分取代;家庭結構核心化與夫妻雙薪工作的結果,也使得幼兒需送由托兒所人員照料,老人送由日間老人照顧之家或全天候養護機構照料。以經濟功能而言,從前農業社會自給自足,家庭既是經濟生產單位,也是消費單位;如今人們受雇於企業、商店與工廠者眾,家庭不再是生產單位,也因「逐工作而居」喪失經濟收入來源保障的安全感,僅餘共同消費活動,如購買平日生活所需物資共同享用,在共同消費和看電視等各種休閒活動中,享受家居生活的樂趣。

相較而言,家庭依然重要而較能維繫不墜的是情感的功能。現代人仍選擇婚姻做為自己生涯規劃主要目標之一者,其中著眼於家庭情感功能的考量,是關鍵性的因素;兒歌「甜蜜的家庭」裡的歌詞,便頗能傳神表達一般人對於溫馨家庭的歌頌與期盼。張德聰(1992)以為,從人格心理學的角度來看,家庭是成為心理安全和情緒學習的主要來源。因此,現代男女經營婚姻與家庭,更須多由情感功能角度出發和觀照。柯淑敏(2002)也以為,感情是最需要慢慢經營和用心努力的,現代忙碌和速成的生活型態,讓人們失去了經營培養感情的耐心。而感情功能的無法發揮,讓家庭成了危險、傷害、暴力的隱藏地方,家將不再讓人迷戀。

家庭的演進趨勢

家庭的結構和功能既已隨著時代腳步而有所變遷調整,那麼,家庭的演進趨勢和未來發展,將會是什麼面貌?又將面臨哪些主要的問題和壓力?是項頗值得大家關注的議題。除了家庭結構的核心化、家庭類型的多樣化、家庭權力的平權化和家庭功能

的消長外，重視家庭中個人的自由、興趣意願以及個人人格的發展和自我實現，似也隱然成爲思考家庭未來走向的重要概念。當然，這樣的注重個人主義的想法的施行，也必然使得家庭這項制度在演進發展過程中，面對許多困難挑戰和壓力。

白秀雄等便指出，今日家庭的幾項重要發展與壓力包括：代溝、反文化公社、婦女解放和兒童解放等，茲分別摘述於下（白秀雄等，1990）：

1.代溝：父母與子女間意見不合的現象，與人類歷史一樣長久，但是由於青少年問題的嚴重性，乃有「代溝」（generation gap）的名詞。兒童於青春期開始學習成人角色，今日的兒童從青春期到正式被接受爲成年，長達五年到十年之久，在這長久等待時期，青年人乃變得焦急、不安與不滿（Bryan & Horton, 1974）。這種代溝現象，根據米德（Margaret Mead, 1970）的看法，極不易溝通，除非父母完全體諒子女，並重新學習各種生活之事實。

2.反文化公社：有些現代青年流行家庭以外「公社」的生活方式。有些公社是大學生或青年爲尋找廉價的暫時的生活方式而設，有些公社則是青年爲反對傳統家庭和整個競爭──成功──消費的價值制度（the entire competition-success-consumption system of values）而設，後者稱爲「反文化公社」（countercultural communes）。這些公社的提倡者總是攻擊核心家庭容易造成心理的不良適應和情緒困難，他們認爲公社是重點獲得親族家庭的安全與情緒健康的方法，但是除了宗教公社外，各種公社多是停駐站而已，沒有強烈目的感。

3.婦女解放運動：傳統上西方社會對於男人以其事業成就為其成功的標準。對於女人則以其女性、妻子、母親、主持家務者和女主人為其成就標準，所以男人事業有成就可獲讚賞，女人事業有成就則成困擾，女性主義者認為這種傳統觀念是不公平的，他們要求就業平等，聘僱、升遷、給付不可有性別歧視，這就是婦女解放運動的導火線。婦女解放運動主旨在爭取男女兩性於事業、育嬰、家庭責任上，具有同等的權利與義務。

4.兒童的解放：有人認為傳統的家庭過分壓抑，忽視兒童生活能力，削弱兒童身體與情緒的潛能，因此主張兒童應具有成人一切的權力，如：工作權、財產權、契約權、教育權、居住權、享受性與社會福利權、以及喝酒、抽煙等權力（Adams, 1972）。他們認為若能如此，青少年與兒童後期的問題將無形消失，兒童將順利的進入成人角色。很多社會科學家已建議兒童與青年應花較少的時間於教室，花較多時間於商店、工廠、辦公室等，這才是兒童真正需要的工作環境（Coleman, 1972，引自白秀雄等，1990）。

上述這些挑戰壓力和問題，確實也使得許多學者專家和一般成年男女，無論已婚或未婚，認真思考究竟婚姻和家庭制度的存在本質和意義何在，以及將來究竟如何發展演進？著名的人類學者瑪格麗特米德M. Mead便曾指出：「我們有一個過度重視婚姻的可怕社會，人類花了太多力量在婚姻制度上了。」（Mead，1970）。而D. Cooper（1970）更曾出版一本名為《家庭的死亡》的書籍，直接宣告傳統家庭的死亡。不過，家庭誠然面對社會與價值觀變遷的巨大挑戰和衝擊，家庭型態也趨於多樣化中；儘管

如此，只要人間尚存情感，人心尚盼溫馨，家庭將永是人們生活型態的主要選擇之一。

家庭系統

社會系統

結構功能學派大師派深思（T. Parsons）以為任何行動體系都可以由社會系統（體系）（social system）與系統的功能運作來分析和理解。結構功能理論強調社會各部門是相互關聯的，包括下列四個基本命題：

1. 每一體系內的各部門在功能上是相互關連的。某一部門的操作運行需要其他部門的合作相配，當某一部門發生不正常問題時，其他部門可以填補修正。
2. 每一體系內的組成單位通常是有助於該體系的持續操作運行。
3. 既然大多數的體系對其他體系都有影響，則他們應可被視為是整個有機體的附屬體系。
4. 體系是穩定和諧的，不易有所變遷（蔡文輝，1981）。

社會系統具有界限，有內在及外在環境，亦有特殊的功能要做，團體必須滿足這些要件，才能產生動態平衡。而這樣的體系包括四個主要的功能，即是：A.適應（Adaptation）、G.目標取得（Goal attainment）、I.整合（Intergration）、L.潛存（Latency）。以表11-1示之如下：

表 11－1 社會體系的功能需求與環境

	消耗性	工具性	
外在的	適應	目標取得	
	潛存	整合	內在的

資料來源：蔡明璋譯，1990，派森思，p.122。

　　其中適應指涉的是從體系的外在環境獲得足夠的資源和便利，以及在體系中的分配。目標取得指涉的行動體系特徵是建立目標在體系中激發或動員努力或能量以利目標取得。整合指涉的問題是維持一致性或凝聚性，並且建立控制，維持次體系協調及避免體系重大解組的元素。潛存指涉動機能量被儲存並分配到體系的過程，這牽涉到兩個相關聯的問題：模式維持即符號、觀念、品味和評判等自文化體系的供給；緊張處理（tension management）解決內部張力和行動者的緊張，這個詞派森思後來改用模式維持（pattern-maintenance）（蔡明璋譯，1990）。

　　派森思理論中心是社會體系的穩定、整合與均衡。AGIL的功能調整的最終目的不僅在使社會繼續生存下去，而且在維持社會體系之整合。但派森思並無意否認體系內變遷的可能性，他指出為了達到社會體系之整合，其各部門必須時常調整內部結構與各部門間關係（蔡文輝，1981）。

家庭系統

　　家庭當然也是一個系統，家庭成員間彼此的互動關係，如同社會系統一樣，各個次體系間是相互關聯的，家庭成員間也彼此相互依賴、相互影響，任何一個成員的改變都會影響及於其他成

員的生活與情緒；前述家庭的各種功能也可以由AGIL的觀點出發並延伸思考，當家庭無法有效發揮功能時，家庭也必須作調整以求改善和解決問題來適應變遷。

　　從系統的觀點看家庭，要比只看某一個家庭成員、某一個家人關係或某一種家庭問題來得深入，也不至於誤認為某種問題或症狀，只有單一原因，更不會簡化問題到特定的人身上。每個家庭都是「一個完整體」（a whole），以其獨特的結構、規則和目標來運作。每個家庭都是「一個系統」（a system），由一群互異卻互賴的分子組成，並盡可能保持平衡。每個家都有其「動力歷程」（dynamic process），以其特殊方法維持運作共同面對自己家庭的問題。有時，他們面對的方法很奇特，可能會使問題愈發複雜，使全家愈陷愈深，不易脫困。從家庭系統來看，大家共同認定的病人（I. P.），不論是逃學偷竊的兒子、精神異常的女兒、肥胖懶惰的母親、酗酒藥癮的父親……，其實可能只是整個家庭系統的代罪羔羊（scapegoat）（彭懷眞，1996）。

　　關於家庭系統理論，有七個核心概念是不可不知的（Goldenberg, 1991；李瑞玲譯，1992；彭懷眞，1994，1996）：

系統是按照高低層級（hierarchy）組成的

　　系統中有高低層次，每一較高層次的系統都包含較低層次的系統，並提供低層次系統生存的環境。

家庭規則（family rules）

　　家庭是一個規則管理（rule-governed）的系統。每個人均要學習什麼是被允許的，什麼是被期待的。家庭規則有描述性（descriptive，描述交換的模式）和指示性（prescriptive，指導

成員什麼是可以或不可以做的），所有的家庭成員都必須學習，這些規則是建構和維持家庭成員關係的公式。大部分的家庭規則沒有被寫下或明顯的口說出來。在健全的家庭中，規則可幫助家庭形成秩序和穩定，同時允許家中成員在變動的環境中改變。

家庭恆定作用（family homeostasis）

恆定作用（homeostasis）是表示：不管外在環境如何改變，個體總是會維持一個穩定、平衡的狀態。在家庭中，恆定作用指的是：發生在家庭中，協助內在平衡的持續和動力過程。只要家庭面臨威脅時，就會運作以回復它的均衡。通常，在某種範圍內，系統本身會維持平衡，但當改變來得太突然，或超過了系統所能忍受的極限時，則會產生具有對抗性的反應。

回饋（feedback）

回饋指過去行為的結果再次進入系統，是控制系統的一種方式。回饋可分為正向（positive）和負向（negative），前者是指那些增加改變的力量，後者則是指減少改變的力量。

訊息（information）

Bateson（1972）對訊息下了一個簡單的定義："a difference that makes a difference."，即當新訊息的接收者改變其對環境的知覺，並修正其行為時，這些差異回過頭來會影響原本的環境。

次系統（subsystems）

次系統是指在一整體的系統中，具有執行特殊的功能或過程的部分。家庭中有很多共存的次系統，可由世代、性別、利益、

功能等因素構成。如夫妻、父子、母女、孩子的組合，每個家庭成員同時屬於數個次系統，彼此間具有互補性的關係。

界限（boundary）

指將系統、次系統或個人與外界環境分離的一道隱而不見的界限。其功能有如守門員，限制並保護系統的完整性。界限值得注意的是其「滲透性」（permeable），分為兩大類：開放系統（open system）和封閉系統（closed system），愈開放的家庭系統愈能適應和改變。

家庭生命周期

家庭生命周期

家庭生命周期（family life cycle）指的是從夫妻結婚後開始，依家庭的組成結構及互動關係，可以分成幾個階段，每個階段都會經歷不同的事件與發展任務。Goldenberg（1991）指出，家庭生命周期係一連串的階段或事件，可以提供作為人們辨識家庭在時間演變下，一個系統性的分析架構。

在漫長的婚姻關係裡頭，包括剛結婚、初生小孩、嬰幼兒期的小孩、學齡期的小孩、青春期的小孩、空巢期……等等，一系列的階段都各有不同的任務和主要角色，並非是一成不變的，這個生命周期的每個階段，也是大多數的家庭普遍都會經歷的。雖然其中不免有些變異和彈性。

彭懷真引述Duvall對一個完整的、中產階級的美國家庭的生命周期提出一種八階段論的說法，這八階段是：

1.第一階段：期間平均爲兩年的「新婚期」，剛結婚，尚無小孩。

2.第二階段：期間爲兩年半，老大出生至老大兩歲半。

3.第三階段：期間爲三年半，屬「混亂期」。家中有學齡前的小孩，老大六到十三歲。

4.第四階段：期間爲七年，家中有學齡中的小孩，老大六到十三歲。

5.第五階段：期間爲七年，家中有青少年階段的小孩，老大十三至二十歲。

6.第六階段：期間爲八年，俗稱「發射中心期」，孩子陸續離開家庭。

7.第七階段：期間爲十五年左右，「中年危機期」，由家庭空巢期到退休。

8.第八階段：期間爲十到十五年左右，由退休到夫婦兩人都死亡（Duvall，1977；引自彭懷眞，1996）。

另外，吳就君則將家庭生命周期分成十個階段，包括：

1.第一階段爲獨立性成年人，發展任務包括：（1）工作：第一個全職工作，工作上具有自主權，維持良好的同事關係。（2）居住：爲自己的獨立生活負起責任。（3）人際：和他人關係的協調性，維持同性朋友間的友誼及異性朋友間的親密度。（4）情感：情感掌控宗教信仰。

2.第二階段爲兩個獨立個體相互吸引進而結婚，發展任務包括：（1）生活：夫妻間的相互協調、彼此支持。（2）未來：家庭計畫，生涯規劃。（3）居住：有能力購屋，選擇居家環境及鄰居。

3. 第三階段為第一個孩子出生，發展任務包括：（1）經濟：
重新調整及配置。（2）關係：重心放在新生兒，夫妻關係
及角色扮演再調整，責任重新分配，和其他配偶家庭間建
立良好關係。

4. 第四階段為第一個孩子會走路，發展任務包括：（1）情
感：需求度的拿捏，花費在家庭成員個別的時間比重。（2）
角色：父母親的角色，個人時間的利用。（3）關係：親友
間的連結，社會資源的運用。

5. 第五階段為第一個孩子開始上學，發展任務包括：（1）教
育：對孩子的支持，學校活動的參與，教育的開發。（2）
夫妻：配偶間的相互支持，對未來的計畫，再進修。（3）
關係：朋友間的聯繫。

6. 第六階段為第一個孩子已經十六歲，發展任務包括：（1）
經濟：給予教育等方面的經濟支持，經濟上的壓力。（2）
溝通：規範與自由間的協調，討論「性」話題，感受、意
見的溝通。（3）關係：配偶及家庭所屬的朋友關係網路維
持。

7. 第七階段為第一個孩子高中畢業，發展任務包括：（1）經
濟：提供相關資源及相關生活空間的自由。（2）溝通：工
作、情感的討論與支持，角色的再調整。（3）規範：讓孩
子在家中找尋所要的自由空間。（4）關係：和朋友間的關
係更加深。

8. 第八階段為最小的孩子結婚或離家工作而不與父母同住。
發展任務包括：（1）變遷：生理的改變及飲食運動方面的
調配。（2）角色：作為一個充電站，提供意見、傾聽、支
持等。（3）關係：照顧年老父母，維持親友間的互動關

係。（4）規劃：為了自我發展而學習新的事務。

9.第九階段為其中一個配偶或兩個皆退休，發展任務包括：
（1）為自己的健康而努力，面對父母親的死亡調適。（2）
角色：調適不工作的日子，面對孩子因離婚等再度回到家
裡。（3）關係：親友關係的維持。（4）經濟：來源缺乏
時的打算，生活目標再訂定，實現夢想。

10.第十階段為八十歲以上，可能已失去老邁配偶。發展任務
包括：（1）健康及醫療成本的配置。（2）住所的改變，
護理之家或與子女同住。（3）日常生活規律化。（4）談
論死亡，面對配偶死亡及心理調適（吳就君，1999）。

家庭生命周期的變異

其實，上述的家庭生命周期並非固定不變的，可以將家庭生
命周期拿來和個人生命周期一起瞭解，也可以將夫妻兩人的家庭
生命旅程分開來探討。蔡文輝（1998）以為由於夫妻兩人在生命
旅程上的經歷並不完全相同，因此夫妻雙方應認清各人有各人不
同的遭遇，不能一概而論。以往的家庭生命圈（family life cycle）
理論往往把兩人一併討論，認為兩人步調一致，因此經歷感受也
一樣，現在學者們則提出這種家庭生命圈應該有二份（family
life cycle x2）。只有這樣才能瞭解夫妻生命旅程的動態。

除此而外，由於社會變遷劇烈，家庭型態已多樣化，家庭生
命周期也早就多元化了，上述的八階段論或是十階段論，其中多
數階段的重心均係環繞與配合著家中小孩的成長，各階段發展任
務亦因而隨之演變；故而，便不太能說明一些不同型態家庭的生
命旅程，像是「頂客族」的家庭生命周期與上述幾個階段便可能

大爲不同，一輩子僅同居或保持單身者的生命周期也一定和此迥
異；現代社會中，不同型態家庭有著不同的生命周期階段和不同
軌跡，似乎也已是必然的趨勢了。

問題與討論

●●●

1. 以世系和居住地為分類標準，家庭的類型各為何？

2. 以婚姻形式和家庭分子組成關係為分類標準，家庭的類型各為何？

3. 目前家庭結構方面有哪些變遷？試加以討論。

4. 目前家庭功能方面有哪些變遷？試加以討論。

5. 家庭可不可能死亡？試加以討論。

6. 家庭系統的核心概念有哪些？

7. 什麼是家庭生命周期？又家庭生命周期有哪些階段？

8. 家庭型態不同會造成不同家庭生命周期嗎？會是如何？試加以討論。

第十二章　外遇問題

• •

但見新人笑，那聞舊人哭？

～杜甫

大　綱

婚姻與婚外情

＊外遇的流行？

＊通姦該除罪化？

外遇的定義與原因

＊外遇的定義與人口群

＊外遇的原因

外遇的類型與階段

＊外遇的類型

＊包含精神式外遇的模式

＊外遇的階段分析

外遇的傷害與處理

＊外遇的傷害

＊外遇的處理

婚姻與婚外情

外遇的流行？

　　長久以來，外遇問題就一直伴隨著婚姻制度而存在，似乎只要存在有婚姻，就存在有外遇的問題；有法定的配偶，就有第三者和出軌的問題。許多商業電影製片公司在拍攝愛情影片時，也常以外遇問題為題材，藉糾葛的夫妻感情與第三者的介入情節，探討關於人性和情慾的掙扎，「麥迪遜之橋」便是頗為膾炙人口的其中一部片子。

　　知名作家吳娟瑜在寫作和主持廣播節目裡，常討論外遇問題。她在《超越外遇》一書的自序中，提到她那疼愛子女的父親，就是自有記憶以來「不斷外遇」的人，曾造成她家庭的動搖和痛苦掙扎；而她個人的婚姻生活裡同樣曾經出現過類似的危機，又自己也承認曾遇見優秀的異性而欣賞但卻終能「把自己找回來」的歷程（吳娟瑜，1995）。

　　另一位暢銷作家劉黎兒則在其《純愛大吟釀》新書中，談到日本的「不倫」（外遇）的問題，日本「人妻」從前沒有與其他男子接觸的機會，現在在廚房做菜，也可用手機收發簡訊，閱讀別的男子發給她宛如電視劇的情愛告白；而妻子外遇被原諒的機會，雖比丈夫外遇被原諒的比率低，但是經濟不景氣，丈夫的工作負擔比過去重，發現妻子外遇要不要揭發或使關係趨於毀滅，這都需要考慮，三角或四角關係的平和發展變成常態了（陳文芬，2002）。

　　在性開放的美國，外遇的比率就更高了，筆者在北科羅拉多大學修讀學位時，選修一門家庭相關課程，教師在談及已婚者的

外遇問題時，曾指出該州已婚男子約七成，已婚女子約四成具有外遇的經驗。而社會學家珍納・雷伯斯坦（Janet Reibstein）與馬丁・理查斯（Martin Richards）所寫的《性安排》（sexual arrangement），以頗具創意與理性的方式，探討了婚外情的普遍與衝擊。他們說：「我們承認這些研究也許有誤差，但是據此估計，約有50～75%的男性曾經、或目前正好有外遇，而女性的比率也僅略低於男性。」（引自 Griffin，奚修君譯，2001）。

在我國，究竟婚外情的比率有多高，較精確的統計不多見；不過，由於傳統文化的觀念裡，仍多少視男人三妻四妾或尋花問柳為尋常，加以社會結構變遷的衝擊，和西方性開放風氣東傳的影響，外遇的頻率應該算是有點嚴重。例如，今日仍有些政要、企業界人士和民意代表，除了大老婆之外，尚有「如夫人」；到大陸經商的台商，「包二奶」的比例不低，甚至於讓大陸當局針對此項情況訂定相關法律等。2002年轟動一時的璩美鳳偷拍光碟案件，因為其中有男主角係已婚身分，甚而挑起了輿論界和一般民眾討論是否應該「通姦除罪化」的話題（中國時報，2002年1月14日）。

通姦該除罪化？

既然如此，婚姻制度和婚外情行為之間的關聯、份際與規準究竟應該是什麼？而婚姻制度的真義又在哪裡？如果真的「通姦除罪化」了，大家是否就是不必信守婚姻的承諾？婚外情如果盛行是否將傷害甚至於毀滅婚姻制度？等等問題，其實都頗值得一般男女在結婚之前，便加以思考並彼此溝通清楚。

簡春安（1997）指出，有人說，在四、五十年的歲月中，在感情上和性關係方面只愛一個人，而且要保持這分愛情濃烈、活

力、新鮮、而又能保持肉體的需要，對某些人而言，縱或不是不可能，也是相當困難的事⋯⋯，此言「似乎」言之成理。美國耶魯大學的Clellan Ford和Frank Beach兩位教授查閱了人類學家對185個社會所做的研究之後，指稱，以忠實為必要條件的終生一夫一妻制婚姻模式，其實是反常的異例。因為185個社會中，只有不到三分之一完全不贊成婚前和婚外性關係。

像目前我國年青一代的男女已有約七成左右的人，可以接受婚前性行為，法律上也僅規範非自願性及一定年齡以下的性行為的禁止或處罰；而針對婚後的婚外情（通姦）是否該除罪化，則法律雖然禁止，但一般人的觀念則是見仁見智，這才因此引發璩案是否該「通姦除罪化」的熱烈討論。雖然，婚外情對於配偶和家庭、甚至婚姻制度的傷害是明顯可見的，但是，個人是否允許婚外情是一個議題，一個可以由任何對婚姻持不同觀點態度的當事人來考量的議題；而法律是否該禁止及處罰通姦者，則是雖與前項議題相關但卻不同的另一個議題。

由個人對婚姻及婚外情所持觀點來看，Reibstein和Richards把人分成三類：第一種人相信「婚姻就是一切」；第二種人擁有「片段式婚姻」，亦即配偶並未滿足所有期待，或扮演全部的角色；第三種人則採行「開放式婚姻」。以上三種模式，一對夫妻不論有意或無意間採取了任何一種，婚外情（尤其是婚外情的曝光）對其婚姻所產生的衝擊就不同。信守「婚姻就是一切」的人，會覺得婚外情是完全的背叛，探討婚外情發生的原因時，也會先假設兩人的婚姻關係一定缺少了什麼，如果要處理這段婚外情，那麼出軌的配偶必須認錯，然後再度回歸婚姻關係；外遇必須結束，而且還要採取措施確保以後絕不再犯。至於「片段式婚姻」的模式，出軌的一方可能覺得婚姻完全不受影響，因為婚外情和

他／她的婚姻涇渭分明，「第三者」所扮演的角色與其配偶完全不同，或者通常是互補的；出軌的丈夫或妻子，甚至會覺得婚外情能強化他／她的婚姻，讓他／她更滿足，更能接受配偶的不足之處，這個模式的問題是，出軌的人出發點都是爲了自己，並沒有徵詢配偶的意見。至於「開放式的婚姻」，聽起來好像很自由，也沒有欺騙的問題，但事實上也得受到某些「規則」束縛──雖然是自訂的規則；絕大多數的情況是，雙方同意不會太「在意」婚外情，性行爲可以接受，但愛上對方可不行（Griffin，奚修君譯，2001）。

若從法律應否介入婚外情的議題角度來探討，則會略不同於上述微觀的、心理層面的思考方式和內容。當然，通姦應否除罪化仍難免見仁見智，如國外《情婦》一書的作者Griffin 雖然本身是情婦，認爲法律的存在是人們犯法的原因之一（如果沒有法，當然無法可犯），或者是一夫一妻制的婚姻導致婚外情的說法固然屬實，但並不代表個人可以不必對自己的行爲負責；你也許有「愛的權利」，但你沒有介入別人的婚姻，去誘惑別人老公的「權利」（Griffin，奚修君譯，2001）。國內黃英彥（2002）則以爲通姦應該除罪化，大部分因配偶犯通姦罪的婚姻其最後下場往往以離婚收場，就算沒有走到離婚這一步，夫妻感情早已弄壞，通姦罪只是讓家庭加速破碎而已，德國就是因爲這樣才廢除了通姦罪。在目前民法親屬篇已經肯定婦女家庭勞動所得及離婚時享有平等財產保障的前提下，看不出來通姦罪還有任何存在的價值；刑法自己有其追求的目標，不能淪爲私人報復的工具，並且通姦罪不可能有助於維持家庭幸福，了不起只能維持一個原本就漏洞百出、空有其表的空殼子。然而，夏晞（2002）卻以爲，未婚的人，人人皆有性自由，別人也無權干涉，但反對婚姻中的性自

由，因爲對婚姻中的配偶或者其家人是極不公平的；如果通過了「通姦除罪化」，只會造成更多的男人公然外遇，將更衝擊原本就已經很脆弱的家庭體制。

2002年12月27日司法院大法官會議作成釋字第五五四號解釋指出，「性行爲的自由，雖是憲法保障的自由，但應受婚姻與家庭制度的制約。通姦是否除罪化，屬於立法裁量的範圍。」（中國時報，2002年12月28日）。換言之，目前通姦罪可以判處一年以下有期徒刑的刑罰規定，並不違憲；若是刑法修訂爲通姦無罪，亦不違憲；但對於通姦是否應予除罪化的問題，由於牽涉價值判斷考量的選擇，加以尚未除罪化之前並未有實驗檢驗的可能，無法預知除罪或處罰何者較佳，故而仍將會是持續中的社會爭論議題。

外遇的定義和原因

外遇的定義與人口群

外遇也稱爲「婚外情」或「通姦」，外遇最簡單的定義是，配偶中的一方與第三者發生性的關係（葉高芳，1980）。藍采風（1986）對於外遇的界定也是「配偶在婚後維持婚姻外的性關係。」倘若沒有性關係，僅只與配偶以外的人發生感情，彼此內心牽繫、相知相惜，這種純情浪漫的精神式外遇，雖然有時更讓配偶感到傷心和難堪，但與一般實務上對於外遇的認知不相符，且由於抽象而不易確定之故，一般對於精神式外遇問題的探討，多不欲著墨太深。

什麼樣的人容易發生外遇呢？Linquist（1989）歸納出不分

男女的外遇高危險人口群：（1）有婚前性行為者；（2）結婚許久，有婚姻倦怠感者；（3）性生活品質差者；（4）認為婚姻品質差者；（5）較獨立者；（6）容易模仿到外遇者；（7）上班族（引自彭懷真，1996）。除了上述以外，由於愛情會受到時空因素的制約，夫妻若是相隔兩地聚少離多，愛情容易變化（徐光國，1996），因此發生外遇的案例，在生活周遭中屢見不鮮。還有，中年以後的男性，也較容易發生外遇，藍采風（1996）指出中年人須注意外遇的發生，中年人在性與情愛需求上與年輕人不同，因此夫妻雙方均須注意越軌行為的警告燈。

尤其，當中年人事業順遂、握有權勢或財大氣粗時，更為容易發生婚外情。像是2002年某週刊報導民進黨立委鄭余鎮與其辦公室總召王筱嬋的來往後，其妻特地進駐立法院坐鎮，以宣示主權；不到十天，鄭余鎮與王筱嬋雙雙飛往美國洛杉磯，鄭並證實已向妻子提出離婚要求（2002年8月8日，TVBS晨間八點新聞）；不到數月，鄭王兩人便又告鬧翻。此外，報載稍早前親民黨立委鄭志龍亦於發生多次外遇後，與太太公開舉行記者會，強調自己非常難過、後悔，也很感謝太太願意給他機會重新經營家庭，並向社會大眾及相關人士道歉；所謂「權力是最好的春藥」，政治人物平日忙於鬥爭權術，關心仕途浮沉之際，仍有著用不完的精力，或逢場作戲，或與幕僚近水樓台一番，類此風流韻事在朝野間可謂司空見慣（陳重生，2002）。

至於外遇的對象，並非是常如電影情節裡的男女主角偶然邂逅情海起波瀾。簡春安（1996）引述Hunt的研究發現，外遇的對象，不是我們一般所以為的在一次極為偶然的機會中，邂逅一位極為迷人的陌生人，他的研究對象中，有三分之一的初次（或唯一的一次）婚外情對象是近友，另外四分之一到三分之一是相當

熟識的人。受誘惑者儘管是被動的，其實自己已知道或察覺到危險的存在，徘徊留戀、著迷又害怕，隱隱希望自己會無助地被一路引至自己欲想的目標。Hunt指出男性日趨中年，發生婚外情的可能性逐漸加大。14%的男性在二十初頭就有婚外情，但到三十到五十階段，婚外情的比率倍增。大學教育程度的女性發生婚外情的年齡模式，與非大學教育程度的女性發生外遇的年齡模式，沒有什麼不同。男女兩性都一樣，尤其到了三、四十歲，除了煩悶還加上生命與青春短暫無常的感覺，很容易感受到新鮮與變化的吸引力。

外遇的原因

至於外遇的原因，則不一而足，也不一定來自不快樂的婚姻和不對眼的配偶。在Hunt所訪問的外遇對象中，有過半數的男性和將近三分之一女性均表示，在他們初次發生婚外情時，他們的婚姻是快樂的，或起碼並非不快樂的，其他相關的研究也有同樣的訊息，對外遇當事者而言，許多外遇並不是他們被迫如此，他們反而表示自己給生活增添一些樂趣而已，這是沒有理由的理由。包括：配偶性冷感或吸引力衰退；配偶過度專注事業或持家育子；因為公務或疾病而長久兩地相隔；各種情緒上的衝突；讓人惱火的習慣、言語乏味、默不吭聲等，總之，從生活中無法避免的各種煩悶，到配偶所犯的嚴重錯誤無所不包（Hunt，1996；簡春安，1996）。

當然，不快樂的婚姻更易造成配偶因為心中不滿而往外發展，像是夫妻間角色不清、溝通不良、個性價值觀迥異……等，更易製造配偶外遇的機會。有的夫妻間雖然彼此相愛卻是溝通不良。吳娟瑜（1995）舉例說明，一對相戀結婚的夫妻，可是結婚

這麼多年來，他們彼此爭執、打擊對方、出現第三者……。穿著體面、正值事業巔峰的丈夫說：「我知道太太愛我，可是經常打電話查勤，晚一點回家就擺臉色。……我希望的是能照顧自己又善體人意的太太。」氣質溫婉、眼神一直關注丈夫的太太說：「我是關心他，希望他不要累壞身體……。我希望丈夫多安排一點時間陪我和孩子。」究竟，「相愛容易相處難」的癥結在那裡，原來是對「愛」的詮釋不同，以致衍生了不同的相處模式。往往我們可以看到各式各樣「愛」的呈現方式，正在各個家庭中演出不同的故事。有的「愛＝依賴」有的「愛＝控制」，有的「愛＝放縱」，有的「愛＝恐懼」，有的「愛＝憤怒」，有的「愛＝性慾」，有的「愛＝壓抑」等等。當「愛」往負面的方向走去，相處的雙方很快會感受到個中的不平衡。於是，爭執、打擊、甚至「第三者」就產生了。

外遇的類型與階段

外遇的類型

　　外遇的類型頗多，學者們的分類依不同的標準，而有各種不同的分類。其中簡春安將外遇分為六種型態，摘述於下（簡春安，1991；1996）：

1. 傳統型外遇：傳統社會中，男人在事業安定，或是略有成就時，內心就順理成章的以為應該有三妻四妾來襯托他的成就，此即傳統型外遇。
2. 拈花惹草型外遇：傳統型在有了外遇以後，仍然對元配禮

遇有加，仍然與配偶維持一個好的關係。拈花惹草型在有了新歡後，不僅愛情轉移，而且對元配有「必也除之而後快」的心態，傳統型的視外遇爲一種事業的附帶成就，拈花惹草型的人則是見異思遷。

3.保護型外遇：當事者大多是誠實、善良，很富有同情心的「好人」。問題是同情心太多了，助人的心太強了，導致他們很容易掉入愛情的陷阱而無法自拔。

4.情境型外遇：社會是個大染缸，容易使人墮落或分心的場所日益增多，牌局、地下舞廳，各式聲色犬馬的場所容易使人掉入感情漩渦裡而無法自拔。

5.舊情復燃型外遇：婚姻失去吸引力，婚前的甜言蜜語，婚後卻變成了嘮叨爭吵。在這種狀況中，若是配偶碰到了以前的情人，就會很容易有回歸以前愛情中的傾向。此即爲舊情復燃型外遇。

6.感性型外遇：太重視感性、直覺、執著於美感藝術，或是個性率眞、坦白、不避諱社會規範的人，容易有這種感性火花型的外遇。這等人強調瞭解與被瞭解的絕對性，認爲生活的目的是追求美感，尋求知己。

此外，Master等人則認爲外遇可分爲長期、短期的婚外關係，短期外遇包括征服型、報復型、雙性戀型、瀕臨離婚型等（王瑞琪、楊冬青譯，1995）。還有，葉高芳（1980）則將外遇分成：（1）應酬式外遇：由交際應酬進而假戲眞作的外遇；（2）交易式外遇：在色情場所因性交易產生的外遇；（3）友誼式外遇：雙方原係朋友，但日久生情產生外遇；（4）愛情式外遇：外遇者原本對配偶不滿，尋求婚姻外的愛情。

包含精神式外遇的模式

除了上述學者們的分類以外，作家吳娟瑜將外遇分成包括精神式外遇在內的七種外遇模式，她較為強調外遇者的外遇動機，包括（吳娟瑜，1995）：

1. 求救式外遇：「求救式外遇」通常指外遇者與婚姻伴侶以外的異性親近相處，藉以刺激配偶。其中所發出的訊息是：「救救我！我不想放棄我們的家，可是我又覺得無能為力。來一次外遇，總可以讓你注意到我了吧！」

2. 報復式外遇：「報復式外遇」通常指外遇者或第三者常陷入迷情狂戀中，其中所發出的訊息是：「我要就是要，反正你們也拿我沒有辦法，你（想報復的對象）越生氣慌亂，我就越高興。」

3. 補償式外遇：「補償式外遇」通常是指外遇者或第三者為補償內心空虛或不被滿足因而找到替代對象。其中所發出的訊息是：「我需要很多很多的愛，我要找回失落的愛，誰能滿足我呢？」

4. 同情式外遇：「同情式外遇」是指外遇者遇到的第三者通常顯現需要被關愛，使得外遇者因同情混合愛情而一時不可自拔。其中所發出的訊息是：「我有責任照顧她（他），因為她（他）需要我，她（他）讓我感到自己的重要性。」

5. 逃避式外遇：「逃避式外遇」是指外遇者像駝鳥般地躲到一個較少壓力的溫柔鄉。其中所發出的訊息是：「對人生我有無力感，只要能找到一個讓我暫時精神卸下的地方，且讓我過一天算一天吧！」

6. 誘惑式外遇：「誘惑式外遇」是指外遇者因一時氣氛、寂

寞或生理需求而嘗試婚外情。其中所發出的訊息是：「這股吸引力太大了，先做了再說，反正船到橋頭自然直。」

7. 精神式外遇：「精神式外遇」是指外遇者嚮往柏拉圖式純潔的分享。其中所發出的訊息是：「我的內心渴望精神高層次的提升，我只是尋求可以瞭解我的心情，懂得我的感受的人。」

當然，精神式的外遇究竟算不算外遇，仍屬見仁見智；不過，筆者曾詢問大學生對另一半倘使發生柏拉圖式的「外遇」，是否能夠加以容忍時，多數人的答案都是否定的。

外遇的階段分析

外遇的發生，通常不會突如其來，事前一定先有某些徵兆，中間也經歷一定的過程。外遇者發生外遇的大致過程，彭懷眞（1996）引述Linquist（1989）的看法認爲是：（1）外遇者在日常生活參與的活動中發現某人特別吸引自己；（2）雙方談話，彼此都用善於接納、感受性敏銳的態度來互動；（3）雙方增強自己婚姻不幸福的感覺，說服自己另尋機會；（4）對另一方坦誠，表明願用開放的態度增強關係；（5）增強自己身體和心理的吸引力；（6）尋找機會；（7）放鬆抑制約束，外遇行爲於是發生。

上述Linguist的分析，是由外遇者與第三者相互吸引，以致於發生外遇的歷程來作敘述。簡春安（1996）則由外遇者與配偶間的互動階段歷程來作分析，包括：

1. 醞釀期：特質是外遇者在心理上認爲外遇是一件好玩而且光榮的事，不僅內心願意去試，而且期待著外遇眞能產

生，只是行為中還沒開始行動而已。此期的現象是：外遇者在言談中羨慕別人有外遇，並且充滿著對外遇的期待與幻想。與配偶對話時，偶爾會有試探性的口吻，問配偶是否准其外遇。

2.嘗試期：特質是已開始進行外遇行為，心理忐忑不安不安，惟尚未被配偶發現。所以常常有情緒不定，忽而大獻殷勤，忽而亂發脾氣；行蹤也慢慢不正常；常常有奇怪的電話，語調恐慌，不報姓名，不出聲；喜歡出差，常藉口外出，應酬多而說不明白；漸漸注意打扮，並且有一些過分打扮現象。

3.衝突期：外遇已被配偶發現，家中從此陷入冷戰、熱戰、爭執不休。家庭氣氛不只惡劣而且戰爭一觸即發，外遇者的痛苦，從此期開始逐漸產生惡化。

4.無奈期：外遇者行為依舊，甚或變本加厲。有時對元配依然有不同程度的來訪，經常設法要說服元配，使其能享齊人之福。另一方面，元配則使盡方法，以使外遇者能回頭，重享天倫。或者外遇者與第三者已生下小孩，外遇者回頭不了，此皆為無奈期，因為雙方都對對方無可奈何。

5.決斷期：外遇者決定投入第三者懷抱，不回家、不顧家，因此要求離婚，經濟上也不支持，揚棄、否認以前所有與配偶之間的親密關係。更嚴重者，每日對元配凌辱有加，毫無尊重之意。

再者，若僅由外遇的配偶中受害者一方的觀點來作分析，則吳娟瑜（1995）指出，可以分為「受傷期」、「自立期」與「行動期」三階段：

1. 「受傷期」：由於一開始多數人仍在「受傷期」，所以，總是垂頭喪氣地看著自己的傷口，守著自己破碎的心靈。在「受傷期」階段有三個共同特質：「依賴」、「看不清真相」和「放不下身段」。

2. 「自立期」：自立期的特徵是一個人不再封閉自己，懂得自得其樂；減少誰是誰非的爭論，更加瞭解生命的真相。

3. 「行動期」：行動期的特色是只問耕耘，不急著收穫，運用更多的行動，讓自己更能自立，也讓寬恕對方的路更好走一些。

外遇的傷害與處理

外遇的傷害

外遇的傷害如何？可以由多方面來探討。首先是在受害的配偶方面，通常，配偶總是最後一位才知道另一半發生外遇事實的人，在發現真相的那一刻，配偶會感到震驚、憤怒、被欺騙和嚴重的抑鬱。Linquist（1989）以為，配偶在得知配偶與他人發生性關係時是非常痛苦而傷心的，即使這對夫妻原本就允許彼此可以有較親密的異性朋友亦不例外。在接觸許多外遇的個案後，吳娟瑜（1995）指出，受害者普遍的感覺是「不甘心」，類似這樣「不甘心」的心理，可以說都是來自一種「受害者情緒」，認為自己是整個外遇事件中受到傷害最深的人，同時把「責任」完全歸咎到配偶或第三者的身上。武自珍（1994）指出，在事件發生後的第一階段配偶的第一反應是震驚而難以接受事實，邏輯思考無

法正常運作，因而陷入情緒及思考混亂的狀態，行為上則出現哭泣、到處查證及無法反應的現象。第二階段常見的情緒是：氣憤、羞恥、忍耐、衝突矛盾。第三階段則行為上和情緒上都逐漸恢復平穩。

至於外遇者，Hunt（1996）指出，一開始約有三分之一的人坦誠初次外遇的結果讓他們感到驕傲，覺得比較年輕、快樂與自信；不過外遇者必須為不忠的行為付出很高的代價。因為外遇觸及了中產階級社會以家為基礎的習慣，在正常的社交生活中，外遇對品德也是不小的傷害，一旦被發現時更給個人本身和妻子兒女帶來心理的創傷，毋庸置疑的，外遇除了使家庭破裂、朋友羞辱外，外遇也帶來無數的法律問題，更加上經濟破產以及失去兒女的危機。出軌的丈夫可能會被高昂的贍養費拖垮，老婆也可能會使他連與子女見面都不可能，出軌的妻子也將明白她可能連一毛錢的贍養費也拿不到，而且她會發現，沒有人會同意她對子女的監護權。在國內，實務經驗顯示，甚少見到「愉快的外遇三角婚姻關係」。多數外遇開始時都以「愛」出發，卻又以「害」結束，婚外情可能造成的六大傷害是：心理傷害、生理危害、事業危機、名節有損、對子女有惡劣的影響，以及經常以恨收場（簡春安，1996）。舉例而言，外遇對當事人事業的傷害，目前多數國內公家機構會將外遇者升遷之路封閉甚至於要求去職，部分私人企業如中國信託商銀、國泰人壽、長榮關係企業等，也都十分在意員工是否發生婚外情的問題。

至於第三者，也不全然都是愉快，除了一樣要面對名節受損的顧慮和影響外，尚需面對社會壓力和指責，還有外遇者的元配可能提出的法律追訴，以及外遇者不確定的承諾與陪伴，甚至還可能有第四者的產生等困擾等，況且，第三者如果未來對婚姻仍

抱有期待，無論是何對象，外遇事件都多少會形成婚姻之路的阻礙，此外，對情婦而言（也許對情夫也是？），尚且需面對年華逝去的問題。

外遇的處理

配偶發生外遇後，究竟該怎麼處理，不是一件容易的事情。由於外遇的類型繁多，牽涉的因素廣泛，夫妻的互動型態各異，外遇的對象的個性與外遇的階段也各有不同，很難擬定一套固定的解決模式，只能提供一些基本的原則，讓當事人參考。

例如，配偶是否該找第三者談判？一般學者專家都認爲不應該倉促進行。性別與人權協會顧問王如玄律師並不鼓勵太太去找第三者，一方面可能遭致羞辱或攻擊，例如，對方可能會否認或者說出「有本事管好你丈夫」之類的話，另一方面去質問第三者也是沒意義的，反而應回頭看看自己的婚姻究竟出了什麼問題。至於第三者如果面對太太來質詢，王律師建議應該理性的傾聽，「因爲這是獲取情報的重要機會，男人可能沒有據實以告的部分，可以從太太這方多方瞭解。」（鄭美里，2002）。吳娟瑜亦以爲，若眞想和第三者見面，首先要問自己是否有足夠的心理準備。也就是要問問自己：見面的用意是什麼？

1. 如果想好言勸對方離去──變成決定權在對方，自己成了懇求的角色。
2. 如果想恐嚇對方離去──多數人吃軟不吃硬，當彼此出言不遜很可能當眾吵起來、打起來，甚至造成了殺害、毀容、火燒屋之類的事件。
3. 如果想幫助對方離去──由於每個人都有自尊心，想用金錢

收買，可能被嚴詞謝絕；萬一碰上貪得無厭者，反而成了威脅的無底洞。所以，最重要的是——見面的用意是什麼？自己希望的是什麼結果？如果沒有「好想法」，也難預期「好結果」；那麼，千萬不要貿然行動。只有「好想法」加上「好行動」，才會有「好結果」（吳娟瑜，1995）。

如果配偶在對方外遇時能以冷靜的態度面對，避免讓自己負面的情緒和非理性的想法，主導自己的行為，會有助於問題的解決。應當思考這個婚姻值不值得維持？如果婚姻因此破裂，自己能否在經濟上、情感上和子女撫養上獨立自主？如果企圖挽回另一半的心應如何做？若由「推力」與「吸力」的原則來思考，簡春安（1991；1996）以及吳就君、鄭玉英（1993）曾將外遇者的關係及輔導策略，用一扼要的圖表示，茲加以整理修訂如次：

圖 12-1　外遇事件的關係圖

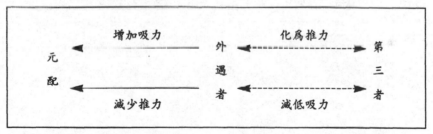

資料來源：改自吳就君、鄭玉英，1993；簡春安，1996。「婚姻與家庭」。

處理婚外情的四個原則是：

1. 將配偶的推力變爲拉力；例如，學習打扮、學習溝通等。
2. 減少配偶的推力；例如，不要天天疑神疑鬼、興師問罪等。
3. 使第三者的拉力變推力；例如，不離婚或爭取經濟掌控權，使外遇者與第三者有經濟的壓力等。
4. 抵消第三者的吸引力；如學習第三者的優點，增強自己條件，以抵消第三者的吸引力（簡春安，1996）。

此外，雖然不易做到，但外遇受害者須能跳脫負面情緒的詛咒，尋求自我心理上的海闊天空，才能顯示樂觀自信神態。所謂「認眞自信的人最美」，不但自我的吸引力會自然產生，也才能有效運用上述的「吸推力」原則；否則憤怒、怨怪、抑鬱、或自責，只會讓自己面目可憎，讓自己的生活秩序大亂，且讓外遇者及第三者更因此有藉口，來正當化其「不倫」行爲。

問題與討論

●●●●●●●●●●●●●●●●●●●●●●●●●●●●●●●●

1. 外遇與婚姻的關聯如何？試加以討論。

2. 通姦應該除罪化嗎？試加以討論。

3. 外遇的定義如何？應包括精神式外遇嗎？

4. 什麼樣的人容易外遇？試加以討論。

5. 幸福和諧的婚姻也可能發生外遇嗎？爲什麼？

6. 外遇的類型有哪些？試加以討論。

7. Linquist認爲配偶發生外遇的大致過程如何？

8. 簡春安認爲外遇的歷程分哪幾階段？

9. 外遇對配偶和外遇者本身可能有何傷害？

10. 外遇的第三者可能會受到的傷害爲何？

11. 外遇的處理原則如何？試加以討論。

第十三章　父母難為

● ●

慈母手中線，遊子身上衣；臨行密密縫，意恐遲遲歸。
～孟郊

大　綱

養兒育女的意義

＊社會對生育的期望

＊子女對於父母的意義

親職工作

＊父母難為

＊法律上的親權

子女管教

＊子女管教的一般原則與要領

＊子女特殊行為的原因與處理

養兒育女的意義

社會對生育的期望

結了婚是否一定要生育兒女？答案當然不是固定的。不過，在傳統上是有這樣的社會期望。所謂「不孝有三，無後為大」，許多公婆確實對於抱孫子存有期望，希望可以傳宗接代、延續家族香火，古代休妻的「七出」說法，也包括不能生育這項理由；不僅此，整體的社會制度與文化價值，也都鼓勵有婚姻關係的夫妻能夠生兒育女，藉以繁衍人口和增加社會生產力。如今，社會雖然已有變遷，但是仍有許多人下意識裡多少會受到世俗眼光和社會期望的影響，以致於結婚時視生兒育女為理所當然。

蔡文輝（1998）指出，即使在高度文明和開放的今日美國社會裡，人們對單身者和無子女之夫妻仍然持有懷疑的眼光。例如，在找職業時，在家有子女常是雇主認為應徵者成熟穩定的特徵之一，可靠和信任，而且在薪水的給予上，亦往往會多於雇用一個沒有子女的。這些制度其實就是社會鼓勵人們生育的規範。而世界上絕大多數的宗教都鼓勵人們生育，天主教教義對淫亂有嚴厲的處罰，而且明白規定，婚姻的目的就是生育；其他基督教雖然沒有這麼古板的規定，但也把新生命的來臨視為一種值得大肆慶祝的喜事。

不過，目前年輕一代對於生兒育女一事，當然並不是毫無反省地接受來自社會和父母親的期望，越來越多的人選擇少生小孩，亦即「少子化」，甚至選擇參加「不做父母聯盟」，成為「頂客族」。這樣的價值觀和選擇，由已工業化的許多國家總生育率的下降，即可看得出來，現代人對於是否結婚以及是否願意為人父

母，與上述傳統社會的觀念已有很大的變化。

　　以美國為例，自六〇年代中期，出生率急遽下降，並持續到今天，1986年每一千個育齡婦女生育64.9個小孩，達到美國歷史上的新低。造成生育率下降的一個主要原因是已婚婦女的就業率上升，而避孕藥和其他便宜有效的避孕方法的普遍推廣，這一發展給了婦女更大的自由來掌握自己的結婚年齡、生兒育女的時間和數目。在七〇年代初，美國每個婦女平均生育率降到了人口更替水準2.1之下。到八〇年代初，總和生育率降至1.8（劉雲德譯，1991）。在臺灣，1999年的生育率已低於替換水準，粗出生率在2000年每千人為14.70，預估2005年為13.89，2010年為12.81（王振寰、瞿海源，1999）。實際上，內政部的統計資料顯示，2001年的粗出生率為11.6‰，較大部分先進國家低，僅高於日本（蔡慧貞、蔡日雲，2002）。可以說，生育率的下降甚至大於多數人的預期。

　　由於已工業化國家生育率的逐年下降，以及平均壽命的延長，造成人口老化的現象，各國政府逐紛紛尋求對策以鼓勵生育，一些歐洲國家都提供懷孕婦女帶職帶薪或留職停薪的生產假、育嬰假，以及育兒津貼等。周慧如（2002）指出，在法國，對家庭有三個小孩，其中有未滿三歲者的婦女，給予額外補助；僱用二百人以上的公司，對已做父母的員工，無論男女，都有兩年無薪教育休假，並保障日後重回工作。在德國，婦女產假可達六個月，前面二個月有薪，後四個月雖無薪，但可領津貼。年輕夫婦可申請低利結婚，若生育一子女，其貸款所需攤還的本金將減少，並再獲另一筆貸款；如生第二胎，兩筆貸款的本金甚至可全額取消。英國的生育補助呈現階梯狀升高，如有未滿十六歲的子女，第一個小孩每年有四百美元的補助，至第四個子女每年補

助七五〇美元。劉毓秀（2002）指出，以瑞典爲例，當地從1974年起便制定親職保險制度，起初父母可共請六個月育嬰假，於1989年延長到十五個月，育嬰假期間的薪資由親職保險給付，而非由個別雇主負擔，減少因爲懷孕造成的勞資關係緊張，同時，爲鼓勵男性育兒，十五個月中的前兩月可領九成薪，前提必須當中一個月由父親申請，其餘十三個月領七成薪。此外，北歐的社區托育政策，將托育責任從單獨婦女身上解除，由全民共同分擔（引自周慧如等，2002）。

在臺灣，經建會指出，我國人口老化的速度，幾乎是歐美國家的兩倍，爲提高生育率，何美彤說，政府財政吃緊，要仿傚歐洲國家編列預算發給奶粉錢很難，但是提高第三或三個以上幼兒的所得稅扣抵額，對稅收的影響不大，應該可行（周慧如等，2002）。近年來政府家庭計畫口號已由「兩個孩子恰恰好，一個不嫌少」，逐漸轉變爲「兩個孩子恰恰好，三個不嫌多」；2002年10月，內政部幕僚單位甚至於提出擬課「單身稅」，以及父母生育第三個小孩將給予新台幣三萬元獎勵津貼的草案，但因有顧慮而取消（東森午間十二時新聞，2002年10月18日）。此外，目前我國法律已有規定除了給予孕婦有薪產假外，夫妻任一方皆可向工作單位申請留職停薪的育嬰假，以及在綜合所得稅的申報上，提供扶養親屬的寬減額以及子女受大專教育的扣除額等措施。

子女對於父母的意義

子女對於父母的意義如何？一般人認爲生兒育女是自然的、合乎道德的，可以使人有責任感、維持心理健康、婚姻有保障，同時也可以證明其生理正常。艾立克森（Erickson, 1950）認爲發展到了成年時期，人類天生就有照顧、喜歡、教導他人的本能

和需慾，而爲人父母是一般人選擇的、滿足這種本能和需慾的方式。雖然從生育、養育、到教育，是很辛苦的歷程，但是那種「被子女需要」的感覺，滿足了許多成人的心理、生理和社會需要，而成人的價值觀、個性、態度知識、技能等等，也可以深深影響著子女，因而感覺到自己是整個文化時代和社會的一部分（黃迺毓，1988）。2002年讀者文摘針對大台北地區已婚者的調查，其中有30%的人認爲「如果不打算生孩子，根本不需要結婚」（陳鳳蘭，2002）。

不過，如果由家庭經濟財政的成本角度來看，則養育子女的代價也是蠻高的。從小孩呱呱落地開始，包括出生的費用、看病、奶粉尿片、衣物玩具等都要花錢，若是雙薪家庭，還要請褓姆來照顧小孩，所費不貲；如果爲了在家照顧小孩，夫妻有一方放棄工作，不僅減少經濟收入，也會中斷與阻礙了個人事業生涯的發展，有形無形的損失更難以計算；還有，小孩從小到大的教育費用支出非常可觀，尤其是小時候的才藝班補習費用，和長大後就讀大專以上學校（尤其是私立學校）的學費和雜費等，更是讓許多人不欲或不敢爲人父母；曾有人估算過目前養育一位子女至成年大學畢業，約需花費新台幣數百萬至一千萬元。

至於付出這麼多的成本，能否獲得相對的報酬呢？答案似乎是否定的。早期社會裡年老後尚可獲得子女的奉養，但在1981年以後，人們卻已不能抱有「養兒防老」的奢望。行政院主計處早在1982年的一項調查報告，即已顯示「養兒防老」觀念的淡薄：「已婚子女與父母分住」贊成者40.65%，反對者24.78%，無意見者33.55%（黃迺毓，1988）。

還有，懷孕前後所產生的各種壓力，也不輕鬆。對於母親而言，雖然懷孕是一件令人期待與興奮的事，但無疑的母親也承受

懷孕過程的許多辛苦。譬如說，懷孕初期的厭食、暈眩與頻尿等現象，懷孕中期的背痛頻率增加與常有的疲勞倦怠等，到了懷孕後期，除了胎兒變大、行動變得不方便外，就是擔心胎兒的健康情形，也使他們更為敏感且有壓力。對於父親來說，除妻子懷孕的不適會使他們感到不安外，家庭責任的加重與經濟壓力的增加，均是為人父親者必經的心理歷程（葉肅科，2000）。另外，初婚夫妻如果太早生育小孩，尚會因為對新生兒的照顧，分散了對配偶的注意力和關心，而讓配偶有受冷落的感覺，有時甚至還會發生彼此吃醋的情形。

此外，由於初次為人父母缺乏經驗，手忙腳亂和心浮氣燥是常有的事，為小孩的事弄得精疲力竭，以致於產生關係的緊張，也是生育兒女可能的負擔。再者，養育小孩可能減少了自己追求事業發展和自我實現的機會，因為每個人的時間精力有限，要同時兼顧個人生涯目標與家庭子女養育不易；而個人自我實現與社會地位成就的追求，卻是現代人首要的生活重心和目標。此外，為人父母尚有親權行使和子女教養的問題，因此，有些人便在結婚之初即自願選擇不為人父母，有些人則是雖然願意擁有小孩但卻是在「理想時刻」，也就是結婚之初暫時不願養育小孩，尤其是受過高等教育的人（李紹嶸、蔡文輝譯，1984）。

除了因為上述的一些顧慮考量，有人自願選擇不當父母以外，另外也有一些人係非自願性不為父母，他們雖然嚮往兒女圍坐身旁、承歡膝下的天倫之樂，但卻是不能如願，原因是因為不孕。吳就君（1999）指出，大約有10～20％的夫妻有不孕的問題，正確的數字很難知道，男性不孕的原因包括：精子的產生和成熟度的問題、精子活動力欠佳的問題、輸精管阻塞或阻斷的問題、行進中精子的問題等；女性不孕原因包括：荷爾蒙的問題、

骨盆腔發炎的問題、習慣性流產或異位懷孕等問題。

親職工作

父母難爲

　　除了上述所提的一些問題外，擔任爲人父母的親職角色尚需面對許多教養小孩的各種難題。例如，青少年的問題也是令父母頭疼的，看到傳播媒體報導中青少年未婚懷孕、吸食藥物、自殺等情形的增加，常令父母觸目驚心，擔心自己的孩子會不會這樣。美國1989年的統計，青少年自殺率是二十年前的四倍，原因是他們對於現在的壓力沒有信念和能力去調適，對未來的前途感到沒有希望。暴力事件的增加也是今日社會和家庭的一大隱憂，事實上我們已看見無須等到成年，一些青少年和兒童已仕學校和社會中有樣學樣了。再看我們的傳播媒體，如電影、電視、錄影帶、漫畫等等，宣揚暴力是不遺餘力。在美國的研究發現，孩子在十八歲以前平均在傳播媒體上看到一萬八千件的凶殺事件，在英國的統計則發現電視上每小時有1.5次的暴力鏡頭。而在臺灣，光看電視劇打耳光的鏡頭之多，就不知讓我們的孩子學了多少（鍾思嘉，1983）。

　　還有孩子所生長的環境尚遭受許多污染和傷害，如綁架、虐待、校園意外傷害、車禍、色情、菸酒藥物污染等，都讓爲人父母者擔心。讓我們想像一下，如果有一個孩子很不幸地碰上了，他會是什麼樣的情況。畫面是這樣開始的：小明，小學五年級，早上七點鐘背著沉重的大書包上學了，他必須快步奔走，因爲媽媽說路上小心壞人會來綁票；經過學校附近的牆邊，看到一些不

堪入目的色情海報，然後進入一個男女生隔絕的學校或班級上早自習課；早上十點下課時在同學們擁向操場活動時在樓梯間被推擠而摔傷了膝蓋；下午兩點時，有一群拿著補習班抗議布條的人在校門口大聲叫喊，吵的不能專心聽課；下課後有課業輔導，老師說補習要趁早補；課業輔導後想上廁所卻憋住尿不敢去，爸媽說天色暗時不要獨自一人上廁所，因為可能碰到壞人；出了校門站在十字路口提心吊膽地過馬路，還差點被摩托車撞到；回到家時，媽媽正在和朋友打電話大談股票經；肚子餓了，找遍了冰箱沒東西吃，問媽媽又被說煩，她一生氣賞了自己一巴掌；躲回自己的房間，翻出向同學借來的漫畫書，裡面有好多妖精在打架；看完了書，媽媽還在用電算機算出最近股票虧了多少，好像沒有要做晚飯的意思；突然想起，明天星期六不上課，趁媽媽出門去號子後，找小雄去哈幾根煙，那才逍遙自在……，唉！這就是大人說的快樂童年嗎（鍾思嘉，1993）。

這些擔憂固然不是空穴來風，也不僅只是因為誇大渲染心理所造成的「草木皆兵」，但是卻不可諱言確有一部分的顧慮擔憂，的確是來自於父母的種種期望。父母親對於小孩總是有許多主要的期望，除了期望小孩平安健康長大外，期望他們不要學壞，不要被外在惡劣的環境污染，可以很有成就，甚至可以顯揚家族名聲……等。這些期望對於父母或小孩雙方面來說，都會有壓力。

除了上述主要期望以外，尚有較為次要的一堆期望，像是「做事要有計畫，能自動自發把自己的事處理得很好」、「你大方點，勇敢點！」、「變得很能幹，什麼事都學著去做。」、「自己能做到的事自己去做，不要一天到晚黏著爸媽。」、「放大膽一點，不要害怕別人，頭舉高身體伸直。」、「你的個性很急，媽媽希望你凡事能等待一下，一定能做得好！」、「對人和事都心存愛

和感謝之心。」、「學習獨立自主、合群。」、「做事不要計較金錢或有什麼好處。」……等等不勝枚舉的「孩子！我希望你……」；此外，還有更為瑣碎細節的日常生活習慣上的期望，像是「你早上能早點起床，晚上要早點睡！」、「走路慢慢走，吃飯慢慢吃，不要急！」、「說話聲音不要太大，和別人在一起時不要嚷嚷。」、「吃完飯才看電視。」、「你能幫媽媽做家事。」、「你不要吃太多零食，而正餐都不吃。」……等，光是從早上起床、穿衣、盥洗、吃飯、上學到下午的放學、做功課、洗澡、看電視、上床睡覺等等就夠父母操心的，催三請四沒效後，於是火氣上升、聲音尖銳高揚……親子衝突的戰火開啟了！（鍾思嘉，1993）。

所以，父母不能不關懷小孩，但既然關懷，就難免有期望，所謂「望子成龍，望女成鳳」，於是期望可能變成「愛的壓力」，可能成為孩子心中不可承受之重，甚至是一輩子無法抹去的陰影，對父母來說，則常是無法釋懷的失望，甚至是長期的難過和傷痛；果真如此，期望的結果若換來彼此的衝突和失望，則又將情何以堪？！孩子固然挫折，父母也是哀聲嘆氣，彼此間又不願、也不太可能「你走你的陽關道，我走我的獨木橋」，那麼孩子呢？只好向同儕吐苦水或生悶氣，父母呢？只好說：「父母難為！」

法律上的親權

尚且，在法律上，父母與子女之間的關係亦十分密切，彼此互負扶養之權利義務。當小孩尚未成年前，由於未具完全行為能力，更需要父母加以保護教養，保障其身心之最佳利益，直至小孩成年為止，父母之親權方告段落，因此，法律明文規範父母的

權利義務。當父母的行為在法律上被認定為失職時，不但會被剝奪親權，嚴重的話還要負民事及刑事上的責任。而父母因為虐兒或是無法善盡親職，而被剝奪親權甚至於被起訴的消息，媒體上時有報導。

這些親權行使相關的法律規定頗眾，主要包括（教育部，1998）：

1. 民法相關規定：（1）民法之第一千零八十四條第二項規定：「父母對於未成年之子女，有保護及教養之權利義務」。其中未成年人係指未滿二十歲之子女而言。（2）民法第一千零九十條規定：「父母濫用其對於子女之權利時，其最近尊親屬或親屬會議得糾正之。糾正無效時，請求法院宣告停止其權利之全部或一部分」。（3）父母是未成年子女的法定代理人。未成年子女不法侵害他人的權利時，父母與未成年子女連帶負擔損害賠償責任（民法第一百八十七條）。

2. 少年福利法相關規定：（1）保護少年是父母、養父母、監護人的責任。少年是指十二歲以上，未滿十八歲的人。少年的父母、養父母或監護人應禁止少年為下列行為：（a）吸煙、飲酒、嚼檳榔，禁止少年出入酒家、酒吧、酒館（店）、舞台（場）、特種咖啡茶室及其他足以妨害少年身心健康之場所。（b）吸食或施打迷幻、麻醉物品。（c）到足以妨害身心健康之場所當侍應生，或從事足以危害或影響身心發展之行為。（2）父母、養父母、監護人發現少年有吸毒、進出不正當場所、從事不正當行為，不加制止應負之責任：（a）少年之父母、養父母、監護人明知少年出

入酒家、酒吧、酒館（店）、舞台（場）、特種咖啡茶室及其他足以妨害少年身心健康之場所，不加制止者，處二百元以上一千元以下罰鍰，並公告其姓名。（少年福利法第二十六條第一項）（ｂ）少年之父母、養父母、監護人明知少年吸食或施打迷幻、麻醉物品，不加制止者，處一千元以上五千元以下罰鍰，並公告其姓名。（少年福利法第二十七條）（ｃ）少年之父母、養父母、監護人明知少年有第二十一第一項之行為（充當酒家、酒店、特種咖啡茶室及足以妨害少年身心場所之侍應生）不加制止者，處一千元以上五千元以下罰鍰，並公告其姓名。（少年福利法第二十八條第一項）

3. 少年事件處理法：少年之父母忽視教養，致少年有觸犯刑法法律之行為，或有第三條第二款觸犯刑罰法律之虞犯行為，而受保護處分或刑之宣告少年法院得裁定命其接受八小時以上五十小時以下之親職教育輔導。拒不接受前項親職教育輔導或時數不足者，罰款新臺幣三千元以上一萬元以下罰鍰；經再通知仍不接受者，得按次連續罰款，至其接受為止。（少年事件處理法第八十四條）

子女管教

子女管教的一般原則與要領

所以，孩子需要管教嗎？答案當然是肯定的。因為孩子未成年前，身心尚未發展成熟，無能力於社會上獨立謀生，對於周遭

事情的認識和處理，也未具有正確的是非判斷能力，故而當然需要為人父母者給予保護教導與管教。尤其在其年幼之時，運用適當的賞罰和獎懲，甚且是必要的，可藉以幫助孩子建立正確的是非觀念，使其能符合社會的規範。

那麼，應如何管教呢？馮燕（1996）以為，首先，在孩子小的時候，需要以賞罰來協助他明白事情的對錯；其次等到他年紀漸長，逐漸有能力能夠自我判斷時，就應該改用事先告誡、事後討論的方式，藉由良好的溝通，以培養孩子有能力去明辨是非，成熟地待人處事。此外，父母雙方在孩子的管教方面也應該事先溝通，建立一致的管教態度，最好也能和褓姆或學校老師時常溝通管教的原則及觀念，同時也瞭解孩子在家庭外的行為表現。又從孩子有能力能夠表達自己的意見開始，就可以和他做語言的溝通，父母有些行為的要求可以說給孩子聽，也讓孩子有機會表達自己的想法，讓親子之間能夠建立在互相瞭解及溝通的基礎上來處理任何的衝突，是比較民主的管教態度。父母為培養孩子獨立的個性，應適當的選擇時機給予協助，而不是無條件的替他處理，幫助他能夠有機會利用自己的力量來解決事情。還有，父母的態度對孩子是有很大的影響。愛是人類基本需求中很重要的一項，孩子從他出生有知覺開始，便需要愛，成人親切的關注及愛的接觸，對任何階段的孩子而言都是非常需要的。愛是重質不重量的，它是一種發自內心，能讓對方感受到親切、真誠、不自私的感覺，所以，即使只是眼神的接觸、微笑、親切的撫抱以及一同歡笑、一同享受一段時間，都是很好愛的表達，就算是還不會說話的孩子，也能敏感的感受到大人對他的愛，以及自己是不是被疼愛。

的確，子女的管教需視其身心發展階段與個性傾向，郭耳保

（Kholberg）曾將個人道德的發展階段分為成規前期、成規期、與成規後期，隨著身心與道德成熟度的發展，個人自律的能力愈大，但愈在前面的階段便愈需要外在力量的約束，故行為學派的獎懲運用也愈為重要。不過，賞罰獎懲的使用並非隨父母一時之情緒好惡，倘使運用錯誤，非但不能達到父母預先的期望，反會造成親子關係的衝突與緊張。

有關年幼子女管教的具體賞罰獎懲應用，多湖輝（1991）指出一些策略要領，茲摘錄其重要者於下：

1. 適時糾正孩子的朋友，是教養自己子女的好機會：直接叱責孩子多半不能達到教養的效果，反而會遭到抗拒。在這種情況下，利用孩子的朋友，或許可以達到訓誨的效果。

2. 小錯要當場斥正，大錯則事後質問：多數的人通常對孩子所犯的小過錯都採取原諒的態度，而大的錯誤才去責罰他。這正好相反。有很多「無心之過」和微不足道的小疏忽，慢慢就會成為習慣。這種「無心之過」一旦成為習慣是很可怕的！

3. 別人的誇獎更有效：誇獎孩子是為了喚起孩子的認真做事的有效方法。可是站在教養的立場上，又容易產生許多問題，最好的方法是藉第三者的立場誇獎孩子，而不要由父母親直接讚揚孩子。

4. 相同的過錯，要以不同的措詞來教誨：經常聽到許多母親抱怨教養孩子的煩惱「我家的小孩，一再地對他講都不聽話」，聽了這樣的話，我認為就是因為一再地嘮叨不停使致。就像這樣，刺激一旦成為一種單調的行為，便完全失效了。因此在教養孩子的時候，不要每次都用同樣的話責

備孩子，多想點辦法，每一次換一種說法刺激他。

5. 要以低於平常的聲音責備孩子：責備的話語，必須比平常說話的聲調更低。根據耶魯大學的心理學家賀普朗多的研究，溫和不慍的解說要比滔滔不絕，或是演講式的說法，更能提高學生的理解度。尤其在教養孩子的情況下，不粗聲暴氣地斥責更能達到目的。

6. 體罰只是警告，五次只眞的實行一次：我們不能否定，以要處罰爲要件，而實際上並不處罰的威脅態度讓小孩子服從的效果。可是，這種威脅僅只是威脅的話，對小孩子來說，便成了父母親的「謊言」，是沒有效果。話雖如此，不聽話就給予處罰，會壓抑小孩的心理，對父母產生害怕的心理。這是一種「恐怖政治」，不能培養孩子自主處理事情的自立性。最好把「威脅」當作一種手段，五次中大約一次，才眞的狠下心去處罰他。這便是運用了心理學上常提到「間歇增強」的效果。

子女特殊行爲的原因與處理

除了上述一般性管教原則與要領外，針對子女一些特殊的行爲，不論是輕微或較嚴重的偏差，偶發性或經常性的偏差，都常會令父母感到挫折、憤怒與無力感，例如，說謊、打架、偷竊、畏縮、霸道、注意力不集中、懼學……等，父母也需瞭解發生這些行爲的背後眞正原因，才能採取較爲有效的處理對策。

以說謊爲例，小孩子犯了錯，常常是因爲擔心父母的責罵懲罰，逐藉著說謊意圖來加以掩飾；尤其是越嚴格的父母，或是父母越加制止的事情上，子女常有被逼說謊的情事，來逃避可能的

懲罰。另外可能的原因，尤其是年幼的孩子常發生的，便是把想像與現實混淆，例如，希望有機會和家人到國外旅行，但是一直無實現，遂在與同伴相處聊天的時候，編織旅行的謊言，滿足自己的想像，也藉機誇耀同伴。這種謊言若是偶發性的，父母便無需過於驚慌而嚴加斥責。如果孩子是經常性的說謊，則父母倒是應該反躬自省，管教態度和方法是否失當。

以偷竊為例，鍾思嘉（1993）指出，小孩子如果偷竊父母的金錢，父母當然會怒氣沖沖。不過，有些父母不僅把錢亂放，甚至不知道自己到底有多少錢，所以孩子如果拿了點錢也不會被察覺到，一次的食髓知味經驗，可能增強孩子這種行為的不斷發生，甚至對別人的財物也是如此，那就問題嚴重了。一般而言，孩子偷竊行為的原因有：（1）獲取利益；（2）作為炫耀的手段；（3）獲得注意力；（4）爭取權利和報復。

其他尚有多種特殊行為，限於篇幅，且因有個別差異之故，不免一一詳細加以引介。總而言之，孩子各種偏差行為的產生，與家庭氣氛是溫暖和諧抑或冷漠拒絕，父母管教是權威式抑或民主式，兄弟姐妹之間大抵是友愛抑或競爭，友伴同儕多是良友抑或損友，個性傾向是溫和謙讓抑或桀驁不馴，及學校師長是否能正確對待……等等因素都息息相關，牽涉不只一端，且大部分是日積月累，非一朝一夕所致，故須探究其真正原因，輔以耐心、愛心，方有可能（非一定）導入正途；且過程中所付出的心力與代價，有時尚無法以筆墨來形容。故曰：「父母難為！」

問題與討論

●●

1.人口老化現象產生後，各國政府如何鼓勵生育？

2.子女對於父母的意義如何？又生育兒女有無代價？

3.父母難為嗎？試加以討論。

4.法律上對親權的規範如何？

5.子女需要管教嗎？如何管教？為什麼？

6.獎懲運用的原則如何？試加以討論。

7.小孩說謊的可能原因有哪些？如何處理？試加以討論。

8.小孩偷竊的可能原因有哪些？如何處理？試加以討論。

第十四章　家庭暴力

● ●

恨能挑起爭端，愛能遮掩一切過錯。

～聖經

大　綱

家庭暴力的定義與類型

＊家庭暴力的定義

＊家庭暴力的類型

家庭暴力的特徵與解釋理論

＊發生家庭暴力的家庭特性

＊家庭暴力的解釋理論

家庭暴力的預防與處理

＊家庭暴力的預防

＊家庭暴力的處理

家庭暴力的定義與類型

家庭暴力的定義

家庭是個人心靈的庇護所，是個充滿溫馨歡笑的地方；然而，家庭卻也可能成爲個人情感及人格壓抑的場所，以及隱藏充斥暴力和傷害的地方。早期傳統眼光裡，總認爲家庭是最親密的基本團體，由正面的角度看待家庭的結構功能和家庭分子間的互動，認爲非但可以提供個人身心各方面的滿足，而且協助個人解決問題與紓解壓力，「家是我的避風港」、「天下無不是的父母」……等話語，便是坊間常見的一些形容描述。

但事實上，家庭可能存在著暴力，而且發生的頻率也不甚低。劉秀娟（1997）指出，暴力在兩性親密關係中之普遍程度與發生頻率已與親密關係中的「愛」不相上下。在我們的社會中，個體遭到家人殺害、身體毆打、凌虐及掌摑的暴力虐待程度與頻率，往往甚於家庭以外的地方或他人所作的傷害。如同Straus, Gelles和Steinmetz等人（1976）所說的，在家庭中，暴力比愛來得尋常可見。嚴格來說，暴力對個體的最早影響可說是來自家庭，甚至可視爲家庭文化及權力的反映作爲。

家庭暴力指稱發生於家庭分子間的各種形式的暴力和虐待，一般包括施虐者及受虐者，暴力行爲並可能造成程度不等的生心理傷害。家庭暴力的種類不少，也並非始於近代，Gelles & Cornell指出，親密關係間的暴力，並不是一件新鮮事。有一次，我們被問到「手足暴力的起源，可以追溯至什麼時候呢？」我們的回答是：「可以追溯自＜創世紀＞，當Cain殺了手足Abel的時候，便開始有了手足暴力」。同樣的，在聖經裡有許多對於家庭暴

力的描述。在聖經第一章中，神的戒律使得Abraham犧牲了他的兒子Issac。稍後，在新約中，耶穌（Jesus）的獲得救贖或者可以視為是來自於Herod「屠殺無辜的人」（salughter of the innocents）的結果所致。而在西方社會的歷史中，兒童曾經遭受無法形容的殘暴對待；在古代或史前文化時期，殺嬰是一件極為普遍且被接受的事實。嬰兒也有可能被遺置一旁，無人理會直到死亡，或許只因小嬰兒太愛哭，或患有疾病，或是畸形，或是因為具有某種讓人覺得並不完美或不完整的特質，而遭到如此對待。至於婦女，社會學者Rebecca 和Russell Dobash（1979）指出，若要探究現今社會中毆打妻子的情形，一個重要的方法，便是瞭解並重新釐清，長久以來婦女被視為家庭暴力事件中，是最合適的受害者的情形。羅馬人的丈夫，不僅控制了他的子女，同時也控制妻子。他們可以懲罰妻子、離婚、或是殺害妻子（Gelles & Cornell，劉秀娟譯，1996）。

　　家庭暴力固然有其歷史淵源，不過在早期的許多社會裡並不被人視為異常，此不特存於西方。我國傳統所謂「棍棒出孝子」、「父要子死，子不敢不死」、「在家從夫，夫死從子」……等話語所制約的家規及隱含的家庭暴力，與西方早期社會相比亦未有高明，遑論其他具體並廣為人知之夫妻相虐、手足相殘事例。而將家庭暴力視為一項議題，甚至是亟需政府力量介入的社會問題，卻是晚近的事。葉肅科（2000）整理國外學者研究指出，雖然虐待總是存在的，但毆打兒童的問題卻一直到1962年才被公眾確認；配偶虐待，特別是打老婆，一直到1970年代中期才被視為是嚴重的事；老人虐待與求愛虐待的顯現甚至更晚。

　　現今由於視家庭暴力為一項亟待政府介入並協助解決的社會問題，一些文明國家的各級政府皆設有家庭暴力防治中心相關的

單位，以提供此類資訊的服務並給予受害者必要的緊急協助。近年來因爲經濟不景氣的緣故，家庭暴力案件數字也一直居高不下，以臺北市的家庭暴力防治服務中心所發表的統計數據來看，自1999～2001年，每個月的婚姻暴力求助案件都維持在數百件之間，兒少保護則不足百件，其1～8月統計如表14-1（臺北市家庭暴力防治中心，2002）。

表 14-1　　1999～2001年1～8月臺北市求助專線案件統計

	1月	2月	3月	4月	5月	6月	7月	8月
1999年家暴案件件數	522	332	445	465	565	948	1207	1032
兒少保護	99	59	92	108	135	124	154	137
婚姻暴力	401	254	315	308	408	720	927	765
老人保護	10	10	22	18	15	29	27	22
其他家庭	12	9	16	31	7	75	99	108
2000年家暴案件件數	605	597	700	710	697	737	874	706
兒少保護	67	68	95	93	92	102	111	88
婚姻暴力	483	472	529	539	534	564	674	546
老人保護	7	15	23	18	22	26	16	18
其他家庭	48	42	53	60	49	45	73	54
2001年家暴案件件數	577	810	809	668	660	630	696	755
兒少保護	97	88	125	98	112	93	82	103
婚姻暴力	412	626	576	495	491	462	512	562
老人保護	22	27	27	10	13	14	18	17
其他家庭	46	69	81	65	44	61	84	73

資料來源：臺北市家庭暴力防治中心，2002年8月25日。
http：//www.fv.tcg.gov.tw/407-2.htm

家庭暴力的類型

家庭暴力的種類，可以依暴力的形式，分為身體虐待、精神虐待、性虐待、疏忽等；亦可依施受虐對象，分為配偶虐待（即婚姻暴力）、兒童虐待、老人虐待等。依暴力形式區分，包括：

1. 身體虐待：即施虐者以手腳對受虐者的身體施以推撞、拉扯、拳打、腳踢等行為，甚至於使用物品或武器（刀、槍、棍棒等）向被害者攻擊，致使其身體受到程度不一的輕或重傷害，甚至於死亡等。

2. 精神虐待：施虐者利用恐嚇、威脅、辱罵、拒絕、貶抑、諷刺等不人道的言詞行為方式，造成受虐者精神心理或情緒上的害怕、內疚、自卑等傷害，並藉以達到施虐者的控制目的。

3. 性虐待：對配偶，施虐者以強迫、威脅的方式要求性交或性接觸，或者以受虐者不喜歡的方式來進行性交或性接觸，甚至因而傷害到受虐者，即是性虐待。

4. 疏忽：對於未具基本謀生能力的子女，或是無獨立經濟生活能力的家庭主婦（夫），未能或故意不提供充分的衣、食、住、行、醫療照護等資源，或是應注意提供必要的保護措施動作，均屬之。如讓小孩出入不正當場所，或不理會其抽煙、吸毒等不良行為習慣，亦屬疏忽。

若是依虐待對象來區分，則可包括：

1. 兒童及青少年虐待：兒童是12歲以下的小孩，青少年則是12歲以上未滿18歲。兒童及青少年虐待是指兒童的父母或

親友兒童及未成年青少年，施加身體或精神上的傷害、性虐待、疏於處置與惡意對待等，致使兒童的健康與福利受到威脅或損害。美國社會經驗顯示：10％以上的兒童經歷嚴重的暴力事件，亦即每千名有107位受到暴力傷害。每年，至少有一百萬的3～17歲兒童在雙親家庭裡受到虐待，這並不包括單親家庭或3歲以下兒童所發生的虐待（陳若璋，1993；余漢儀，1995；臺北市政府社會局，1996；葉肅科，2000）。除了被暴力相向外，兒童的性虐待問題快速的增加並引起了大家的注意及關心。以澳洲為例，有28％的女性說在兒童和青少年曾被性虐待，且多在12歲以前；同樣的，男性也有9％的人報告在青春期被騷擾過，受害頻率最高峰的時期，男生是轉換為青春期階段（62％）；女生則是10～12歲這段期間（林燕卿、楊明磊，1998）。兒童性虐待的施虐者不限於家人和親友，鄰居與陌生人也有可能，但前者比率較高。

2. 配偶虐待：也稱婚姻暴力，配偶之間的施虐不一定是法律上的定義，而是行為上的定義，藉著施加身體、性或心理上的虐待，施虐者有意識的控制他的伴侶。施虐者固然不限定何種性別，丈夫也有可能是受害者，但超過95％受虐者都是女性，她們屬於不同的經濟、文化背景。所有受虐婦女唯一共同特質是：她們都是女人（台北市政府社會局，1996）。美國1986年的一項全國性調查，發現有16％的受訪家庭發生了一些的配偶暴力事件。超過1/4（28％）的夫妻在談論婚姻關係時，提到了婚姻暴力（Gelles & Cornell，劉秀娟譯，1996）。

3. 老人虐待：老人虐待是較晚近才發生的一項家庭暴力議

題，根據國外現有資料顯示，最容易受虐的老人是高齡的女性（Senstock & Liang，1983）。在我國，未工業化和都市化之前，傳統上敬老崇祖的觀念頗濃，加上由於農業經濟社會的家中經濟大權掌握在老人手中，虐老的事情較為罕見。如今家庭逐漸核心化，重心轉為配偶家庭，三代同堂家庭中的老人已不似以往般受到尊敬重視，社會傳媒提供的老人形象也比較是衰弱需人扶持的樣貌，欺老、虐老的情事逐時有所聞。家庭中若有虐老行為，常見者主要是疏忽，對其刻意或不經意在照顧上的忽略；其次才是精神情緒上的虐待，在言詞上的尖酸刻薄和斥喝；再次才是身體虐待，因老人風燭殘年之軀經不起生理傷害，身體暴力容易衍生法律問題與公權力的介入。

4. 其他虐待：如手足間之身體虐待、言詞打擊與冷嘲熱諷，或是如性騷擾或強暴的家人間求愛暴力等。

家庭暴力的特徵與解釋理論

發生家庭暴力的家庭特性

家庭的型態形形色色，家庭暴力也有許多的類型，欲探求虐待發生的統一原因並不容易。有人以為教育程度較低，社經地位不高者，有較高的婚姻暴力，其實並不盡然，在施虐者當中，不乏高學歷、高收入、高社經地位人士。有人以為施虐者都有精神疾病，其實也不對。根據臺北市政府社會局（1996）的統計，施虐者有精神疾病者僅占8.8%，比率並不高。

因此，國外學者Straus與他的同事們在仔細思考所有被發現與家庭暴力有關的變項後，將這些因素放在一起探討。Straus，Gelles & Steinmetz（1980）說明了最有可能發生兒童虐待的家庭特性為：

1.父母雙方均對子女有口語上的攻擊。
2.夫妻之間的衝突比一般人多。
3.丈夫對妻子有口語上的攻擊。
4.丈夫對妻子有攻擊行為。
5.丈夫為勞工階級。
6.丈夫對自己的生活水準不滿。
7.妻子是勞工階級或是全職主婦。
8.妻子的年齡在三十歲以下。
9.丈夫和妻子在幼年時曾有體罰的經驗。
10.家中有二名或二名以上的子女。
11.夫妻的婚姻年數在十年以下。
12.夫妻搬入住宅附近不到二年。
13.父親／丈夫沒有參加有組織的宗教團體。
14.父親成長於他的母親會毆打父親的家庭中。

在報告中指出，不符合上述任一項特性的家庭，並「沒有」（no）發生對兒童的虐待性暴力。而十四項特性全都有的家庭，有3/10家庭被發現對兒童使用虐待性的暴力。儘管這些發現，對於有沒有發生兒童虐待的解釋，並不是十分完整，不過，的確也使我們對於增加兒童受虐危險的情況有所洞察（引自Straus，Gelles & Steinmetz，1980；劉秀娟譯，1996）。

而與虐妻相關的一組家庭特性，Straus 和其同事也指出二十

項：

1. 丈夫的職業狀態是打工性質或是失業。
2. 家庭收入低於6,000美金。
3. 丈夫是勞工（如果有工作的話）。
4. 夫妻雙方均擔憂家中的經濟問題。
5. 妻子對於家庭生活水準不滿。
6. 有二名或二名以上的子女。
7. 夫妻雙方對子女常有不同的意見。
8. 夫妻雙方均成長於父親打母親的家庭。
9. 婚姻年數在十年以下。
10. 夫妻雙方均三十歲以下。
11. 夫妻為非白人種族。
12. 比一般夫妻有較高的婚姻衝突。
13. 家庭與個人的壓力非常大。
14. 丈夫或妻子控制家庭決策。
15. 丈夫對妻子有口語上的攻擊。
16. 妻子對丈夫有口語上的攻擊。
17. 夫妻兩人都常喝醉，但都不是酗酒。
18. 夫妻搬入住宅附近不到二年。
19. 夫妻沒有參加有組織的宗教團體。
20. 妻子是全職主婦。

就和對虐待兒童家庭特性的描繪一樣，一個家庭如果不具以上任何一項特性，就沒有虐待配偶的情形發生。在去年，很不幸吻合以上因素超過十二項特性的家庭中，發生虐待妻子的機率超過了6/10（引自Straus，Gelles & Steinmetz，1980；劉秀娟

譯，1996）。

有一項迷思，是受虐的妻子（丈夫）本身具有被虐待狂，所以甘願被虐待不願反抗或離開施虐者，這其實是頗值得商榷的。蔡文輝（1998）以爲受虐的妻子之所以忍受的原因是：

1.小時候的經驗常常見到母親被父親毆打。
2.有些妻子常自責是自己的錯。
3.以爲維持婚姻是自己的責任。
4.缺乏自尊心。

另外，臺北市社會局（1996）指出的原因則包括：

1.沒有獨立的經濟能力。
2.放心不下孩子。
3.長期處在被控制、虐待後，缺乏面對社會的勇氣。
4.認爲離婚是一種恥辱，而無法離開受虐環境。
5.缺乏社會支持，無路可去。
6.擔心施虐者報復，連累家人與自身的安全。

家庭暴力的解釋理論

除了家庭特性的探討外，對於家庭暴力產生的原因，尚可由學術派別理論來整體性做分析。學者們常提及的有關家庭暴力解釋理論，包括精神病學模式、社會情境模式、社會學習模式、資源論、及女性主義等。

其中傳統的精神病學模式，是將虐待視爲施虐者的性格特質，如精神病、反社會人格等，不過，根據臺北市社會局（1996）

的統計，施虐者有精神疾病者僅占8.8%；施虐者有人格上的問題則較常見，如大男人主義、挫折忍受度低、情緒管理能力差、沒有自信、有不良嗜好與習性等。不良習性包括52.5%的酗酒、37.3%的賭博、21.1%的外遇、7.8%的吸毒。楊家正等（1998）以為，針對此種原因，例如虐妻行為，便將其歸咎於男性內心問題上，例如，衝動、缺乏自控力、低容忍力等等；施虐者被視為受害者，所以並不著重他們要為使用暴力負責，小組治療時著重協助施虐者省察自己，如何被以往受傷的經歷影響，此模式假設施虐者若能讓創傷痊癒，需要用暴力的傾向便會減低。

社會情境模式則以為，家庭的暴力和虐待有兩個主要因素，首先是結構性的壓力（structural stress），例如，低收入與家庭暴力之間的關聯性；其次是文化規範（cultural form），例如，「不打不成器」、「結婚執照就是打人執照」，這些句子所傳達的訊息。如果結構性的壓力，再與文化取向的暴力結合，那麼，在資源匱乏不足的情況下，就導致許多家庭成員以暴力和虐待的行為，作為因應結構性壓力的方法（Geless & Cornell，劉秀娟譯，1996）。

與文化規範相關的是社會學習模式，即班都拉Bandura的理論，人們若是成長於暴力相向的家庭，自小觀察學習暴力，耳濡目染，銘印在腦海裡，很可能會產生代間轉移的現象，而成為暴力循環。暴力被視作一個學習得來的行為，既然可以用暴力，亦可以學習不用暴力。故治療時會針對技巧欠缺（Skill deficit），並幫助男性學習控制憤怒的情緒；學習對自己發怒前心理、生理之反應提高警覺；學習減輕壓力的方法等等（徐光國，1996；楊家正等，1998）。

另外一個對家庭暴力的解釋，是William Goode提出的資源

論。此模式以爲當一個人所擁有或可控制的資源愈多，實際上，他（她）所展現出來使用暴力的行爲愈少。所以當丈夫想在家中做一位掌控者，但是所受教育有限、工作聲望與收入都不高，並且缺乏人際關係的技巧時，便極有可能選擇使用暴力（Gelles & Cornell，劉秀娟譯，1996）。國內家扶中心的基金會曾針對兒童虐待做統計，指出虐兒的父母五成的教育程度爲國中以下，且高於四分之一處於無業狀態（家扶基金會統計，2002）。

還有，就是女性主義（Feminist Approach）的模式，認爲暴力本身是一種控制，將兩性關係解構成權力控制的關係。而各種社會制度如法律、政制、社會服務等也協助強化了男性的權力及地位。基於這個觀點，暴力行爲並不只是技巧欠缺或屬於意外性地發生，而是男性有意或潛意識地向女性施暴，所以治療是要針對整個社會男性要控制女性這種價值取向。治療時這類小組會幫施虐者自我檢視及省察男女平等的信念（楊家正等，1998）。

家庭暴力的預防與處理

家庭暴力的預防

家庭暴力對家庭分子的傷害性非常大，同時暴力具有再發性與循環性，那麼，要如何來預防家庭暴力呢？這可以分爲婚前和婚後兩階段來談。社團法人臺灣省婦幼協會（2002）有鑑於家庭暴力對於婦幼安全的負面影響，特於其網站敍述「婚前預防與婚後避免家庭暴力」的方法，頗具有參考的價值，茲將其中婚前預防暴力列出如下，有興趣的讀者可以到其網站閱讀其餘部分：

婚前如何預防暴力？

他或她是否有暴力傾向？

　　儘管到目前為止，我們對婚姻暴力成因的瞭解並非百分之百，但我們確實知道一個人如何處理壓力焦慮的方式，是重要指標。根據受害者所提供的施虐特質，也許你不妨先問幾個問題，再決定是否要對方做朋友或互定終身：

1. 他生氣時都做些什麼？不論你們的爭執多微不足道，他卻常威脅著要摔東西、捶牆、打破物品、傷害你等等，這正顯示他缺自制力的危險訊號。
2. 他是否對動物很殘忍或曾對他人暴力相向？你應該留意，他是否認為使用暴力獲得權力，是一種可以被接受的事情。
3. 他試圖使你在他的控制之下嗎？他是否以一種看似出於關心，但卻可能過於干涉管束你如何穿著、如何過日子的態度或行為來對待你，甚至可能到了讓你覺得沒有他你就不能做決定的程度。
4. 他試圖將你與親友隔離？切斷你與親友的聯繫是一種有效控制你的方式，他常常有這樣的舉動嗎？
5. 他常常覺得你要為他的錯誤負責？對他而言每件事都是別人的錯。
6. 對於你的成功他如何反應？顯使一些嫉妒是自然的，但他若感到受威脅、生氣、憤怒等都是一種警訊。
7. 他能否同理他人的感受？如果他沒有能力去考慮他人的感受，則表示他可能會傷害別人。

8. 他曾經打過你嗎？不管他事後如何表示道歉，一但他打你一次就已經打破男女關係的禁忌，這也使得下一次出手更容易些。

9. 他曾經打他前任的女友嗎？這更能顯示他會打你的潛在因子。

10. 他重視你的意思嗎？施虐者的低自尊，往往使他想要控制他人的意志行動，以增強他的自尊，因此往往他是非常自我中心而忽略你的意見與自主選擇權。

11. 他或他的父母有飲酒或吸毒的問題嗎？

12. 他讓你積極的追求你自己的興趣嗎？施虐者的低自尊常會因為你追求個人理想，而感到威脅，以致不願意你追求自己的興趣成長與發展。

13. 當你要他停止對你的無理行為他是否真的停止？記錄一下他如何回應你的要求，如果改善有限，考慮你們是否繼續目前的關係。

14. 他的需求是否來得太快太強烈？他要求要立刻擁有你，而且想一天到晚都看到你，這已顯示他只要滿足他的幻想，而非與真實的你建立關係。

15. 他是否對男人女人的角色非常傳統？堅持男人應如何女人應如何，注意看他是否認為女人應該留在家照顧先生，並且遵循先生指示。

16. 他是否用暴力來解決問題？習慣用暴力解決問題的人，往往無法用理性的方法來處理事，因此在你決定與此人建立長久關係前，最好瞭解他是否有意願改變自己用暴力解決問題的方式。

17. 他是否看輕他自己？越是看低自己的人，越容易用暴力掩

飾他的不安全感。

18. 他的情緒呈兩極化？心情好時他很仁慈，但其他時候都相當暴力而殘忍。

19. 他是否來自一個暴力家庭？在暴力家庭中成長的孩子可能也學會了以暴力面對問題

20. 他是否對他人也相當無禮？他能夠公開的對他人無禮，則難保私底下他不會對你使用暴力。

21. 在約會時是否對你很惡劣？如果在約會時他已對你很粗暴，那麼施虐者絕不會因為與你結婚而改變暴力行為。

22. 你是否因害怕分手後，遭到報復而不敢提出分手要求？若你已感受到這股恐懼威脅請尋求協助。

衡量你們的關係是否平等

1. 不具威脅性的行為，雙方可自由表達自己的感受而不需恐懼遭受虐待。

2. 信任和支持彼此：支持尊重雙方的生活目標、表達感情的權利、親友、社交活動和意見。

3. 分擔經濟：一起做金錢上的決定，確定財務安排上對兩人皆有利。

4. 尊重不批評且能瞭解並重視不同的意見。

5. 責任分擔：彼此同意公平的責任分擔，一起做家庭決議。

6. 誠實和負責：接受自我的責任，承認過失，開放的溝通。

7. 分擔教養責任：能成為孩子正向的模範。

8. 協調和公平性：尋找能相互滿足的解決方法，接受改變而且願意妥協。

（資料來源：臺灣省婦幼協會，http://tcwsf.wingnet.com.tw/index3.htm，2002年8月24日。）

家庭暴力的處理

如果萬一家庭暴力不幸還是發生了，究竟應該如何面對處理呢？如果是虐妻，臺北市政府社會局（1996）指出面對與處理的方法包括：

1. 被打怎麼辦：請千萬保持冷靜，不要說刺激他的話（如「你打啊，看你敢不敢」、「你打死我好了」，也不要動手和他對打，以免火上加油，把事情弄得更糟。你要做的是：（a）保護自己；（b）大聲呼救；（c）快點避開；（d）去找警察；（e）請警察填寫調查記錄表。

2. 心理準備、自我調適及危機處理：由研究發現，打太太的先生通常還會打第二次、第三次……，打的次數愈多，打的程度愈重。因此，不要完全相信妳先生所說以後不再打的話，心理要有準備，想好萬一不幸你要怎麼做，兩點建議：（a）聯絡有關機關；（b）準備好一個隨身包，將現金、換洗衣服、身份證、圖章、保險證、存摺等重要文件和重要電話號碼，放在一個隨身包裡，一旦發生不幸，可以馬上拿了就走。不幸被打後，你要馬上：（a）去醫院驗傷；（b）向警察報案；（c）保留證物；（d）向機構求援；（e）切記忍耐不是唯一辦法；（f）積極採取遏止暴力的行動，才能保障自己與孩子的安全。

3. 如何保護孩子？（a）當暴力發生發生，如果孩子不在場，

則盡量不動孩子；（b）如果恰好孩子在場，則告訴孩子這是大人的事，請孩子回房（避開）；（c）若孩子也被打，宜帶孩子到別的房間或離開家中，以免孩子被嚴重毆傷。

而如果是兒童虐待，雙親非施虐者的一方應先溫和勸止施虐者，必要時並將兒童帶離現場；若是多次虐兒勸阻不聽，則可參考前述虐妻（夫）的原則，並聯絡相關機構協助處理。目前政府設有「婦幼保護專線」：113，緊急時可以聯絡。至於政府機構對於家庭暴力的處理，目前雖未盡完善但著力尚多，像是修訂「家暴法」、提供保護諮詢專線、對施虐父母施以親職教育及取消兒女監護權、提供支持及庇護場所與措施等；當然，可以努力的空間仍多。

問題與討論

●●●●●●●●●●●●●●●●●●●●●●●●●●●●●●●●●●●

1.家庭暴力的定義是何？又發生的頻率如何？

2.家庭暴力依對象區分，有哪些類型？

3.家庭暴力依暴力形式區分，有哪些類型？

4.發生家庭暴力的家庭特性如何？試加以討論。

5.婚姻暴力中的受虐者是否有被虐狂因而不願離開施虐者？

6.解釋家庭暴力的理論有哪些？

7.婚前如何預防婚姻暴力？試加以討論。

8.婚後如何預防婚姻暴力？試加以討論。

9.萬一家庭暴力不幸發生了，應如何面對處理？

第十五章　離婚、再婚與繼家庭

* *

三月殘花落更開，小簷日日燕飛來；
子規夜半猶啼血，不信東風喚不回。

〜王逢原（宋朝）

大　綱

離婚的意義與離婚率

* 離婚的意義
* 離婚率

離婚的原因與影響

* 離婚的原因
* 離婚的影響
* 良性離婚

再婚

* 再婚率
* 再婚的穩定性

繼家庭關係

* 繼家庭特性
* 繼家庭的挑戰與處理

離婚的意義與離婚率

離婚的意義

　　所有的夫妻在結婚時，都是允諾相愛對方終生，希望兩人可以「攜子之手白首以偕老」的；然而，並非所有的婚姻都可以維持這樣的諾言，事實是，不少的夫妻卻都走上離婚之路。離婚是婚姻關係的崩解破裂，並經法律上的承認。根據我國民法的規定，離婚包括協議離婚（兩願離婚）和判決離婚兩種，協議離婚除需有兩位證人和書面離婚同意書外，並應向戶政機構登記方為有效；而判決離婚則夫或妻符合一些要件者，另一方得向法院請求判決離婚，例如，重婚、與人通姦、惡意遺棄他方……等。最近我國民法關於離婚的規定，已朝向放寬的方向修正，如夫妻分居三年或五年即可離婚，此即符合「無過失（錯）離婚」no-fault divorce的精神旨趣。

　　除了法律意義的離婚外，離婚其實尚涉及其他許多方面的行為和過程，Bohannan指出離婚有六個層面，包括：感情上的離婚、法律上的離婚、經濟上的離婚、撫育上的離婚、社交生活上的離婚以及精神上的離婚。感情上的離婚指的是夫妻貌合神離，彼此感情已相互疏遠損傷；經濟上的離婚則是離婚時財產上之分配，以及離婚後如何維持經濟生活的自主與保障；撫育上的離婚是有關小孩歸誰撫養，以及監護權和探視的約定；社交生活的離婚指的是彼此社交圈的改變，以及新朋友的結識；精神上的離婚指的是把對方由自己的人格情緒中抽離，如何在情緒上獨立自主（吳就君、鄭玉英，1993；蔡文輝，1998）。

離婚率

　　離婚率的提高似乎是全球普遍的趨勢，尤其工業化和都市化的國家，離婚率的升高更顯而易見（如表15-1），像是美國的離婚率便在全世界中位居前矛；不過，並不是只有已工業化的國家才有離婚的問題。Price & Mckenry指出印度的許多種族團體，僅僅只要離婚雙方各自公開的走向另一個男人或女人，就可完成離婚手續。而一夫多妻的摩門族群的離婚率相當的高，一個男人只要在證人前重複說三次「我要和你離婚」就可以和他妻子們中之一離婚（Dyer, 1983; Hutter, 1981）。一些難以離婚的族群，他們則利用不誠實的方法使婚姻無效，讓非法變成合法，利用遷移以及合法的分居達成離婚的目的，表面上離婚是不存在的，但事實上離婚普遍的存在著（徐蓮蔭譯，1997）。

　　離婚率與離婚人數的快速增加雖是全球問題，但世界各國間因宗教、文化與社會習俗等因素也有明顯差異。聯合國出版的資料指出，在發表確實統一資料的國家裡，美國是全世界離婚率最高的國家，而馬來西亞的離婚率最低。就世界各國的結婚率與離

表 15-1　主要工業化國家之離婚粗率＊（1983）

美國	5.04	瑞典	2.40
蘇俄	3.47	荷蘭	2.27
西德	2.97	法國	1.71
英國	2.94	日本	1.38
丹麥	2.89	以色列	1.20
澳洲	2.77	義大利	0.22

資料來源：人口統計年鑑（Demographic Yearbook）（1985）；Price & Mckenry，徐蓮蔭譯（1997）。《離婚》，揚智文化，頁6。

＊：每一千人中離婚的數目。

婚率作比較，紐西蘭、拉脫維亞、立陶宛、摩納哥、荷蘭、挪威等24國，屬高離婚率國家，結婚率不到離婚率的四倍，其中荷蘭的倍數爲1.62，丹麥及愛沙尼亞爲2.03；第二類是介於四至十倍的國家，有31國，包括日本、南韓、香港、新加坡等，我國也屬這一類；第三類是十倍以上的國家，計23國，以回教和天主教色彩濃厚的國家居多（彭懷眞，1996）。

關於離婚率的計算，有多種的統計方法，最常被引用的方法是「離結比」，大眾傳播媒體最偏愛這種計算方法。離結比是將某年內的離婚數除以結婚數所得的比例。舉例來說，假若某年內在某個城市有1,000個離婚數，而結婚數有3,000個，那麼離結比就是1：3。事實上，離結比常常有誤差且亦讓人產生混淆。假若某城市在某特定年只有1,000個結婚數，而結婚數卻年年持有同樣的1,000個，運用上述離結比的方法來計算的話，可歸結出該城市的人民結婚後會離婚的比率高達百分之百。另一種常被人口統計學家拿來使用的是「離婚粗率」，離婚粗率是在任何一段特定的期間內每人口中1,000人的離婚數稱之。該項統計的優點是便於計算，而卻已暴露了以所有人口做爲計算離婚率爲基數的缺點，以所有人口做爲母數很容易會使眞正的離婚率削減。第三種統計方法叫「離婚精率」，這種方式避免了離婚粗率的缺點。它是以每年15歲或以上已婚女性總數當中有多少離婚數做爲計算方式。這個方法一直爲社會科學家所最能接受的離婚統計法，到目前爲止亦然。另外，還有兩種統計方法也愈來愈普遍，一種是「年齡層離婚率」，另一種是「標準離婚率」。年齡層離婚率是指在各個不同的年齡層中每1,000個已婚女性的離婚數。標準離婚率係指根源於某一特定年齡層的離婚率，針對每一群體所做的簡單摘要統計（徐蓮蔭譯，1997）。

離婚的原因與影響

離婚的原因

　　要探討夫妻離婚的原因，其實不容易，由於影響婚姻的變項太多了，例如，外在的環境、夫妻的溝通和角色扮演、個人的性格價值觀，甚至社會經濟地位和地理的差異，都會是離婚的原因。Ahrons（1999）指出，如果我們把當前的離婚率視為社會變遷的結果，而不是原因，我們就會瞭解正是政治、經濟、社會、個人的多種複雜因素，導致離婚率的上升。

　　以美國為例，世局低迷時期的離婚率呈下降趨勢；繁榮富裕時期的離婚率則呈上升趨勢。第一次世界大戰期間，離婚率下降；戰爭結束，離婚率上升。1929年股市崩盤，使得離婚率下降；大蕭條和二次大戰期間，離婚率一直保持低水平狀態。二次大戰結束，離婚率開始上升，1946年，離婚率到達一個高峰。在五○年代保持穩定並略有下降，然而1965～1980年經濟繁榮的年代，離婚率比五○年代多出兩倍多。八○年代後期，經濟下降，離婚率也隨之下降，然後就保持在一個穩定的狀態，直到現在。政治狀況也影響離婚率。在自由主義和社會改革盛行的年代。離婚率一般是上升的；在保守思想占上風的八○年代，離婚率就有所下降。此外，離婚的機率與人口統計學的幾個因素是相關的，年齡是最重要的指標，二十歲就結婚的人，離婚的可能性最高。收入少、教育程度低的人，離婚率高於收入多、教育程度高的人。但婦女的情況是一個重要的例外；受過良好教育（五年或五年以上的大專教育），有豐富收入的婦女，離婚率高於教育差、收入低的婦女（Ahrons，陳星等譯，1999）。

此外，離婚相關法律規定的放寬，對於離婚率的增加是否有推動的效果，也引起不同的討論。蔡文輝（1998）指出，現在美國法律對離婚的約束放寬很多，以往要證明配偶犯錯（例如私通或外遇）才能要求離婚，現在的「無過錯離婚」（no-fault divorce）已不再堅持過錯的要求，只要雙方同意或者只要法院認為理由成立就可獲得離婚。1970年加州通過「無過錯離婚」法案後，離婚率增加46%。不過，Ahrons（1994）以為，是否因法律的寬鬆而推動離婚熱潮還是個問題。研究離婚的歷史學家們認為，寬鬆的法律並非造成離婚率增長的原因，無過失離婚法剛頒布時，確實掀起一股離婚的浪潮，但離婚者都是多年前就想離婚，因法律不允許而拖延至今的人（Ahrons，陳星等譯，1999）。

　　然而，離婚不能僅由社會結構的層面來探討。若由夫妻個人因素與雙方互動的角度來看，則Goode（1956）在1948年針對425位底特律市離婚女性的訪調結果來看，有29%～33%的離婚主因有下列五點：

　　1.先生不體貼。
　　2.先生過度大男人主義，太權威。
　　3.先生嗜酒好賭又到處拈花惹草。
　　4.酗酒。
　　5.先生的人格異常或與他個性不合。

Goode 並以為這些怨言的基本成因是：

　　1.彼此觀念落差太大、缺乏溝通。
　　2.不夠用心經營家庭。

而Levinger（1966）針對俄亥俄州克里夫蘭600對離婚的案例中，將離婚理由的怨言說詞分成十一類，分別是：

1. 不關心小孩、不關心家庭。
2. 財務問題。
3. 身體虐待。
4. 心理虐待。
5. 外遇。
6. 性生活不協調。
7. 嗜酒。
8. 婆媳問題。
9. 生性殘暴。
10. 愛得不夠多。
11. 要求太多。

其中低社經階級離婚的怨言說詞較屬於物質實體層面，如財務短缺、酗酒、身體虐待等；而中產階級的離婚理由較傾向於情感精神層面，如愛得不夠多、外遇、要求太多等（Price & Mckenry，徐蓮蔭譯，1999）。

除了上述原因之外，夫妻任一方或雙方對婚姻若存有不切實際的迷思與不當的選擇作為，也會造成離婚的可能性增加。例如吾人在前面章節中曾提及的，包括：未滿二十歲便結婚、為逃離原生家庭而結婚、為報復失戀而結婚、認識未滿半年便結婚、婚前濫交、因同情對方而結婚、以為唯有愛情便可維持婚姻……等等不良結婚動機行為，都會提高離婚的機率。

離婚的影響

　　那麼，萬一離婚了，對於當事人及其家庭和子女會有什麼樣的影響？對大多數當事人而言，婚姻關係的解除至少會造成某種痛苦和壓力。事實上，離婚被形容成個人在生活變化中會經歷到的壓力之一。已有多種研究列舉出事實以支持這項論點，舉例而言，Weiss在1975年的研究報告指出離婚會帶來極大的壓力；Hetherington與Cox（1978）的研究亦指出，離婚一年後其家庭產生幾近混亂崩解的情況；Pearlin & Scholer（1978）說離婚的壓力可分為社會上、心理上、行為上三方面，社會上的壓力包括和配偶關係決裂產生的寂寞和社交上的孤立，以及家人重新定位的困難等；心理上有憤怒、憂慮矛盾、依賴及痛苦的感覺，喪失自我及失去魅力、毫無是處和無法勝任的感覺；行為上的壓力包括家庭計畫受到干擾、財務產生問題、工作效率不彰、不正常飲食睡眠習慣與健康問題等（Price & Mckenry，徐蓮蔭譯，1997）。

　　當然也有不同的看法，有些離婚的當事人反而會產生正面的感覺，例如，「終於脫離苦海了」、「感覺如釋重負」、「有獨立自主的尊嚴」、「可以有時間實現自己年輕時的夢想」……等等。Ahrons（1994）主張「良性離婚」，認為離婚者須打破傳統的觀念，如離婚使家庭解體、離婚是不正常現象、離婚是災難……等，而要建立離婚新信條，其中之一是，離婚是正常的，因此，你既不是不正常的人，也不是失敗者，你會再愛別人，也會再為別人所愛（陳星等譯，1997）。如此，離婚的許多負面壓力是不必要，也不一定發生的。

　　不過，離婚後若有小孩又未再婚，則單親一個人肩負親職角色更為辛苦，無論是單親媽媽母兼父職，或是單親爸爸父兼母

職，一面上班賺錢養家一面照顧小孩生活起居，難免會有心力交瘁、不勝負荷的困頓。據一項調查，我國單親家長每天陪伴小孩的時間，有六成不到一小時（民視夜間十點新聞，2002年8月7日）。家庭互助協會理事長劉淑芬也表示，單親家庭的撫養與教養責任都由單親家長肩負，一份薪水養活全家，又缺少另一半支持，每逢佳節格外孤獨與感傷（高有智，2002）。

還有，離婚對於子女的衝擊和影響則是廣泛而持續，尤其是子女年齡愈小，所受傷害愈大。一般而言，子女對於父母離婚的起始反應可以用「嚴重的失落感」來形容，Hozman & Froiland（1977）列出子女情感失落反應的五個階段：第一期：否認。在否認階段，子女選擇不去接受客觀事實，而反過來用自己喜歡的方式詮釋環境。舉例來說，小孩會由現實面遁入一個幻想出來的離婚前的和樂家庭世界。第二期：憤怒。在憤怒階段，小孩常試著去為關聯的任何人發洩，以期望負面的注意會引起父母參與而導致和解。舉例而言，小孩會對取代父母親地位的人發洩情感，如學校裡的人員。第三期：討價還價。當否認與憤怒證明無效時，小孩會進入討價還價期。小孩本質上和自己「達成協議」以克服失落。舉例來說，小孩會想像自己行為的改善會導致和解。第四期：沮喪。漸漸地，對失落的難過開始。當小孩發現他們不能控制或對自己的環境有影響力，他們因而沮喪，比如說他們會對父親或母親表示過去壞行為的痛悔，而因離婚責怪自己。第五期：接受。接受期到來，當小孩瞭解到不論他們喜歡與否，一切已為既定事實。舉例說，小孩或許瞭解到父親不能常相隨伴，但一個滿意的關係仍能繼續維持，只不過是換個形式而已（引自徐蓮蔭譯，1997）。

至於持續性的負面影響，Richards（1999）以為，與父母未

離婚的小孩相較，離婚家庭的孩子自童年至青少年時期，顯示持續但不大的行為與生命歷程（life course）差異，明確地說，有較低的平均學習成就、較低自尊、較多行為出軌與較多情緒適應問題。國內學者們則指出，影響包括（簡春安，1996；宋鎮照，1997；蔡文輝，1998；周麗端等，1999）：

1. 自我概念方面：產生自責、低自尊、缺乏安全感及自信心。
2. 情緒方面：容易發怒、焦慮、憂鬱、孤單、害羞、過度討好成人、有自殺念頭等。
3. 行為方面：有逃學、偷東西、打架、敵視他人等對外表現。
4. 學業成就方面：學習上遭遇較多障礙，上課不專心、成績退步甚至輟學。
5. 性別角色方面：缺乏父親或母親角色示範，男孩在測驗中的男性化分數較低，女孩容易較早戀愛，結婚對象傾向尋找較自己年輕而教育程度不高對象等。

但是，也有學者以為，父母經常衝突的家庭對小孩的負面影響，更甚於父母離婚但關係和諧的單親家庭（Ahrons，陳星等譯，1999）；此外，Sullivan（1997）以為，單親家庭中長大的小孩會承擔更多的家事分工責任與更大的家庭決策角色，因此可能變得更為獨立與富於機智；且如果子女能持續與不住在一起的父母接觸，特別是離婚父母有較低衝突存在時，離婚經驗較少負面影響（引自葉蕭科，2000）。徐光國（1990）的研究則發現，當控制了社會經濟地位變項時，單親家庭對小孩的負面影響與傳統家庭相較，並不顯著。

良性離婚

固然，離婚有其正負面的作用和影響，但在離婚率不斷高漲的現代社會，離婚家庭已占相當比例情況下，如何正視此種家庭型態的增多趨勢，並以健康良好的態度來面對因應，減少離婚對個人和家庭的負面衝擊，於是乎顯得特別重要。

Ahrons（1994）提出「雙核心家庭」的概念，協助離婚者改善對離婚的認知和家庭關係的處理。她將離婚夫妻的態度和作法分為五類：「合作夥伴型」、「完美搭檔型」、「相互指責型」、「誓不兩立型」和「關係消失型」。其中家庭關係處理的好或較好的夫妻分為兩種類型，大多數（約占其總樣本的三分之一）稱為「合作夥伴型」。這些離婚夫妻以積極的、創造性的態度處理彼此之間的恩怨，根本不讓孩子捲入夫妻衝突中，這類離婚夫妻的一個重要特點是：他們有能力將作為父母的責任和婚姻的衝突區分開。另一種為「完美搭檔型」，這類離婚後仍是最好朋友的夫妻，雖然人數少，卻具有重要的研究價值。他們離婚後，雖然不再有性生活而且有時還會發生衝突，產生怨恨，但整體來說，他們的關係是密切的，是互相關心和愛護的。剩下的50％是社會常見的，視對方為仇人的離婚家庭。這類家庭大致等分為兩類，即「相互指責型」和「誓不兩立型」。令人感興趣的是，相互指責型和誓不兩立型的區別，不只是雙方的憤怒程度，更重要的是他們表達憤怒的方式。相互指責型毫不控制地宣洩怒氣，並使家庭親屬的其他成員也捲入其中。誓不兩立型是最糟糕的離婚類型，離婚的雙方徹底毀掉他們的家庭生活，在各自的心靈中造成永遠無法平復的傷痕。他們攻擊對方的種種不是，在孩子的監護問題上爭吵不休，為了報復對方，有時甚至採取暴力行動。還有第五類——「關係消失型」，關係消失型指的是離婚夫妻從此不再來往，

其中一方在孩子的生活中徹底消失了，但是這種類型不多見
（Ahrons，陳星等譯，1999）。

她指出，當核心家庭一分為二，建立在舊婚姻關係上的許多
規則馬上變得不適用了，你需要自覺地建立一套新規則，例如你
歡迎前配偶到家中作客嗎？一起過節嗎？孩子與你們各住多久時
間？……等等，這些都應按照離婚後的關係明白講清楚，開誠布
公地提出來。此外，要重新建構新信條，打破傳統對離婚既有灰
色觀念，重新定義你的家庭為雙核心家庭且一樣可以健康地成
長；視離婚為正常；離婚過程是可以預知且可按計畫進行的。並
且，要認識主要的目標，使你的家庭像一個家（Ahrons，陳星等
譯，1999）。

再婚

再婚率

離婚後，會不會因為一次不愉快的經驗而放棄對婚姻生活的
追求？答案似乎是否定的。蔡文輝（1998）指出，根據美國的資
料，大約有80％的離婚者能夠再婚。以性別來分，四分之三的離
婚婦女通常都能再婚，但男性則可高達83％。葉肅科（2000）指
出，女性再婚率有些微下降，尤其是高等教育的女性；其中，非
裔美國婦女的再婚率最低；一般而言，再婚夫婦自認為與目前已
婚夫婦一樣幸福。在臺灣，比較1971年與1990年之再婚率，發現
男女離婚者與鰥寡者的再婚率均有提高的趨勢，而以男性較高；
男性的再婚率自1971年的26.9％升到1990年的32.5％，女性在同
一時期則由14.4％升到18.2％（藍采風，1996）。

何以女性的再婚率低於男性？這個問題的答案可能不是完全由個人主觀的意願和心理層面來解釋。例如，男性在經濟能力與子女監護的問題上，均比女性占有再婚的優勢（藍采風，1994）；審美的標準男女有別，男性過中年仍有很好的擇偶條件，而女人年過三十以後則有「人老珠黃」的感覺；又離婚媽媽的子女牽絆，統計資料顯示，子女愈多的離婚媽媽，愈難再找到對象結婚（蔡文輝，1998）；還有婚姻斜坡的不對稱性，高教育水準的女性往往較少再婚，證明女性是「上嫁婚」，而男性是「下嫁婚」（葉肅科，2000）。

　　再婚並不容易，由於曾有不美滿婚姻的經驗，所謂「一朝被蛇咬，十年怕井繩」，擔心自己適不適合婚姻生活，擔心對方是否像前一任配偶一樣不易溝通及相處，顧慮對方和自己既有子女的態度是否贊成，更擔心未來兩個家庭各有繼父、繼母的情況下彼此相處的問題等等，都多少會影響再婚的抉擇。這些擔心如果再加上個人年齡、經濟和社會地位等條件因素，常常會讓離婚者對是否再次投入婚姻，感到左右為難。

再婚的穩定性

　　理論上，再婚者的離婚率應該低於初婚者，因為年事較長，可能自上次的錯誤中學到教訓，以及可能會以較實際的觀點看待婚姻，比較不會抱羅曼蒂克的憧憬；不過，事實不是如此，以美國為例，約有60%的再婚者離婚，比初婚者的離婚率高出10%（藍采風，1996）。蔡文輝（1998）則指出，第二次的結婚經驗跟第一次稍有不同，首先約會挑選時間短一點，其次找對象比較重視現實的條件，再者也比第一次容易發生性關係；不過，再婚並不那麼簡單，尤其雙方都曾經有過不美滿婚姻的經驗，也可能經

歷過孤寂、痛苦、掙扎的經驗，加上雙方可能各有子女及事業工作，要協調並非易事。雖然如此，大多數的再婚者都說比第一次要好；有88%說比第一次要好很多，有7%說第一次稍為好些。不過有學者懷疑這百分比過高，懷疑再婚者只是不願承認他們第二次犯錯，不敢承認這第二次婚姻是不幸福的。

若將性別變數提出討論，則再婚女性的婚姻滿足度比男性低。此研究發現與第一次結婚者一樣，它多少說明婚姻帶給男性的益處似乎比女性多也有可能是再婚對象較男性為少，所以女性較男性難找到真正的理想再婚對象。至於影響再婚者婚姻穩定性的因素，包括：

1. 外在支持與壓力：親戚朋友們對再婚的態度如何？正面的反應較能對再婚者支持；負面的反應，則當再婚者有婚姻衝突時，容易火上加油。
2. 對離婚的態度：由於離過婚，對婚姻程序也較熟悉。所以經歷第二次離婚時，較能接受。他們對婚姻的穩定持不同的見解，而且比較有「不合則離」的意願。
3. 是否有子女影響離婚決定：假如再婚者有前婚子女一同居住的話，他們的離婚率比第一次婚姻的離婚率為高（Ishii-kunyz, 1985；Ihinher-Tallman & Pasley, 1991；引自藍采風，1996）。

繼家庭關係

繼家庭特性

再婚所組成的家庭稱為繼家庭（step-family），也稱為混合家庭（blended family），這包括一方再婚或是雙方皆再婚，並至少有一方帶來前次婚姻所生子女，一起所組成的新家庭。繼家庭的結構因有其特殊性，例如有親生父母也有繼父母，有具血緣關係的兄弟姐妹也有非血緣關係的兄弟姐妹，故在家人關係和互動上有其特殊的性質，也面對與傳統核心家庭不全然一樣的問題，通常，繼家庭的成員所承受的壓力會較一般的家庭成員來得大。

不過，藍采風（1996）曾經引述Pill（1990）的看法，指出健康的繼家庭的凝聚力（cohesion）比傳統核心家庭低，但其適應力（adaptability）則較高。繼家庭相當能夠容忍家庭成員的個人獨特性，較有彈性，家規也較鬆弛。

除了上述凝聚力與適應力的不同外，繼家庭究竟有哪些不同於傳統家庭的特性呢？這包括：

1. 失落感與情緒投射反應。幾乎所有繼家庭的成員都曾失去一個主要親人關係（primary relationship）。由於「失」的經驗，子女或父母會經歷傷痛，有時是悲哀傷心沮喪，有時，則是憤怒挫折，這些情緒很容易投射在新的家庭成員身上（藍采風，1996）。
2. 「外人」的感覺。由於生父母與子女曾一起生活過一段相當長的時間，他們之間的羈絆連結（bond）不是可以容易拆開的。因此，繼父或母常有「外人」的感覺，要用很大

的努力方能「打入」原有的親子系統內（藍采風，1996）。

3. 繼子女分屬兩個家庭且需面對兩套家規。父母再婚後，子女成為「兩個家庭的成員」。子女經常要面對兩套不同的家規與期待。當衝突發生時，子女會被夾在中間，或是協助一方以對抗另一方。然而，這並不能解決實際問題，只會徒增雙方衝突（葉肅科，2000）。

4. 偏心的顧慮。固然一般家庭的父母也難免對親生子女有因其外貌、出生序、性別、個性才華等原因，而有厚此薄彼的偏心做法和態度，但是繼家庭的父母尚須面對前夫（妻）所生或再婚後所生的小孩，是否存在著或被解讀為偏愛的問題。美國便曾流行一則笑話：大衛下班回到家，聽到再婚妻子著急喊叫要其快來幫忙，大衛一看是小孩正在打架，隨口便說：「沒什麼啊！」，妻子回答：「這次不一樣，『你』的小孩和『我』的小孩正在打『我們』的小孩！」

繼家庭的挑戰與處理

繼家庭雖然組成結構較傳統家庭來得複雜，但仍可滿足與履行一般家庭應有的功能。藍采風（1996）引述Strong & DeVault（1992）的看法指出，由兩個單親家庭組成的雙核心家庭，有監護權或無監護權的家庭也可能提供家庭成員更多的照顧、陪伴、愛與安全感。尤其當傳統的核心家庭因虐待、暴力、衝突等問題而造成家庭的分裂，新的核心家庭將可迴避這些極不愉快的家庭經驗。也許，新組的家庭成員間情緒親近度未如第一家庭為高，毫無疑問的，新組的家庭不必每天面對人間悲慘的經歷。

不過，由於是兩個家庭的混合，有關成員的界定歸屬，家庭資源的分配，家規的訂定與適用，權利和義務等均不十分明確，許多問題和挑戰也難免存在。Ahrons（1994）指出，新來者會引起許多混亂，包括：

1. 第一任妻子和第二任妻子的競爭。不管是爲了孩子還是爲了各自的領域而爭執，憤怒都是直接的；彼此是親屬關係的聯繫人，是將孩子的雙核心家庭聯繫在一起的人，妳受到她的威脅，她也受到妳的威脅。

2. 第一任丈夫和第二任丈夫的競爭。住在遠地的父親，會因爲自己在孩子生活中消失，而有一種失落感，當前妻再婚後，一個新男人成爲孩子的生活重心，失落感會更強烈，更會感到競爭性。

3. 混亂的角色與含糊不清的親屬關係。在一個雙核心家庭中，可能包括各種含糊不清的親屬關係，前配偶的姻親是些什麼人？誰又和誰還保持來往？新家庭成員彼此的角色是什麼？等等都不甚清楚。葉肅科（2000）也指出，對於繼家庭中的子女而言，再婚雖然可以減輕他所經歷的經濟困境，但它所需要的可能也是相當緊急的新家庭與親屬適應。主要的問題之一是：再婚依然是「一種不完全的制度」（an incomplete institution），其中的角色與範圍都是不明確的。繼母的權威尤其缺乏明確性，繼父與各不同祖父母的責任與義務亦復如此。這些不明確性似乎與兒童在繼家庭中可能遭遇更大風險的生理與性虐待有關，因爲儘管多數繼家庭是沒有暴力的，但是，繼子女卻較可能被強暴或被殺害。

至於婚姻滿意度，影響繼家庭的婚姻滿意度的因素包括許多，未可一概而論。像是繼父與繼母的個性、溝通方式，彼此是否皆有前次婚姻的孩子，繼父與繼母對非親生繼子女的態度，前妻與前夫介入繼家庭的程度等等，都會對其婚姻滿意度產生影響。另外，多數研究指出，除了雙方均有子女的再婚夫妻較不快樂外，一般初婚與再婚夫妻的快樂感覺並無太大差異（陽琪、陽琬譯，1995）。

　　儘管有上述的一些挑戰，繼家庭仍然可以運作良好，仍然可以是幸福快樂的家庭。繼家庭如何來面對處理這些問題和挑戰？Ahrons強調，重要的是：要定義你的雙核心家庭，將不明確變為明確，大多數的合作關係應該逐步地詳盡討論，規則、角色和儀式在最佳案例的家庭談判中可以比較含蓄，但在這些繼家庭中要討論清楚，甚至以文字記錄下來。目標是：建立暫時的和永久的規則系統，從而滿足家庭中所有成員的需要，並將孩子的利益放在首位（Ahrons，陳星等譯，1999）。

問題與討論

· ·

1.離婚的意義包括哪些層面？試加以討論。

2.離婚率計算的方法有哪些？

3.離婚若由社會結構面探討，包括哪些原因？

4.離婚若由個人與家庭內互動層面探討，包括哪些原因？

5.離婚對於當事人的影響如何？試加以討論。

6.離婚對於子女的影響如何？試加以討論。

7.什麼是良性離婚？試加以討論。

8.何以女性的再婚率低於男性？

9.何謂繼家庭？又繼家庭有何特性？

10.繼家庭有哪些挑戰？要如何處理？試加以討論。

附錄一　孩子行為偏差的前兆

●●●●●●●●●●●●●●●●●●●●●●●●●●

（資料來源：教育部，1997，伴他走過少年時，頁84。）

　　孩子的行為偏差是可以預見的，下列的行為如果出現頻率多了，您就應有所覺察：

1. 奇裝異服、在書包上塗鴉、髮式奇異。
2. 上學時，書包內不放書本或作業，放的是梳子、鏡子、漫畫、信箋、錄音帶、CD等非學習所需物品。
3. 聯絡簿、作業、學校成績單、通知單等均不交給父母；藉口學校沒有功課而玩樂。
4. 遲到、曠課次數增加，違反校規、班規次數頻繁。
5. 突然變得消沉、情緒不穩定、易怒、常與人衝突。
6. 生活作息散漫，精神萎靡、雙眼無神、臉色泛白、昏昏欲睡現象。
7. 經常延遲返家或藉口外宿；假日、放學後，常有不明人物相邀外出。
8. 開始涉足不良場所，對父母要求增加零用錢，要求父母同意其外出工作。
9. 突然增加許多物品而藉口是同學寄放的。
10. 會無故破壞學校教室、桌椅、窗戶等公物。

參考書目

• •

中文部分

刁筱華譯（1994）。《愛慾：婚姻、外遇與離婚的自然史》。時報
　文化。

白秀雄等（1990）。《現代社會學》。五南圖書公司。

早川著（1985）。《超越溝通的障礙》。時報文化。

TVBS電視臺（2002，8月8日）。晨間八點新聞。

中天新聞臺（2002，8月17日）。午間十二時新聞。

中國時報（1999，11月29日），第5版。

中時晚報（2000，3月21日），第3版。

中國時報（2001，11月27日），第13版。

中國時報（2001，12月8日），第13版。

中國時報（2001，11月27日），家庭版。

中國時報（2001，3月26日），家庭版。

中國時報（2002，3月24日），家庭版。

方永德等譯（1992）。《夫妻相處之道》。桂冠圖書公司。

木子書屋（2002）。夜訪女兒國。2002年3月14日。取自
　http://shuwu.com/ar/fanti/103519.shtml

王超群（2002）中國時報（2002，6月13日），第21版。

王瑞琪（2001）想試試走婚式的愛情關係嗎？中國時報（2001，
　8月18日），家庭版。

Masters，W.H.，Johnson，V.E. & Kolodny R.C.，王瑞琪、楊
　多青譯（1995）。《性學報告》。張老師出版社。

王雲五主編 （1971）。《雲五社會科學大辭典》。商務印書館。

王雅各 （2000）。同志平權運動。載於王雅各等編。《性屬關係》
（下）。頁229～258。心理出版社。

王振寰、瞿海源（1999）。《社會學與臺灣社會》。巨流圖書公
司。

民視電視臺（2002，8月7日）。夜間十點新聞。

江斐琪 （2001）性別偏見。中國時報（2001，8月29日），第36
版。

江漢聲 （1995）。〈生物學上的男性〉。載於江漢聲等主編。《性
教育》頁81～100。性林文化。

江漢聲（1996）。〈男女性生理的發育與性教育的重點〉。載於陳
皎眉等著。

《兩性關係》頁111～130。空中大學。

多湖輝（1991）。《如何教養你的孩子》。桂冠圖書公司。

李大維（2002）中國時報（2002，6月27日），家庭版。

李美枝（1981）。《社會心理學》。大洋出版社。

李美枝 （1994）。《心理學》。空中大學。

李紹嶸、蔡文輝譯（1984）。《婚姻與家庭》。巨流圖書公司。

余漢儀（1995）。《兒童虐待：現象檢視與問題反省》。巨流圖書
公司。

宋南辛（1986）。〈來自蠻荒的訊息——男女角色與文化〉。《心
靈雜誌》，（1986年8月），62期，頁30～34。

宋鎮照（1997）。《社會學》。五南圖書公司。

忘塵（2002）中國時報（2002，3月20日），家庭版。

吳就君、鄭玉英（1993）。《家庭與婚姻諮商》。空中大學。

吳就君（1999）。《婚姻與家庭》。華騰文化有限公司。

吳娟瑜（1995）。《超越外遇》。方智出版社。

Satir, U.,吳就君譯（1994）。《家庭如何塑造人》。張老師出版
　　社。

周陽山等（1996）。《社會科學概論》。三民書局。

周麗端等（1999）。《婚姻與家人關係》。空中大學。

周慧如等，歐洲國家生育鼓勵制度（2002，6月2日）。中國時
　　報，第6版。

周慧如等，經建會對生育鼓勵的看法（2002，6月2日）。中國時
　　報，第6版。

Giddens,A.，周素鳳譯（2001）。《親密關係的轉變—— 現代社會
　　的性、愛、慾》。巨流圖書公司。

林宜宏譯（1998）。《男生主動》。精美出版公司。

林宜宏譯（1998）。《女生主動》。精美出版公司。

林蕙瑛（1995）。〈擇偶與婚姻準備〉。收於江漢聲、晏涵文主
　　編。《性教育》頁169~188。性林文化事業有限公司。

林燕卿、楊明磊（1998）。《兩性關係》。華騰文化公司。

林美容（1984）。中國親屬結構：相對性、父系嗣系群與聯姻。
　　中央研究院民族學研究所集刊，（55），頁49～104。

林松齡（2000）。《臺灣社會的婚姻與家庭—— 社會學的實證研
　　究》。五南圖書公司。

林義男（1995）。《社會學》。巨流圖書公司。

林賢修（1997）。《看見同性戀》。開心陽光出版社。

花蓮縣政府教育局（1995）。花蓮縣83學年度國民小學破碎家庭
　　學生人數統計。花蓮縣政府。

花蓮師院心理輔導組（1996）。當亞當遇到夏娃。花蓮師院。

家計中心編（1987）。《青少年性教育》。啓蒙書店。

家扶基金會統計（2002）。施虐者特質。家扶基金會。

柯淑敏（2001）。《兩性關係學》。揚智文化。

武自珍（1994）。《配偶外遇個案信念與處理行為之相關研究——以全國生命線婦女個案為例》。力行書局。

胡幼慧（1996）。《質性研究》。巨流圖書公司。

胡幼慧（1996）。《三代同堂——迷思與陷阱》。巨流圖書公司。

時蓉華（1996）。《社會心理學》。東華書局。

徐光國（1996）。《社會心理學》。五南圖書公司。

徐佐銘（1999）。〈當公主愛上公主，王子愛上王子——同性戀及其迷思〉。載於黃麗莉主編（1999）。《跳脫性別框框》。女書文化。

徐蓮蔭譯（1997）。《離婚》。揚智文化。

Griffin，奚修君譯（2001）。《情婦》。藍鯨出版有限公司。

夏晞（2002）。性慾自由但責任呢？（2002，1月14日）中國時報，第36版。

孫秀惠（1994）。現在流行回家。《遠見雜誌》，94期，頁46～51。

高淑貴（1996）。《家庭社會學》。黎明文化事業有限公司。

許烺光（1988）。《中國人與美國人》。巨流圖書公司。

許連高譯（1991）。《同居》。遠流出版社。

馮滬祥（2001）。《兩性的哲學》。博揚文化。

馮燕（1996）。〈心理與社會的發展〉。載於周陽山等所編。《社會科學概論》。三民圖書公司。

教育部編印。（1998）。伴他走過少年時。教育部。

臺北市家庭暴力防治中心（2002）。臺北市家庭暴力個案統計。2002年8月25日。取自http：//www.fv.tcg.gov.tw/407-2.htm

臺北市政府社會局（1996）。家庭暴力防治手冊。臺北市政府。

臺灣省婦幼協會（2002）。婚前婚後如何預防暴力。2002年8月24
    日。取自http://tcwsf.wingnet.com.tw/index3.htm

Ahrons C.，陳星等譯（1999）。《良性離婚》。天衛文化。

婦女權益促進發展基金會（2000）。女人知法一百問。婦女權益
    促進發展基金會。

彭懷眞（1996）。《婚姻與家庭》。巨流圖書公司。

游福生（1993）。《如何管教孩子》。桂冠圖書公司。

將門文物（1991）。《幽默心理學》。將門文物出版社。

張老師月刊編輯部（1987）。《中國人的愛情觀》。張老師出版
    社。

張老師月刊編輯部（1991）。《中國人的面具性格——人情與面
    子》。張老師出版社。

Murstein著 張惠芬譯 （1998）。《步入婚姻之道》。揚智文化。

張華葆（1987）。《社會心理學》。三民圖書公司。

張黎文（2001）。青少年性開放（2001，11月27日）。中國時報，
    第13版。

張春興（1989）。《張氏心理學辭典》。桂冠圖書公司。

張德聰（1992）。誰來伴我？——談適婚者的生活與調適。載於教
    育部（1992）。「情繫一生」。教育部社教司。

陳文芬（2002）。劉黎兒從不倫寫到純愛（2002，5月12日）。中
    國時報，第14版。

陳重生（2002）。權力是最好的春藥？（2002，7月26日）。中國
    時報，第4版。

陳芳智譯（1998）。《共享親密和自由》。遠流出版公司。

陳其南（1986）。《婚姻、家族與社會》。允晨文化有限公司。

陳皎眉等（1996）。《兩性關係》。空中大學。

陳皎眉等（1996）。《兩性關係》。空中大學。

陳若璋（1993）。《家庭暴力防治與輔導手冊》。張老師出版社。

陳鳳蘭（2002）。大台北夫妻28%希望夢醒重回單身（2002，11月5日）。中國時報，第13版。

陳瓊芬（2001）。別坐視分手事件的暴力文化。（2001，8月31日）中國時報，第12版。

黃天如（2002）。中國時報（2002，5月18日），第20版。

黃庭郁（2002）。中國時報（2002，9月19日），第13版。

黃紹倫（1991）。〈家庭企業與經濟發展〉。收於香港中文大學校外進修部主編。

《家庭道德社會》。商務印書館。

黃英彥（2002）。 這是愛的報復嗎？（2002，1月14日）。中國時報，第36版。

黃麗莉 （1999）。《跳脫性別框框》。女書文化公司。

黃迺毓（1988）。《家庭教育》。五南圖書公司。

黃德祥 （1995）。《青少年發展與輔導》。五南圖書公司。

黃秀瑄（1981）。〈爲婚姻問題把脈——說十個非理性的婚姻觀念〉。載於張春興編。《感情、婚姻、家庭》。頁45~69。桂冠圖書公司。

楊士毅（1996）。《愛、婚姻、家庭——差異、衝突與和諧》。揚智文化。

楊天佑（2002）。中國時報（2002，6月18日），第31版。

楊家正等（1998）。小組工作實踐：個案彙編。香港社會工作人員協會。

陽琪、陽琬譯 （1995）。《婚姻與家庭》。桂冠圖書公司。

楊明瑋 （1996）。男女腦部差異（1996，3月23日）。中時晚報，第3版。

黑幼龍編（1995）。《卡內基溝通與人際關係》。龍齡出版有限公司。

新苗編譯小組（2000）。《男生是啥東東》。新苗文化事業有限公司。

葉高芳（1980）。〈社會變遷與婚姻問題〉，《中央月刊》，12（5），頁2～33。

葉肅科（2000）。《一樣的婚姻 多樣的家庭》。學富文化事業公司。

蔡文輝（1990）。《社會學理論》。三民圖書公司。

蔡文輝（1994）。《家庭社會學》。五南圖書公司。

蔡文輝（1998）。《婚姻與家庭——家庭社會學》。五南圖書公司。

蔡美智（1999）。〈網路交友的危險與陷阱〉，《科學月刊》，35卷5期，頁364～366。

蔡采秀譯（2000）。《傅柯》。巨流圖書公司。

蔡慧貞、蔡日雲（2002）。去年出生率1.16%創新低（2002，10月13日），中國時報，第1版。

蔡明璋譯（1990）。《派森思》。桂冠圖書公司。

詹火生等（1987）。《社會學》。國立空中大學。

趙寧（1982）。〈錦囊妙計——婚姻十二路掌法〉，《皇冠雜誌》，58（3），頁20～25。

O'Neill，N. & O'Neill G.，鄭慧玲譯（1974）。《開放婚姻》。遠景出版事業公司。

鄭美里（2002）。該找第三者談判嗎？（2002，8月7日）。中國時

報，第37版。

劉黎兒（2000）。日本婚體制亮起紅燈？（2000，7月10日）。中國時報第，第5版。

劉黎兒（2002）。《純愛大吟釀》。新新聞出版社。

劉仲冬（1999）。陰陽殊性、男女異行：性別差異的生物論述。收於王雅各編（1999）。《性屬關係》（上冊）。心理出版社。

劉秀娟（1997）。《兩性關係與教育》。揚智文化。

Gelles & Cornell，劉秀娟譯（1996）。《家庭暴力》。揚智文化。

劉惠琴（1986）。未完成的戀曲——談分手的藝術。今日校園，頁14～16。

劉雲德譯（1991）。《社會學》。五南圖書公司。

劉梅君（1999）。性別與勞動。收於王雅各等（1999）《性屬關係》（上冊）。心理出版社。

劉毓秀（2002）。瑞典生育鼓勵制度（2002，6月2日）。中國時報，第6版。

Charles Letounem衛惠林譯（1990）。《男女關係的進化》。自立報系出版社。

Gray J.,蕭德蘭譯（1995）。《男女大不同》。天下文化。

鍾思嘉（1983）。《孩子的挑戰：教師手冊》。桂冠圖書公司。

鍾思嘉（1986）。《婚姻溫度計》。桂冠圖書公司。

鍾思嘉（1993a）。《做個稱職父母》。桂冠圖書公司。

鍾思嘉（1993b）。《二十一世紀的親職教育》。桂冠圖書公司。

謝秀芬（1986）。《家庭與家庭服務》。五南圖書公司。

謝高橋（1982）。《社會學》。巨流圖書公司。

薛曉華（2001）。性別平等教育推動中「平等概念的反省」。台灣

教育社會學研究 ，2001年8月，1卷1期，頁69。

藍采風（1996）。《婚姻與家庭》。幼獅文化事業。

簡春安（1996）。《婚姻與家庭》。空中大學。

龍冠海（1976）。《社會學》。三民圖書公司。

鐘任琴（2000）。家庭溝通與問題解決。國立暨南國際大學。

蘇芊玲（2002）。中國時報（2002，4月29日），第37版。

Barron,R.D. & Norris,E.M. (1976) *Sexual Divisions and the Dual Labor Market*, in D.Barker & S.Allen (eds).

Dependence and Exploitation in Work and Marriage, London：Longman.

Basow,S.A. (1992) *Gender Stereotypes and Roles* (3rd.), California：Brooks/Cole Publishing Companay.

Benbow,C.P. & Stanley,J.C. (1980) *Sex Differences in Mathematical Ability：Fact or Artifact？* Science, 210, pp.1262-1264.

Benbow,C.P. & Stanley,J.C. (1980) *Sex Differences in Mathematical Reasoning Ability：More Facts*. Science, 222, pp. 1029-1031.

Blood,R. O. & Wolfe,D. M.(1960) *Husbands and Wives :The Dynamics of Marriage Living*. Glencoe：Free Press.

Blumer H.(1966) *Sociological Implications of the Thought of George Herbert Mead*. American Journal of Sociology Vol. 7, pp. 534-548.

Calhoun,C.J., Light,D.Jr. & Keller S.C. (1994) *Sociology*. Mcgraw-Hill Inc.

Carolyn Vogler and Jan(1999) *Family Power*. In Allen G.(1999) *The Sociology of the Family*. pp.136-137 Blackwell Publishers Ltd. Oxford U.K.

Cooper,D.(1970) *The Death of the Family.* New York：Pantheon Books.Erickson E.H.(1950) *Childhood and Society*. New York：Norton.

Finch, J.(1990) *Family Obligations and Social Change.* Cambridge：Polity Press.

Giddens A. (1993) *Sociology.* London:Polity Press.

Goldenberg I. & Goldenberg H. (1991)*Family Therapy*：. Brooks/Cole Publishing Company.

Goode W.(1959)*Theoretical Importance of Love.* American Sociological Review 24 th pp. 38-47.

Gottman,J. (1979) *Marital Interactions：Experimental Investigations.* New York：St. Martin's Press.

Hendrick S.(1993) *Lovers as Friends.* Journal of Social & Personal Relationships 10：3, pp. 459-466.

Horton, P. B. & Hunt, L. L.(1976) *Sociology.* New York：McGraw Hill Book Co..

Horner,M.S. (1972) *Toward Understanding of Achievement Related Conflicts in Women.* Journal of Social Issues, 28, pp.157-176.

Hunt M.(1969) *The Affair：A Portrait of Extra-Marital Love in Contemporary America.* New York：World Publishing Co.

Hyde,J.S. & Linn M.C. (1989) *Gender, Mathematics and Science.* Educational Research, 17, pp.17-27.

Knox，D.H.(1975) *Marriage：Who ？When ？Why ？* Englewood Cliffs，N.J.：Prentice Hall.

Linquist，L.(1989) *Secret Lovers.* Washington D.C.：Lexington Books.

Macionis，J. J.(1993) *Sociology.* New Jersey：Prentice Hall.

Mead G.(1934)*Mind, Self and Society,* Part 3, Chicago: University of Chicago Press.

Mead,M(1936)*The Primitive Child*. in Murchison C. ed .Handbook of Child Psychology.

Mead, M. (1970) *Culture and Commitment*. New York：Natural History Press.

Murdock, G. P.(1949) *Social Structure*. New York：Macmillan.

Newman, B.M. & Newman , P. R. (1986) *Development through Life：A Psychological Approach,California*：Brooks/Cole Publishing Company.

Newcomb, T. M.(1961)*The Acquaintance process*. New York: Holt, Rinehart & Winston.

Reiss, I.L.(1960)*Premarital Sexual Standards in America*. New York: Free Press.

Richards，M.(1999) *The Interests of Children at Divorce*. In G. Allen (1999) ：*The Sociology of Family*. Masssachusetts：Blackwell Publishers Inc.

Schaffer, R.T. & Lamm R.P. (1995) *Sociology*, Mcgraw-Hill Inc.

Rubin,Z. (1970) *Measurement of Romantic Love*. Journal of Personality & Social Psychology，16th pp. 265-273.

Schachter, S. (1959) *The Psychology of Affiliation*. Stanford, California: Stanford University Press.

Shaffer, D.R. (1996) *Developmental Psychology：Childhood and Adolescence*(4th ed.), New York：Brooks/Cole.

Schaefor & Lamm(1998)*Sociology*. New York: McGraw-Hill Companies Inc.

Stark D. (1998) *Sociology*. California: Wadworth Publishing Company.

Staphen W. (1963) *The Family in Cross-cultural Perspective*. New York: Holt，Rinehart & Winston.

Stein,A.H. & Bailey,M.M. (1973) *The Socialization of Achievement Orientation in Females*. Psychological Bulletin, 80, pp. 345-366.

Stephens, W. N. (1963) *The Family in Cross-cultural Perspective*. New York：Holt, Rinhart and Winston.

Straus, M.,Gelles，R.J. & Steinmetz，S. K.(1980) *Behind Closed Doors：Violence in the American Family*. Garden City New York：Anchor.

Sullivan, T. J. (1997) *Introduction to Social Problems*. Allyn & Bacon Inc. pp.78-115。

Tavirs,C. & Wade,C. (1984) *The Longest War：Sex Differences in Perspective*. New York：Harcourt Brace Jovanovich.

Turner, B.S. (1987) *Medical Power and Social Knowledge*. London：Sage Publications.

Vuchinich S.(1999) *Problem Solving in Families-Research & Practice*. Sage Publications, Inc. California 91320.

國家圖書館出版品預行編目資料

婚姻與家庭／徐光國著. -- 初版. -- 臺北市
　　：揚智文化, 2003[民 92]
　　面；　公分. --（社工叢書；17）
　含參考書目
　ISBN　957-818-505-7（平裝）

　1.婚姻　2.家庭

544.3　　　　　　　　　　　92004777

婚姻與家庭

著　　　者☞ 徐光國
出 版 者☞ 揚智文化事業股份有限公司
發 行 人☞ 葉忠賢
總 編 輯☞ 林新倫
登 記 證☞ 局版北市業字第 1117 號
地　　　址☞ 台北市新生南路三段 88 號 5 樓之 6
電　　　話☞ （02）23660309
傳　　　真☞ （02）23660310
郵政劃撥☞ 19735365
帳　　　戶☞ 葉忠賢
法律顧問☞ 北辰著作權事務所　蕭雄淋律師
印　　　刷☞ 偉勵彩色印刷股份有限公司
初版一刷☞　2003 年 5 月
I S B N☞ 957-818-505-7
定　　　價☞ 新台幣 380 元
網　　　址☞ http://www.ycrc.com.tw
E-mail ☞book3@ycrc.com.tw